À Elsie

avec beaucoup d'amitié.

Marjolaine Ch.

LIBRAIRIE DROZ S.A.

11, RUE MASSOT

CH-1211 GENÈVE 12

http://www.librairie-droz.ch

Désirez-vous être tenu au courant de nos publications? Il vous suffit de nous retourner cette carte avec votre adresse.

Do you wish to be currently informed about our publications? Ask for our free catalogue.

NOS PRINCIPALES COLLECTIONS: Textes littéraires français - Publications romanes et françaises - Travaux d'Humanisme et Renaissance - Travaux du Grand Siècle - Bibliographie internationale de l'Humanisme et de la Renaissance - Publications de l'Ecole Pratique des Hautes Etudes - Histoire des Idées et critique littéraire - Travaux d'histoire éthico-politique - Travaux de droit, d'économie, de sociologie - Classiques de la pensée politique - Langues et cultures - Titre courant, etc.

Votre spécialité:

❏ Littérature française ❏ Moyen Age
❏ Histoire ❏ XVIe siècle
                        ❏ XVIIe siècle
                        ❏ XVIIIe siècle
                        ❏ XIXe siècle
                        ❏ XXe siècle

❏ Linguistique
❏ Archéologie, histoire de l'art
❏ Droit
❏ Economie, sociologie
❏ Autres: ⎯⎯⎯⎯⎯⎯⎯⎯⎯⎯⎯⎯⎯⎯⎯⎯⎯⎯⎯

Je désire recevoir votre catalogue:
Please send me your catalogue:

M

Envoyer aussi votre catalogue à:
Send also your catalogue to:

M

LIBRAIRIE DROZ S.A.

Case postale 389

CH-1211 <u>**GENÈVE 12**</u>

LA PAIX
DES
BONNES AMES

TEXTES LITTÉRAIRES FRANÇAIS

PIERRE POIRET

LA PAIX
DES
BONNES AMES

Edition critique
par
MARJOLAINE CHEVALLIER

LIBRAIRIE DROZ S.A.
11, rue Massot
GENÈVE
1998

ISBN: 2-600-00256-1
ISSN: 0257-4063

INTRODUCTION

Le petit livre que Pierre Poiret publia à Amsterdam en 1687 est tout à la fois un ouvrage de circonstance, un dossier polémique et justificatif dans lequel il ajoute aux siens des textes de deux autres protagonistes; c'est aussi un condensé de quelques-uns de ses principes les plus importants. Ce libelle connaîtra un certain succès; il sera traduit en allemand, en latin. Il attirera l'attention de lecteurs éminents comme Leibniz[1]. Il présente encore un intérêt pour aujourd'hui, comme celui d'une voix marginale qui fait exception, au milieu des opinions tranchées d'une période marquante pour les protestants, le temps de la Révocation de l'Edit de Nantes.

LE CONTEXTE HISTORIQUE

Il faut d'abord rappeler dans quel cadre cet ouvrage s'inscrit. L'affaire commence au lendemain de la Révocation de l'Edit de Nantes. On se bornera ici à résumer les grandes lignes d'une histoire bien connue[2]. L'acte, appelé aussi Edit de Fontainebleau, fut paraphé par Louis XIV le 18 octobre 1685. Le roi justifie l'abandon de l'Edit signé à Nantes par son aïeul Henri IV, en 1598, par la fiction d'une quasi disparition des protestants en

---

[1]   Leibniz écrit, dans dans une lettre de 1691, qu'il a trouvé beaucoup de bonnes choses dans ce texte. Il se pose cependant la question: Poiret «conseillerait-il le parjure?» (lettre à E. von Hessen-Rheinfels, *Sämtliche Schriften und Briefe* IV, p. 177 s. et p. 625-627).

[2]   A ce sujet, au milieu d'une bibliographie considérable, nous mentionnerons les ouvrages publiés à l'occasion du troisième centenaire de l'événement et en particulier celui d'Elisabeth Labrousse, «*Une foi, une loi, un roi?*» *La révocation de l'Edit de Nantes*, 1985, Payot, Labor et Fides.

France. En réalité, c'est pour lui la réalisation d'un «grand dessein» qui lui tenait particulièrement à cœur, la réunification du Royaume, par l'abolition de ce statut, exceptionnel dans l'Europe de l'époque, permettant l'existence d'une autre confession chrétienne à côté de celle du souverain. Louis XIV avait ressenti cette exception comme une offense à son pouvoir: «Une foi, une loi, un roi.» La présence de cette minorité de sujets schismatiques, entrave à l'unité, avait porté ombrage à la gloire du Roi-Soleil.

Depuis qu'il avait pris personnellement le pouvoir, en 1661, Louis XIV avait effectivement exercé une politique de plus en plus répressive pour ses sujets de la Religion Prétendue Réformée, pour les pousser à se faire catholiques. Des Edits royaux en série avaient restreint de plus en plus tous leurs droits, non seulement religieux, mais même civiques ou professionnels. Diverses incitations fiscales ou financières s'étaient ajoutées, pour tenter, sans grand succès, d'encourager les abjurations. L'interprétation «à la rigueur» de l'Edit de Nantes avait permis d'interdire et de fermer nombre d'«exercices»[3], et de démolir une grande partie des temples, tandis que la célébration des moindres actes religieux, comme les enterrements, était soumise à des conditions draconiennes, rendant de plus en plus difficile la simple participation à la vie paroissiale.

Mais les voies d'une contrainte surtout morale n'ayant pas suffi, le roi avait permis l'usage des méthodes dures: essentiellement le logement des gens de guerre chez les particuliers huguenots. Les fameux dragons[4] ayant sur les familles occupées à peu près tous les droits, sauf – en principe – celui de tuer et de violer, leurs exactions et même leurs tortures, avec la ruine rapide de leurs victimes, provoquaient une telle détresse que les abjurations furent fort nombreuses. L'essai de ce procédé fut assez concluant en Poitou en 1681 et lorsqu'il fut pratiqué à une bien plus large échelle en 1685, dans toutes les régions protestantes

---

[3]   Les lieux où l'exercice du culte était officiellement autorisé. Un procès remettait en cause ce droit.

[4]   D'où le nom tristement célèbre de «dragonnades».

du Midi de la France, on enregistra des records de signatures. Parfois, la peur avait entraîné les notables d'un village protestant à signer une abjuration collective pour éviter le fléau.

Les résultats dépassant les espérances, Louis XIV crut pouvoir affirmer que «la meilleure et la plus grande partie de nos sujets de la RPR[5] ont embrassé la Catholique»[6]; l'Edit de Nantes, devenu «inutile» et sans objet, pouvait donc être révoqué. Depuis des années, les protestants avaient courbé l'échine, confiants dans la protection royale assurée par l'Edit. Souvent ils avaient abjuré du bout de lèvres, dans l'espoir d'une possible amélioration après la tourmente. Dans leur grande masse, ils n'avaient pas cru un acte de révocation possible. Comment le roi pourrait-il ne pas tenir l'engagement irrévocable de son grand-père, Henri IV? Ce fut donc une stupeur désolée[7].

Malgré la dernière clause de l'Edit de Fontainebleau qui semblait autoriser une piété personnelle, tout l'ensemble de l'Edit était d'une accablante rigueur. Non seulement la pratique du culte protestant était en principe impossible: sans lieux de culte et sans ministres; mais les enfants devaient obligatoirement être baptisés et éduqués dans la religion catholique. A part les pasteurs, autorisés à partir et bannis dans les quinze jours, s'ils ne voulaient pas abjurer eux-mêmes, l'exil était rigoureusement interdit aux fidèles, tous considérés désormais comme catholiques. Des menaces redoutables accompagnaient l'interdiction de l'exil. Elles furent mises à exécution. Ceux qui furent pris allèrent aux galères pour les hommes, au couvent ou en prison pour femmes et enfants. Malgré ces grands risques, c'est la solution que choisirent les huguenots en grand nombre. Tous les pays protestants voisins en virent affluer environ deux cent mille. Le

---

[5] L'abréviation très usuelle RPR signifiait «Religion prétendue réformée».

[6] Dernier paragraphe du préambule de l'Edit.

[7] Voir de Jean Claude, *Les plaintes des protestans cruellement opprimez dans le Royaume de France*, 1685 (réédité en 1885, avec introduction et notes par Fr. Puaux) et de Pierre Bayle, *Ce que c'est que la France toute protestante, sous le règne de Louis le Grand*, 1686 (réédité en 1973 - chez Vrin - avec introduction et notes par Elisabeth Labrousse).

phénomène du Refuge, dont le gouvernement avait tenté d'éviter les effets ruineux[8], fut alors porté à son sommet. Les réfugiés, qui avaient bravé tant de périls et qui retrouvaient une communauté protestante de langue française, se hâtaient de manifester par un acte public de repentance leur remords d'avoir cédé à la force et signé leur abjuration, ils étaient alors «reçus dans la paix de l'Eglise» et pouvaient communier à nouveau avec leurs frères.

On sent bien que ce problème de la communion était majeur pour les consciences, d'autant plus que les protestants restés en France, tenus dorénavant pour des «Nouveaux Catholiques»[9] étaient supposés assister à la messe. Dans certaines régions ils y furent contraints et même, exceptionnellement[10], certains furent emmenés de force participer au sacrement. Un tel viol de conscience entraîna un certain nombre de réactions sacrilèges, punies de mort.

LA CRITIQUE DE LA MESSE

Depuis la Réforme, la critique de la messe catholique avait été l'un des thèmes majeurs des Réformateurs, puis des théologiens polémistes protestants[11] et la compréhension du sacrement

---

[8] Ce phénomène d'exode, bien connu, avait été important pendant les guerres de religion au XVIe siècle, en particulier après la Saint Barthélemy et de nouveau pendant les persécutions qui avaient précédé la Révocation. Dans toute l'Europe, le droit à l'émigration en cas de contrainte religieuse semblait alors acquis. Les pays protestants ressentirent comme une injustice flagrante dans l'acte de révocation le refus de ce droit, au moins pour la masse des fidèles (il ne restait acquis qu'aux ministres).

[9] On les appela des N.C., ce qui se disait «nécés». Les irréductibles furent emprisonnés.

[10] En particulier au moment de la première fête de Pâques qui suivit la Révocation, en 1686. Mais de nombreux catholiques et des prêtres ayant en horreur une telle contrainte, ces pratiques disparurent.

[11] On sait que c'est le thème principal de l'un des Ecrits réformateurs de Luther en 1520: *De la captivité babylonienne de l'Eglise*. C'est aussi sur ce sujet que se déchaînent les fameux *Placards*, au ton moqueur et blasphématoire, qui firent un tel scandale en France, à la Cour de François Ier, en 1534. C'est

eucharistique était restée centrale, sujet capital dans la contro-verse[12] entre les deux confessions.

Les protestants croyaient avoir retrouvé une signification de ce mystère et une célébration de la Cène fidèles à l'institution même du sacrement par le Christ et conformes aux usages des premiers siècles de l'Eglise. Ils affirmaient tous que le dogme de la transsubstantiation, solennellement ratifié par le Concile de Trente, était une erreur introduite progressivement dans l'Eglise, au cours du Moyen Age. Malheureusement, les diverses familles de la Réforme, d'accord dans leur critique de ce qu'était devenue la communion eucharistique dans la messe, se divisèrent sur un point précis qui concernait le mode de présence du Christ dans les espèces du pain et du vin. L'assurance d'une présence réelle du corps du Christ était partagée par les luthériens, tandis que les réformés professaient une présence réelle mais spirituelle, le corps glorifié du Christ étant désormais au ciel. Cependant tous les protestants étaient d'accord pour affirmer que de la foi erro-née des catholiques en la transsubstantiation découlaient des actes d'idolâtrie, ainsi que des rites superstitieux, comme l'ex-position et l'adoration du Saint-Sacrement, les processions.

Sur un autre plan, les protestants unanimes réprouvaient dans la messe la perspective d'un sacrifice propitiatoire offert par le

---

toujours sur ce sujet qu'échouèrent plusieurs «Colloques» de conciliation entre protestants et catholiques, en particulier le dernier, celui de Poissy, convoqué en 1561 par Catherine de Médicis sous l'influence de Michel de l'Hospital.

[12] La littérature polémique entre théologiens des deux camps fut considérable; voir Louis Desgraves, *Répertoire des ouvrages de controverse entre catho-liques et protestants: 1598-1685*, 2 vol., Genève, 1984. Sur la sainte Cène, notons deux porte-parole et deux titres du côté protestant, au milieu d'une masse de publications: Philippe Duplessis-Mornay, *De l'institution, usage et doctrine du saint sacrement de l'Eucaristie en l'Eglise ancienne. Ensemble quand, comment et par quels degréz la messe s'est introduite en sa place*, 1598; Pierre du Moulin, *Apologie pour la Sainte Cène du Seigneur, contre la présence corporelle et transsubstantiation*, 1607 et autre édition. Du temps de Poiret, la polémique avait connu un nouvel essor, avec les échanges entre les jansénistes Antoine Arnauld et P. Nicole et le pasteur Jean Claude sur le thème de la *Perpétuité de la foi catholique...*

prêtre à Dieu. Pour eux, le clergé avait l'abusive prétention de répéter le sacrifice «unique et parfait, offert une fois pour toutes sur la croix par Jésus Christ». Ce caractère d'un acte méritoire n'était-il pas souligné par les messes ordonnées et payées pour le salut des morts? Cela perpétuait la radicale erreur de la possibilité d'acheter le salut, qu'avait si violemment dénoncée, à la suite de Luther, la prédication de toute la Réforme. D'autres points encore dans la messe étaient insupportables aux fidèles de la Réforme: l'accentuation du rôle du prêtre, seul revêtu par son ordination du pouvoir de provoquer la transformation de substance, au moment des paroles de consécration, et seul habilité à recevoir la coupe dont les fidèles étaient privés. A quoi s'ajoutait, enfin, le déroulement d'une liturgie en latin rendant incompréhensible au peuple le sens de gestes et de rites que la tradition avait institués.

Aux yeux des protestants, la messe était un acte de caractère plutôt magique qu'évangélique. Ils y voyaient un tissu d'erreurs et de superstitions, mais, pis encore, une abomination insupportable à Dieu lui-même. L'écoute de nombreuses prédications et une certaine connaissance des thèmes de la polémique qui avait fait rage entre théologiens avaient formé le simple peuple des fidèles huguenots, qui connaissaient la plupart de ces arguments et qui n'avaient que mépris pour la messe. On imagine combien leur sensibilité était à vif si on les forçait à assister à cette cérémonie. On verra comment le texte de Poiret prend cette question d'un tout autre point de vue, qui, à la plupart de ses contemporains réformés, ne pouvait sembler que dangereux et faux.

PIERRE POIRET ET LES AUTRES PROTAGONISTES

Notre auteur, Pierre Poiret[13], né à Metz en 1646, était issu d'un milieu assez humble, d'artisans fabriquants d'armes: «four-

---

[13]   Sur la biographie de P. Poiret on consultera la première partie de notre livre: *Pierre Poiret (1646-1719). Du protestantisme à la mystique*, 1994, Genève, Labor et Fides.

bisseurs de sabres». Orphelin de père tout jeune, il avait connu avec sa famille une situation financière difficile et l'aide de la paroisse réformée très active. Il avait eu le privilège de pouvoir faire des études secondaires d'abord à Metz, puis à l'Ecole latine de Bouxwiller, ensuite des études de théologie à Bâle, terminées à Heidelberg. Poiret avait exercé le ministère pastoral, pendant quelques années, au sein de communautés huguenotes du Refuge dans les Pays Rhénans. Il avait d'abord effectué des remplacements dans le Palatinat, puis il avait occupé le poste de ministre de la paroisse française d'Annweiler dans le Duché de Deux-Ponts. Il avait été très troublé de constater qu'à la piété des fidèles étaient mêlés des sentiments très humains, comme la gloriole d'être des réfugiés et le sentiment d'une supériorité orgueilleuse à l'égard des catholiques. Or c'est pendant cette période que le jeune ministre s'était de plus en plus senti attiré vers l'exigence d'une vie de sainteté dont il avait trouvé l'expression dans quelques œuvres mystiques, comme les sermons de Johann Tauler, la *Theologia Deutsch* et *l'Imitation de Jésus Christ*[14], mais aussi auprès des premiers piétistes à Francfort. C'est à la lecture de textes d'Antoinette Bourignon[15], après avoir vécu l'expérience intense d'une maladie mortelle et du déferlement de la guerre dans la région où il exerçait son ministère, qu'il avait ressenti comme un véritable appel à une vie totalement consacrée à Dieu.

Le départ de la paroisse d'Annweiler, en mars 1676, eut donc plusieurs causes étroitement mêlées: l'incapacité de la petite communauté ruinée par la guerre de soutenir financièrement le poste de son ministre et la crise de conscience d'un homme épris

---

[14] Parmi les tout premiers textes édités par Poiret à l'usage des protestants se trouvent la traduction et l'adaptation en français de ces deux œuvres. Le succès de la seconde fut très grand. Cf. notre article «Le *Kempis commun* de Pierre Poiret», *Revue d'Histoire de la Spiritualité*, 53, 1977, p. 129-64.

[15] Sur elle, voir Marthe van der Does, *Antoinette Bourignon. Sa vie (1616-1680) – Son œuvre*, Groningue,1974. A. B. catholique, originaire de Lille, n'avait jamais adhéré à un ordre religieux. Ayant peu à peu réuni quelques adeptes, elle avait beaucoup écrit. Poiret avait lu *La lumière née en ténèbres* et *Le tombeau de la fausse théologie*, y trouvant la réponse à certaines de ses questions.

d'un idéal spirituel dont les conditions ne sont pas réunies dans sa fonction et sa tâche de pasteur. Ce qui fut décisif est surtout l'étrange appel à rejoindre cette prophétesse dont il n'avait lu que deux livres, mais auprès de qui il espérait trouver réponse à sa quête d'absolu. Partant d'abord pour Amsterdam, puis pour Hambourg, où il avait appris qu'Antoinette Bourignon se cachait, Pierre Poiret deviendra l'un de ses disciples et fils spirituels. En effet, en présence de cette femme qui prêche l'exigence d'une vie véritablement chrétienne, qui met l'accent sur la lutte contre tout amour-propre et qui lui semble donner l'exemple de souffrir à la suite du Christ, Poiret est entièrement convaincu qu'elle est «de Dieu»[16]. Il partagera donc une bonne partie de ses tribulations, pendant quatre ans. Ce seront les dernières années de la vie d'Antoinette Bourignon, années de fuites et de retraites successives, devant incompréhensions, malveillance ou persécutions. Elle mourra en fugitive solitaire, à Franeker, fin octobre 1680.

Le jeune pasteur, qui était parti d'Annweiler avec son épouse, s'en séparera bientôt. Sans doute Antoinette exigeait-elle une absolue chasteté de ceux qui la suivaient, car parmi ses adeptes les cas de séparation des couples n'étaient pas rares. Peu de temps après avoir rejoint Bourignon, Poiret se trouva engagé dans une double tâche: la défendre par la plume d'abord, puis devenir le principal artisan de l'édition de ses œuvres. Il y sera mobilisé pendant de nombreuses années, au delà de la mort d'Antoinette. Les dernières œuvres françaises parurent en 1684; parallèlement la plupart d'entre elles avaient été publiées en allemand et en flamand. La grande édition définitive, qui porte la date de 1686, fut réunie sous le chapeau de l'éditeur Wettstein d'Amsterdam, ami de Poiret.

Il est évident que la plupart des intellectuels qui s'étaient intéressés à la première œuvre philosophique de Poiret, les *Cogitationes Rationales* [17], œuvre où le jeune auteur, fortement marqué

---

[16]   C'est ce qu'il écrit aux amis piétistes de Francfort et aussi aux Labadistes qui ont médit d'elle.

[17]   En 4 livres, ces *Cogitationes*: *De Deo, anima et malo* avaient été rédigées à Annweiler, après la crise de la maladie à la mort, en 1675, et publiées à Amsterdam, chez Elsevier, en 1677.

par le cartésianisme, avait donné des signes de son brio, furent surpris et déçus de son évolution inattendue. Pierre Bayle en est le
témoin. Lui qui avait écrit des *Objectiones*[18], annotations critiques
sur une œuvre philosophiquement estimable, exprime avec ironie
cette déception dans *les Nouvelles de la République des Lettres*[19],
au moment de rendre compte de la seconde édition des *Cogitationes* en 1685[20], et encore lorsqu'il confie à Poiret lui-même le
soin de présenter l'édition de *Toutes les Œuvres* d'Antoinette Bourignon[21]. Pierre Bayle n'éprouve qu'une curiosité moqueuse à
l'égard de cette femme, comme le montrera plus tard l'article qu'il
lui consacre dans son *Dictionnaire*[22]. L'influence d'Antoinette
Bourignon, qui a certainement été absolument décisive dans la
conversion et l'orientation définitive de Pierre Poiret, a aussi com-
promis à jamais la réputation du penseur. Or Poiret, et le présent
ouvrage en apporte un témoignage, se considérera toujours
comme débiteur et étroitement solidaire de celle qu'il jugeait injustement insultée et qui présentait pour lui un modèle de sainteté.

Le dernier protagoniste est le célèbre pasteur et théologien,
Pierre Jurieu[23]. Il avait dû quitter la France où il enseignait à
l'académie de Sedan et était devenu professeur à l'Ecole Illustre
de Rotterdam. Son caractère emporté était connu[24]. Il avait beau-

---

[18]   Ecrites en 1679, à la demande du vieux pasteur de Metz, David Ancillon,
       elles furent publiées par Poiret avec ses réponses, dans les 2ᵉ et 3ᵉ éditions
       des *Cogitationes* (Amsterdam,1685 et 1715).

[19]   Art. 9 d'avril 1685, pp. 420-22 et 440-42.

[20]   «M. Poiret a tellement renoncé à l'esprit du monde, que, de peur de l'offen-
       ser, je ne donne pas à son livre les éloges qui lui sont dus.»

[21]   *Nouvelles de la République des Lettres,* avril 1685, «mémoire» signé de Poi-
       ret, p. 422-34.

[22]   Un des procédés de P. Bayle dans cet article consiste à citer les avis de Poi-
       ret dans sa biographie d'A. Bourignon, sans le nommer, pour le tourner en
       dérision.

[23]   Sur lui, voir F.R.J. Knetsch, *Pierre Jurieu, Theoloog en Politicus der Refuge*,
       1967. On peut voir aussi les frères Haag dans *La France Protestante*.

[24]   Les frères Haag citent des jugements sur son caractère: «violent jusqu'à la
       fureur» (d'Artigny); «cet esprit impérieux et turbulent le rendit odieux à tout

coup écrit et se considérait un peu comme le porte-parole des Réfugiés français aux Pays-Bas. La persécution tragique de ses coréligionnaires dans le Royaume déclencha chez lui des écrits de deux sortes.

– D'une part, Jurieu se mit, comme d'innombrables prophètes l'avaient fait avant lui, à scruter l'Apocalypse en appliquant des clés d'interprétation à certains des chiffres qui y sont donnés. Il parvint à la conviction que cette dernière persécution allait être suivie de la chute du règne de l'Anté-Christ papiste et qu'un renversement total se préparait: la Réforme allait dans quelques années triompher en France. Ce sont ces rêves que diffuse l'ouvrage intitulé *L'Accomplissement des prophéties ou la délivrance prochaine de l'Eglise,* édité en deux petits volumes à Rotterdam, 1686. Le succès était assuré; il fut énorme.

– D'autre part, moins de six mois après la Révocation, Jurieu entreprend en mars 1686, de lancer la série de ses *Lettres Pastorales* [25]. Il s'agit d'exhortations et d'informations rédigées pour les protestants de France. Circulant clandestinement, en feuilles volantes, elles connurent une diffusion certaine à l'intérieur du Royaume, où les destinataires les recevaient avec reconnaissance; plus largement, elles étaient aussi lues au sein du Refuge européen.

Elles parurent régulièrement deux fois par mois pendant près de trois ans et eurent tant de succès que les éditions furent nombreuses. Les collections qui en ont été reconstituées sont hétéro-

---

le monde» (Desmaizeaux qui est un ami de P. Bayle, lequel eut tant à souffrir des attaques de P. Jurieu); «fougueux, fanatique» (Voltaire) etc.

[25] Les *Lettres Pastorales adressées aux fidèles de France qui gémissent sous la captivité de Babylon* ont été rééditées en reproduction photostatique par Georg Olms,en 1988, dans le cadre de la série des *Œuvres diverses* de Pierre Bayle (ce qui ne manque pas de sel, quand on sait leur vive querelle!), sous la rubrique *Volumes supplémentaires II.* On se référera à l'intéressante présentation signée de Robin Howells.

gènes[26]. Certes, Pierre Jurieu ne fut pas le seul à tenter de faire parvenir des Lettres Pastorales aux fidèles français privés de ministres, mais les siennes sont les plus connues. Il fournit, dans chaque lettre, des éléments susceptibles d'aider les «nouveaux convertis» à résister à la propagande dont ils sont entourés et à affermir leur foi. Il transmet d'abord surtout des nouvelles, parfois des lettres reçues de France, donnant des exemples de fidélité souvent héroïque.

Peu à peu, il adopte un plan pédagogique: dans chacune de ses *Lettres*, il fera figurer une partie consacrée à ce qu'il appelle un «article d'antiquité», sur les usages et dogmes de l'Eglise des premiers siècles, pour souligner combien l'Eglise romaine actuelle en est loin. A partir de la 10e lettre, il y ajoute une autre rubrique consacrée à un «article de controverse». C'est dans ce cadre qu'il s'en prend à Poiret dans la 11e *Pastorale*, pour flétrir un de ses écrits et dévaloriser l'homme lui-même.

Nul doute que la virulente critique de Jurieu aura constitué une sorte de publicité négative pour notre auteur. C'est elle qui a provoqué l'effort d'explication et de justification que constitue *La Paix des bonnes âmes*, le livre ici présenté.

LES ÉCRITS EN CAUSE

Le point de départ était humble et n'avait pas de caractère public. Il s'agissait d'une correspondance privée adressée par Pierre Poiret, environ un an après la Révocation de l'Edit de Nantes[27], à son plus jeune frère Jean, resté à Metz avec sa famille. N'ayant sur la situation des protestants dans sa ville d'origine que des informations fragmentaires, complétées sans doute par ce que rapportaient les Réfugiés qui arrivaient alors en foule aux Pays-Bas, Pierre Poiret n'ignorait pourtant certaine-

---

[26] Les problèmes bibliographiques sont complexes, cf. la présentation de Howells, p. LXVIII-LXXIII.

[27] Si du moins l'on accorde crédit à la date qui figure à la fin de l'*Avis Charitable*: 14 novembre 1686.

ment pas la dragonnade tardive qui s'était abattue sur la communauté huguenote messine, à la fin du printemps 1686. Il avait appris les contraintes que les fidèles restés à Metz[28] avait subies: non seulement l'obligation de signer, mais celle de faire acte de catholicisme, accompagnées de dures menaces[29].

Pierre Poiret avait cherché à consoler les siens. Il voulait soulager leur fardeau, éventuellement le remords de l'abjuration, en les aidant non pas à résister, mais à vivre dans la paix les nouvelles exigences religieuses auxquelles ils se voyaient contraints. Il fondait de tels propos sur sa conception théologique propre, qui relativise complètement les appartenances confessionnelles et l'aspect extérieur du culte et met au contraire tout l'essentiel dans les dispositions du cœur. Dans cette perspective, même la messe n'est pas abominable, elle ne doit pas être considérée comme une parodie blasphématoire. En effet, elle peut conduire à méditer la passion du Christ et aider ainsi à retrouver la relation d'amour à Dieu. Poiret cherchait à balayer un certain nombre d'arguments de la controverse anti-catholique: l'accusation d'idolâtrie dans l'adoration du sacrement, le rejet des images et de la doctrine du purgatoire etc. Il ne craignait pas d'affirmer avec son autorité pastorale aux siens qui sont de simples artisans: «Si j'étois en vôtre place, je ne serois nullement en peine de me conformer de bon cœur au culte exterieur de l'Eglise Catholique Romaine, et méme je le pourrois faire avec edification pour mon ame.»[30]

Certes, il n'omettait pas de condamner le mal dont il reconnaissait que ses destinataires étaient victimes, ainsi que les abus dans le culte catholique. Il avait enfin la prudence de leur recommander d'user de cette lettre avec discrétion, sans la montrer aux «plus opiniatrés»...

En principe, cette correspondance n'aurait donc pas dû avoir de caractère public. Le zèle d'un ami, pensant en faire bénéficier

---

[28]   Une proportion importante de la communauté protestante messine se retrouvera réfugiée à Berlin.

[29]   Par exemple, celle de voir les enfants enlevés à leur famille pour être éduqués dans des couvents.

[30]   Ici, p. 28 de la *Paix des Bonnes ames*, infra, p. 55.

un plus grand nombre de lecteurs, avait cependant conduit à une publication anonyme[31]. Poiret dit d'ailleurs que ce fut avec son accord[32]. Le texte fort court, huit pages in quarto, sur deux colonnes[33], fut donc imprimé sous le titre *Avis Charitable pour soulager la Conscience de ceux qui sont obligez de se conformer au culte de l'Eglise Catholique-Romaine:Tiré d'une lettre d'un particulier à quelques-uns de ses amis en France*[34].

C'est ainsi que Jurieu l'a lu et n'a pas tardé[35] à insérer sa mise en garde, pour ne pas laisser un texte aussi irénique démobiliser les fidèles et produire un effet exactement contraire à tout son propre dessein. Ce vigoureux avertissement de Jurieu, attaquant davantage la personne de Poiret que le contenu de son épître, est très bref (à peine plus de deux pages in-quarto). Il appelle la réaction de Poiret.

Lui, pour sa part, ne craint pas d'être prolixe[36] pour expliquer sa propre position, réfuter les calomnies et justifier Antoinette Bourignon. Il reproduit donc les deux premiers documents; il débat point par point les assertions de son adversaire. Pour bien éclairer son point de vue sur l'eucharistie, il ajoute de longs extraits de son *Œconomie Divine* parue depuis peu; enfin, il couronne le tout de quelques lettres d'Antoinette Bourignon. Voilà l'origine et le contenu varié de cet ouvrage, dans lequel Poiret livre donc tout le dossier au grand public.

---

[31] Ce fut encore le cas plus tard de deux autres lettres de Poiret, d'abord privées, qui connurent un grand succès d'édition: celle sur l'éducation chrétienne des enfants et celle sur les auteurs mystiques.

[32] Voir *infra*, p. 255.

[33] C'est le format habituel des *Lettres Pastorales* de Jurieu, commode pour la diffusion clandestine. Ici, moins de vingt petites pages in-12.

[34] Dans le seul exemplaire retrouvé de cette édition (à Halle, Hauptbibliothek der Franckeschen Stiftungen), la page de garde manque: on ne peut donc pas dire si un lieu et une date de publication étaient indiqués. On ignore tout également de la diffusion de ce texte dans cette première édition.

[35] C'est ce que dit Poiret. On ne sait pas combien de temps s'écoule entre la publication anonyme de l'*Avis Charitable* et la réaction de Jurieu, dans la *Lettre Pastorale*, datée du 1er février 1687.

[36] Il l'est toujours, dans un style assez redondant. On en jugera!

D'après le nombre d'exemplaires conservés[37], il est probable que la diffusion fut importante, sans commune mesure sans doute avec celle des *Avis* anonymes. On est aussi surpris de constater qu'un tel recueil allait être, bien plus tard, traduit par deux fois. Il paraîtra en traduction allemande[38] quinze ans après les faits (1702), connaissant encore une seconde édition en allemand[39], à la date tardive de 1714. Enfin, il sera incorporé par Poiret, en traduction latine[40], dans un ouvrage regroupant plusieurs œuvres courtes, en 1707[41], donc vingt ans après la première publication. Etonnant intérêt durable pour cette polémique et pour des thèses non conformistes! On peut l'expliquer peut-être par la diffusion, tout spécialement en Allemagne, des idées piétistes relativisant l'extérieur de la piété en faveur de la religion du cœur. D'ailleurs «l'indifférentisme», au sens précis de l'indifférence à l'égard de l'appartenance à telle confession plutôt qu'à telle autre pour être sauvé, ne trouvait-il pas bien plus facilement sa place dans des pays qui ne connaissaient pas la persécution? Et n'était-il pas appelé à grandir avec les idées de tolérance du Siècle des Lumières?

POURQUOI LE TITRE DE *PAIX DES BONNES AMES* ?

On peut se demander pourquoi, dans un contexte aussi peu irénique, celui de la riposte à un adversaire qui a voulu renverser

---

[37]   Nous en avons inventorié 28, dans des bibliothèques d'une dizaine de pays d'Europe. Cf. dans ma bibliographie de Poiret, t. V de la *Bibliotheca Dissidentium*, 1985, Baden Baden, p. 91-92.

[38]   Sous le titre *Irenicum Universale, oder Gründliche Gewissens-Ruhe aller frommen Hertzen...*, 1702, Amsterdam.

[39]   Le titre est différent:*Vollkommene Gewissens-Ruhe der Frommen...*, 1714, à Francfort.

[40]   La traduction aurait été faite par un ami et non par Poiret lui-même (dit-il, dans le *De Eruditione* de 1707, p. 714) Je corrige ici une inexactitude de ma bibliographie (cf. *supra*, n. 28).

[41]   C'est la seconde œuvre dans le volume *De Eruditione Solida Specialiora*, Amsterdam, 1707. Elle porte ici le titre: *Irenicum Universale, Piis quibusvis Mentibus quarumcunque Christinismi Partium Pacificandis accommodatum*, Amsterdam, 1707. La diffusion fut, là encore, abondante et étendue.

ses idées et qui l'a injurié, Poiret a choisi un tel titre. La première raison tient d'abord et surtout au propos initial de son *Avis Charitable:* rendre la paix du cœur à ces malheureux «Nouveaux Catholiques», car ils sont bourrelés du remords d'avoir trahi par leur abjuration et pensent vivre dans l'hypocrisie par la compromission que les autorités exigent d'eux en France.

Il ne s'agit certainement pas pour Poiret de faire la paix avec son adversaire qu'il accuse, au contraire, de faire tout le contraire de ce qu'exigerait la charité. C'est que, pour lui, il y a une guerre bien plus grave et une absence de paix bien plus ruineuse que la mauvaise querelle qui lui est faite et dont il pense devoir relever le défi. L'affrontement entre les confessions, les sentiments de haine et de mépris dans lesquels les protestants sont entretenus face au catholicisme romain sont à l'opposé des vertus d'amour, de pardon et d'humilité recommandées aux chrétiens. Le Schisme, puisqu'il ne craint pas d'employer ce terme pour parler de la Réformation, a provoqué des guerres et des effusions de sang, mais il a suscité aussi dans les cœurs des jugements pleins de malveillance et d'orgueil, spécialement au sujet de la messe. Ces sentiments, liés à une absolue conviction d'être dans la vérité, se durcissent sous le choc des événements récents et dans l'amertume que provoque l'injustice chez tous les huguenots: les persécutés en France, mais aussi les refugiés. Leurs jugements sont plus radicaux que jamais contre l'Eglise romaine, considérée comme une Babylone, entièrement mauvaise et condamnable.

Deux positions irréductibles s'affrontent donc.

– Il y a celle d'un Jurieu, classique dans la ligne de ces condamnations. Convaincu de son devoir pastoral à l'égard des fidèles restés dans le Royaume, sûr de sa vocation et de son autorité, il s'efforce d'affermir leur foi et d'orienter leurs comportements en leur donnant des armes pour résister et pour se battre contre leurs oppresseurs. D'autant plus qu'il a acquis la certitude d'un prochain retournement de situation qui ne va pas tarder à se produire en leur faveur.

– Il y a celle de Poiret, position atypique, irénique. Il espère en premier lieu apporter la paix du cœur à ces frères qui souffrent, ou au moins alléger leur épreuve. A long terme, sans aucun doute caresse-t-il, comme dans son *Œconomie Divine*, le rêve utopique de conduire à un apaisement entre les «partis». Il pense que c'est possible par une vraie tolérance spirituelle, par la reconnaissance de l'amour du Christ chez quelques «bonnes âmes», minoritaires et éparpillées dans tous les partis.

Mêlés à ces principes opposés et respectables, il y a des sentiments et des arguments plus médiocres. Les deux adversaires font appel à l'ironie et à une moquerie parfois lourde. Leur mépris mutuel se vaut; chacun de ces passionnés fait feu de tout bois pour discréditer l'autre.

– Pour Jurieu, c'est l'occasion de flétrir chez Poiret des positions hétérodoxes, mais aussi des attachements coupables et d'appeler à un rejet ricanant de ce sectaire.

– Pour Poiret, c'est l'occasion de montrer la mauvaise foi d'adversaires qui n'ont pas cherché à comprendre ce qu'ils condamnent. Avant même de tenter de se justifier, il tient à laver Antoinette Bourignon de toutes les médisances qui salissent sa mémoire. Plus encore que dans d'autres œuvres, Poiret affiche ici sa dépendance reconnaissante à l'égard de celle qui lui a fait découvrir la «vérité». Nul ne pourrait lui reprocher cette fidélité. Ce qu'on pourrait lui reprocher, c'est la susceptibilité et la véhémence du ton qui souvent n'est pas celui d'un homme de paix.

Poiret a-t-il bien fait de jeter ce différend sur la place publique, pour en rendre juges ses contemporains? Il est difficile de le dire, car peu d'entre eux pouvaient le suivre. La diffusion et les traductions témoignent cependant d'un intérêt certain.

Il n'a pas semblé inutile de permettre à nos contemporains d'écouter aujourd'hui à leur tour la petite mélodie originale, souvent grinçante, parfois vraiment apaisante, que fait entendre *La Paix des Bonnes Ames.*

L'ÉDITION PRÉSENTE

·Pour la transcription du texte (à partir d'un exemplaire conservé à Genève à la Bibliothèque Cantonale et Universitaire), j'ai · suivi l'usage: respecter l'orthographe mais moderniser majuscules et ponctuation. La pagination de l'original est indiquées entre crochets. Les fautes typographiques sont mentionnées et corrigées

Je tiens à remercier, outre Monsieur Alain Dufour pour ses conseils, Messieurs Lagarrigue (latiniste), Pierre Maraval (patristicien), Philippe de Robert (vétéro-testamentaire), tous trois collègues de l'Université des Sciences humaines de Strasbourg, ainsi que Madame Marianne Carbonnier-Burkard (historienne) de la Faculté de Théologie Protestante de Paris, qui m'ont permis de résoudre quelques énigmes d'identification de certaines des citations faites par Poiret. Et surtout redire ma gratitude à Madame Elisabeth Labrousse, grande spécialiste de cette époque et de ce contexte[42], qui est mon maître depuis bientôt trente ans.

Il faut, enfin, exprimer des remerciements pour les trois subventions qui ont rendu possible l'édition de cet ouvrage: celle de la Faculté de Théologie Protestante de l'Université de Genève, proposée par son doyen M. Olivier Fatio, celle de la Faculté de Théologie Protestante de Strasbourg et celle du GRENEP (Groupe de recherches sur les non-conformismes religieux du XVIe siècle et l'histoire des protestantismes).

---

[42] Ici, elle a identifié à ma demande l'auteur des *Lettres sincères,* cité par Poiret (Section V, *infra*, p. 235, n. 174).

LA PAIX

DES

BONNES AMES

dans tous les Partis du Christianisme,
sur les matiéres de

RELIGION,

& particuliérement

Sur L'Eucaristie.

Où l'on répond aussi à un ARTICLE

De l'Onziéme des LETTRES PASTORALES,

Opposé

Aux Avis Charitables publiés depuis peu, & que
l'on a joints ici, avec quelques autres pieces
qui concernent ce sujet.

Par PIERRE POIRET.

A AMSTERDAM,
Chez Theodore Boeteman, 1687.

S'il prend envie à quelqu'un de traduire cet ouvrage en une autre langue, il est prié de n'y rien
changer ni diminuer, et l'on verra par-là qu'il
est dans la sincérité et dans l'impartialité loüable.
que l'on recommande tant dans ce livre. Adieu.

AU LECTEUR

*Si vous estes hommes de probité, qui craigniez et cherchiez Dieu, regardez moy comme une personne qui n'ai point d'autre dessein que le vôtre, et ne pensez pas que je me propose de vous faire changer de secte ou de party[1]. Je veux plutôt vous montrer comment vous pourrez faire un bon usage selon Dieu de celuy où vous étes et, en cas de nécessité, de celuy où vous seriez obligé de vous ranger. Ne me critiquez point sur mes mots et me passez ceux d'*impartial *et d'*impartialité[2] *comme des termes de l'art qui marquent une chose à laquelle les hommes n'ont point donné de nom, parce qu'ils l'ont peu connue et encore moins pratiquée. Ne vous formalisez point, si, d'abord, vous lisez des choses qui vous sembleront ou nouvelles ou contraires aux sentiments que vous tenez pour bons. Poursuivez, s'il vous plait, et achevez la lecture de l'ouvrage, et vous y trouverez tout le répos que vous pourriez justement souhaiter sur ce sujet. Lors qu'on y parle et des méchans et des abus, si vous étes du nombre des bons ne tirez pas cela à vous, encore moins aus choses-mémes, au culte et aus ceremonies, qui sont bonnes et divines en elles-mémes.*

---

[1]   Poiret emploie généralement le mot de «parti» pour désigner les différentes confessions chrétiennes. S'il affirme d'emblée que son but n'est pas de favoriser des «conversions», c'est que le reproche lui en a certainement été fait. Par la suite, il continuera de s'en défendre, par ex. «Avant-Propos», signé de lui, à *L'Ecole du pur amour de Dieu*, Cologne, 1704.

[2]   Ces mots, attestés dans la langue dès avant la fin du XVIe siècle (1576, dit le *Robert*), étaient rares. Poiret utilise le mot «impartialité» dans l'Avis qui précède et p. 4 dans la pièce qui suit (l'épître adressée «à toutes les bonnes Ames d'entre les Protestans»), *infra*, p. 33; «partialité», dans le titre p. 1, puis p. 4 etc., *infra*, p. 31, etc. Voir ces termes (partialité, impartialité) dans l'*Index rerum*.

S'il m'arrive de parler d'une personne[3] *dont jé m'étois teu dans les* AVIS CHARITABLES, *aussi bien que de moy, rejettez cela sur la nécessité de se défendre lorsqu'on est injustement attaqué; et croyez que je n'ay rien voulu recommander que ce que j'ay cru et sçu étre bon, véritable, solide, édifiant et avançant vers Dieu. Je hay comme la mort les contestes et les spéculations inutiles, et j'aimerois mieux mourir que de recommander ce qui est faux et qui pourroit éloigner les ames de Dieu et des vertus Chrétiennes. Si les gens de bien, aprés la lecture de cet ouvrage, tombent dans mes sentimens, à la bonne heure! Sinon, qu'ils cherchent et qu'ils prénent d'autres moiens pour aller à Dieu, sans mépriser ceux qui ont servi et qui servent puissamment à plusieurs pour la méme fin. Fasse le bon Dieu que tous moyens, tous actes, toutes choses rameinent à luy ceux qui s'en servent et qu'ainsi, selon le souhait du Roy-Prophéte*[4], *toute créature et* tout ce qui respire loüe son Saint Nom[5] *maintenant et à jamais! Amen.*

---

[3]   Il s'agit évidemment d'Antoinette Bourignon. C'est Pierre Jurieu qui le premier la nomme.

[4]   C'est le roi David, à qui est attribuée la composition d'une majorité des Psaumes de la Bible.

[5]   Citation du dernier verset du Psaume 150, le dernier du Psautier.

<p. 1>

A toutes les bonnes Ames
d'entre les

Protestans

de France et d'ailleurs;

et à toutes les personnes qui craignent Dieu
avec sincérité et sans partialité dans
tous les partis de la Chrétienté.

Messieurs et Fréres en Jesus-Christ,

Je n'aurois jamais pensé à me présenter devant vous si un
autre[6] ne m'y avoit produit, pour un sujet où il ne s'agissoit nullement de ma personne, mais de la vérité indépendemment de
moy et de toute personnalité. J'avois écrit une lettre particuliere
à mes plus proches[7], qui se trouvent embarrassez de la méme
maniére que la plus-part de vous, et un de mes amis l'ayant vûe,
avoit trouvé bon de la publier sans mon nom, pour le bien de quiconque voudroit en faire un bon usage. Cela n'avoit aucune liai-
son avec ma personne. Car il s'y agissoit de sçavoir, si des ames
que l'on oblige à certaines cérémonies qui sont <p. 2> établies par
rapport à Dieu, ne pourroient pas, sans s'éloigner de Dieu et de
son Fils Jésus-Christ, et méme en s'en approchant, pratiquer les
mémes cérémonies, quoiqu'auparavant ils les ayent cruës

---

[6]   Pierre Jurieu.

[7]   Poiret ne précise pas qu'il s'agit de la famille de son frère, Jean, resté à Metz.

impropres et incompatibles avec ce but, faute d'avoir bien péné-
tré toutes ces choses? C'est ce que j'avois montré être trés-pos-
sible, en faisant voir que l'essentiel de la religion chrétienne
consistoit dans le cœur[8], et que les cérémonies n'en étoient qu'un
accessoire dont les bons pouvoient faire un trés-bon usage, nonobstant la variation et la différence qu'il y a entre'elles et les
abus que les méchans en font. Et c'étoit là le point où il falloit
s'arréter, soit pour y acquiescer, soit pour le contredire. Mais un
de ceux qui, en vertu de leur esprit de dispute et de contradiction,
se croyent les colonnes de la religion[9], et qui, jaloux de leur
propre honneur et de leur propre gloire, créveroient de dépit de
voir que le monde et sur tout ceux qui ont été de leur dependance,
allassent en cas de nécessité à Jesus-Christ par une autre voye
que par celle de leurs formalitez extérieures, dont ils se sont fait
des idoles qu'ils préférent à la charité, à la paix et <p. 3> au repos
de vos consciences affligées, lesquelles ils voyent en état ou de
pécher contre Dieu en faisant ce qu'on vous ordonne de faire, ou
à se rendre misérables en ne s'y soumettant pas; un de ces esprits
de secte et de faction[10], qui regardent comme des rebelles et des
deserteurs tous ceux qui ne leur obéissent pas et qui ne les suivent pas aveuglément, quand bien méme on iroit à Jésus-Christ,
ne s'est pas plûtôt aperçu d'un dessein si conforme à la piété et à
la charité chrétienne, qu'outré de douleur de ce que cela choquoit
ses voyes de partialité, il s'est resolu de le rendre sans effet. Et,
n'osant en attaquer les vérités, il s'est avisé du bel artifice des
medisans de se jetter sur ma personne pour la noircir en m'attribuant des desseins, des extravagances et des impietez ausquelles
(sic) je n'ay jamais pensé. Et, non content de cela, s'étant imaginé que j'étois le chef d'une secte qui n'a de subsistence que

---

[8] Poiret affectionne ce terme: la piété du cœur, le Dieu du cœur. La piété intérieure est l'essentiel.

[9] Nouvelle désignation de Jurieu sans le nommer. Il se jugeait porte-parole du
Refuge huguenot.

[10] C'est lui qu'il faut qualifier de sectaire, parce qu'il est aveuglément attaché
à son «parti» réformé (qui pour lui n'a rien d'une secte); Jurieu avait parlé de
secte dans le sens d'une nouvelle religion.

dans sa tête, et sçachant l'estime que quelques ames pieuses ont
aussi bien que moy des écrits d'une personne[11], qu'il devoit laisser au jugement de Dieu puisqu'il ignore son esprit et ses sentimens, la violence de sa passion luy a dicté d'envelopper en un, et
<p. 4> de frapper en corps tout le prétendu parti, et de le ruiner
chefs et membres, pour avoir la satisfaction puérile d'avoir pris
pleinement et universellement vengeance d'un écrit dont il crai-
gnoit que les effets ne fussent funestes à sa partialité. Il n'en aura
pas toute la joie qu'il s'en promet, je l'en assure. Il y a encore au
monde, en toutes sortes de partis, de religions et de places, des
gens d'esprit et d'impartialité qui, ayant la crainte de Dieu, lorsqu'il connoîtront le caractère du docteur qui, inconnu à soi
même, prétend néanmoins faire connoître les autres, ils s'éloi-
gneront autant de ses conclusions qu'il est éloigné de la vérité,
de la charité, de l'humilité et de la paix. Ce n'est pas que j'aie
dessein de vous entretenir de disputes et de choses purement personnelles, comme a fait nôtre autheur, à la réserve de deux ou
trois points, sur quoi il s'est contenté de plaisanter en passant. Je
n'avancerai, s'il plaît à Dieu, que des choses édifiantes et
solides, capables d'éclairer, de pacifier véritablement, et de
conduire à Dieu les cœurs des gens de bien, qui sentiront bien
eux-mêmes, sans que je les en avertisse, que le principal de ce
que j'avancerai vient <p. 5> de la source éternelle de toute verité,
où j'ose dire que je l'ai puisé tant par la priére que dans une
grande defiance de mon esprit gâté et corrompu (comme celuy
de tous les hommes) par le peché d'Adam et par tant d'autres
indispositions, qui nous rendroient indignes de la lumiére
de Dieu, s'il n'avoit pitié de nous et s'il n'étoit riche en misericorde pour donner, à telle mesure qu'il le trouve à propos,
sagesse et lumiére à ceux qui la lui demandent en foi et sincérité
de cœur[12].

---

[11]   Nouvelle allusion anonyme à Antoinette Bourignon.

[12]   Cette phrase interminable est typique du style de notre auteur. Elle contient
        une reprise des principes mêmes de la Réformation, mais aussi des thèmes
        bien propres à la théologie de Poiret: Dieu révélant la vérité («sagesse et
        lumière») à ceux qui la lui demandent.

Mais, avant tout, je souhaitte, Messieurs et chers amis, que vous compreniez bien mon but, qui n'est pas de prendre le parti de l'un contre celui de l'autre, encore moins de disposer les hommes à troquer, pour ainsi dire, de parti entre eux[13]. Je n'ai dessein, premiérement, que de vous adresser à Dieu seul et à son Fils Jesus-Christ par l'essentiel de la religion chrétienne, qui est *esprit* et *vie*, vérité et charité. Mais comme les Chrétiens sont maintenant divisez en trois partis considérables[14], j'entreprends, en second lieu, de montrer comment les personnes sincéres et qui craignent Dieu dans chaque parti peuvent, nonobstant la différence de quelques opinions et de quelques cérémonies qui ne sont que des <p. 6> choses accessoires à la religion chrétienne, faire un bon usage des mémes choses et s'avancer vers Dieu, sans se condamner et se haïr mutuellement les uns les autres pour ce sujet. Enfin, je veux montrer comment, en cas qu'il arrive que ceux d'un party soient obligez à se conformer aux cérémonies de ceux d'un autre party, de sorte qu'ils ne puissent l'éviter sans aigrir contre'eux les cœurs des autres jusqu'au point de leur étre occasion de commettre beaucoup de pechez et de se procurer à eux-mémes beaucoup de maux, comment, dis-je, EN CE CAS[15], l'on peut en bonne conscience, et méme avec édification pour sa propre ame, se conformer aux cérémonies de ce party-là, pourvû qu'on veüille écouter raison et n'étre pas absolument indocile.

C'est ce que je vay tâcher d'éxécuter par les moyens suivans.

I.)   Premiérement, je feray précéder[16] la lettre d'AVIS CHARI-
TABLES, qu'on a publiée depuis peu sur ce sujet et qui a
donné occasion à M. J. de se déclarer comme il a fait dans
l'onzieme de ses *Pastorales*; aussi bien ne scait-on plus en
trouver.

---

[13]   C'est ici l'une des déclarations explicites où Poiret se défend de l'accusation
de favoriser des conversions de protestants au catholicisme.

[14]   Poiret semble ignorer les chrétiens orientaux, il pense aux Catholiques
romains, aux Luthériens et aux Réformés.

[15]   Par l'emploi des capitales, Poiret insiste.

[16]   Signifie: «mettre en premier lieu».

II.) En second lieu, je répondray à quelques difficultez dont une partie ont été <p. 7> faites verbalement au sujet de cette lettre.

III.) En troisiéme lieu, il seroit à propos de traiter à fond de la nature des cérémonies, et en particulier de celle de l'Eucaristie, comme aussi des schismes et des principales différences qu'il y a entr'eux sur tout cela. Mais comme c'est une chose que j'ay déjà faite ailleurs, dans mon *Systéme* de *l'Œconomie Divine*[17], dont le Chap. X. du Tome IV. explique la nature des *cérémonies*, et les Chapp. V, VI, VII et VIII. du Tome V. celle du *Baptéme,* de *l'Eucaristie* et des autres choses et *fonctions du Culte* exterieur, je pourrois me contenter de ce renvoy et n'en rien dire davantage. Neanmoins, comme tout le monde n'a pas la commodité de se pourvoir d'un livre à sept parties, quoique de taille et de prix mediocre[18], et que cependant il est necessaire qu'on sçache au moins la substance de ce que j'y ay proposé touchant l'*Eucaristie*, je me suis résolu à en mettre ici deux chapitres. Cela satisfera les gens qui n'aiment ni beaucoup de lectures ni à entrer en davantage de discussions; et quant à ceux à qui cet échantillon ne déplaira pas, s'ils désirent de voir toutes les matiéres principales de la religion et de la théologie, méme celles de la nature et <p. 8> les divines les plus relevées, traitées de cet air et expliquées avec une évidence, une certitude, des usages et des sujets de repos d'esprit de cette nature, et méme plus grands encore lorsque le sujet y porte, ils n'auront qu'à voir tout l'ouvrage; et je m'assure que, s'ils sont gens d'esprit et de probité, ils ne se

---

[17]   *L'Œconomie Divine ou Systéme universel et démontré des Œuvres et des Desseins de Dieu envers les Hommes,* synthèse de la pensée de l'auteur, a paru à Amsterdam, chez Henri Wettstein, portant la date de 1687, la même année que *Paix des Bonnes Ames.* Mais parfois les ouvrages parus en fin d'année portaient la date de l'année suivante. Il est probable que Jurieu l'a vu avant le 1er février.

[18]   *L'Œconomie Divine* se présente, en effet, en sept tomes de petite taille (in-12). Est-ce pour en favoriser la vente que l'auteur affirme ici que le prix (que nous ignorons) n'est pas élevé non plus?

repentiront jamais d'en avoir fait la lecture et qu'ils se trouveront ensuite avec des yeux plus clairs pour ce qui
concerne Dieu, le monde et eux-mémes.

IV. Aprés cela je fais suivre, en quatriéme lieu, la critique de
Monsieur J. sur la lettre des *Avis charitables*. Je la mets de
mot à mot, pour ne rien perdre de cette précieuse relique, de
laquelle on aurait peut-étre sujet de douter desormais sur de
simple citations, tant elle est singuliére en son genre. Je
l'aurois fait suivre les Avis[19]; mais comme elle ne les touche
presque pas, il importe peu quelle place on luy donne.

V. Je joins à cette piéce-là mes reflexions et mes réponses.

VI. Et enfin, parce qu'il a plû à Mr. J. d'y accuser une personne
dont il ne s'agissoit pas[20], de trois chefs principaux entre
plusieurs autres: scavoir I.) *d'avoir un souverain mépris et
une parfaite indifference* <p. 9> *pour les éxercices de piété,
pour le ministére public et pour ceux qui l'éxercent*; 2.) *de
tenir les priéres et les élevations vers Dieu comme des
choses entiérement contraires à l'esprit du parfait christianisme;* et 3.) *de recevoir chez soy toutes sortes de personnes,* jusqu'à des *Sociniens* mémes, *sans qu'ils soient
obligez à changer de sentiment ni de pratiques*, je produiray, pour la curiosité de ceux qui voudront sçavoir ce qu'il
y a de vray ou de faux dans ces accusations-là, trois lettres
de cette personne où l'on verra son sentiment sur ces
matiéres. Cela fera voir combien l'on doit ajoûter de foy à
notre autheur, lequel j'aurois pû accabler de mille et mille
passages qui démentent expressément tout ce qu'il luy
impute; mais j'espére qu'on sera plus édifié et ensemble
plus persuadé de l'innocence de la personne accusée, lorsqu'on verra ce qu'elle a écrit naïvement de son fonds, avant

---

[19] Cela aurait, en effet, semblé la place la plus normale. Poiret a sans doute
      voulu d'abord donner du poids à son *Avis*, en l'accompagnant des arguments
      développés dans l'*Œconomie Divine*.

[20] Encore une allusion à A. Bourignon, en évitant de la nommer. On peut se
      demander pourquoi.

d'avoir jamais été ainsi suspectée, et hors de toute pensée de faire par là son apologie.

Comme c'est aux Protestans de France que M.J. a adressé ses accusations, le droit veut que ce soit aussi à eux que j'adresse mes justifications, au moins à ceux d'entr'eux qui sont droits de cœur, <p. 10> sincéres et qui estiment la vérité de Dieu en sa crainte, sans entêtement[21] et sans partialité. Et je le fais d'autant meilleur cœur, qu'étant touché de charité et de grande compassion envers eux dans l'état où ils sont, je voudrois leur témoigner dans cette nécessité par le soulagement que je tâcheray de procurer à leurs consciences, la reconnoissance que je dois à quelques uns d'entre eux, à qui je suis redevable d'une partie de mon éducation et de mes études[22]. Car, encore que je croye n'avoir pas ensuite moins employé du mien que le double au service de quelques autres Eglises[23], cependant j'estime que les bien-faits prévenans[24] ne peuvent s'acquitter que par une reconnoissance continuelle, et je n'en sache point de meilleure que celle qui se fait par la communication de la vérité et d'une vérité qui vient si à propos et qui est si capable de calmer l'inquiétude des bonnes ames, à qui seules je prétends parler, laissant là les ames partiales et déraisonnables, qu'on n'est pas obligé de satisfaire en blessant l'impartialité de la vérité et de la charité.

Je sçay bien, ames sincéres et équitables, que vous étes rares et clair-semées en toutes sortes de religions et de partis[25]; je ne

---

[21] On sait que les catholiques accusaient principalement les protestants d'»opiniâtreté». C'est aussi l'un des griefs qu'on trouvera sous la plume de Bossuet, dans sa correspondance avec Leibniz.

[22] Rare allusion à l'histoire personnelle de Poiret et touchante marque de reconnaissance à l'égard de sa paroisse d'origine, celle de Metz.

[23] En particulier les communautés huguenotes des pays du Rhin, où Poiret a exercé son ministère.

[24] C'est évidemment le cas d'une bourse d'études. Les circonstances n'ont pas permis à Poiret ensuite de servir cette Eglise-là. Exhorter les fidèles de Metz pastoralement est une façon de le faire.

[25] Poiret avait montré cela dans l'*Œconomie Divine*. Par ex., t. V, ch. 5, § 23, p. 133; § 37, p. 151.

laisse pas néanmoins de préférer vôtre <p. 11> petit nombre à la grande foule des méchans, des opiniâtres et des entêtez qui sont mélez par tout, parce que je sai que Dieu l'y préfére, étant un *Dieu qui n'a point d'égard à l'apparence* ni au dehors *des personnes* [26]; mais *auquel est agréable en toute nation quiconque le craint et aime ce qui est juste* [27]. Le commun du monde n'a garde d'imiter Dieu en cela, au contraire, rien ne leur est agréable que dans leur nation ou dans leur party, et leurs propres fréres mémes qui sont avec eux leur sont à mépris lors qu'ils ne veulent pas se rendre aveuglément à toutes leurs factieuses controverses. Vous l'éprouvez sans doute quelques fois, ames équitables et qui craignez Dieu, lorsque vous voulez suivre la vérité qui est selon la charité[28], ceux de vôtre propre Religion, vos amis, et quelques fois vos propres pasteurs, sont alors ceux qui se déclarent le plus contre vous, et qu'ils le font d'autant plus violemment que plus vous vous avancez vers le bien et vers la vérité solide, lumineuse et sans bruit. Cela a été dés le commencement du monde, et il continuera jusqu'à la fin, que Dieu a déterminée pour l'extermination des méchans. Caïn et Abel, Ismaël et Isâc, ne s'accorderont jamais; mais c'est toûjours le méchant et le charnel qui ne peut souffrir l'esprit de paix <p. 12> du bon et du spirituel. En effet, il y a opposition formelle, aussi bien entre leurs principes qu'entre leurs œuvres. Les œuvres de la chair étant entr'autres, dit S. Paul, les *inimitiés, les dissentions, les jalousies, les animosités, les disputes, les divisions, les factions, les envies, et semblables*[29], et celles de l'esprit n'étant que *charité, joye, paix, patience, benignité, bonté, foy, douceur*[30], il ne faut pas trouver étrange que ceux qui sont affectionnez aux premiéres soient ennemis de ceux qui cultivent ces derniéres. *Comme celuy qui*

---

[26]   2 Chroniques 19, 7.

[27]   Il ne s'agit pas d'une citation biblique, mais d'un composé d'éléments bibliques.

[28]   Allusion à l'expression: «professant la vérité dans la charité», Ephésiens 4, 15.

[29]   Galates 5, 20-21.

[30]   Suite du même passage: Gal. 5, 22-23.

étoit né selon la chair (dit S. Paul) *persécutoit celuy qui étoit né selon l'esprit, il en est de même encore à présent. Mais que dit l'Ecriture? Chasse l'esclave et son fils; car le fils de l'esclave* (les hommes charnellement esclaves de leur party) *ne sera point héritier avec le fils de la femme libre*[31], de la vérité pure, libre et non esclave d'aucune faction. C'est ainsi qu'un jour, et plûtôt qu'on ne pense[32], Dieu déchassera de soy et du monde tous les esprits contentieux, qui laisseront la place aux paisibles et aux bons. *Cependant*, selon le conseil de l'Ecriture, *possédez vos ames par vôtre patience et priez pour le rétablissement et pour la paix de Jerusalem* [33].

Vôtre selon Dieu.

POIRET.

---

[31]   Gal. 4, 29-30. L'apôtre se réfère à l'histoire des deux fils d'Abraham: Ismaël, né d'Agar, la servante et Isaac, né de Sarah (Genèse16, 1-15; 21, 8-21). Poiret interprète à son tour ce texte de façon figurée.

[32]   C'était la conviction d'A. Bourignon que la fin du monde et le Règne des bons avec le Christ étaient tout proches. Poiret exprimera à sa suite des convictions millénaristes: *Œc. Div.*, t. V, ch. 10.

[33]   Psaume 122, 6.

SECTION PREMIÈRE

AVIS CHARITABLE

pour soulager la Conscience de ceux qui sont obligez de se conformer au culte de l'Eglise Catholique Romaine: Tiré d'une lettre d'un particulier à quelques-uns de ses amis en France.

Avertissement de l'Editeur

De toutes les Lettres, Advis, Exhortations etc. que l'on a publiez en grande quantité pour ceux qui se trouvent embarras-sez dans les affaires de la Religion en France[34]*, je n'ai encore rien trouvé qui, bien loin de leur porter quelque soulagement, ne me paroisse plustot accabler leurs consciences. Cela m'a tou-jours fait de la peine et j'eusse voulu qu'on y aportast quelque remède. Enfin, cette lettre m'estant tombée entre les mains, j'ai crû qu'elle contenoit en partie ce que je cherchois. Ainsi je la publie par un mouvement de pure charité, dans la pensée que j'en ai conçu qu'elle fournira le secours necessaire à quelques bonnes ames, dont les consciences sont étrangement à la gesne, faute d'instruction convenable à l'estat où elles se trouvent* [35]. *Cependant on s'apercevra aisément qu'elle n'a pas esté écrite*

---

[34] Le terme «la religion» est souvent employé pour parler de la «religion (pré-tendue) réformée». La périphrase désigne ceux qui étant protestants se voient contraints de faire acte de catholicisme. Se rappeler que les mots «embarras», «embarrasser» ont un sens bien plus fort qu'à présent.

[35] Le mot «gêne» aussi avait le sens d'une souffrance qui paralyse. L'éditeur se place dans la perspective qui a été celle de Poiret. Il est possible que ce soit son ami Henri Wettstein d'Amsterdam.

*dans le <p. 14> dessein de la rendre publique, et moins encore pour
ouvrir par là un champ à la controverse. Aussi, l'on espère que
ceux à qui elle ne plaira pas, la laisseront pour ce qu'elle est, et
qu'ils n'attaqueront point des gens qui n'ont autre dessein que
de faire trouver, en quelque état qu'on soit, des moyens d'aller à
Jesus-Christ seul et de faire son salut. Adieu.*

    Mes chers amis,

I.   *Occasion et dessein de cette lettre*[36].

    Quoi qu'il y ait déja assez long-temps que j'ay appris com-
ment il vous est allé, je ne vous ay pas néanmoins écrit plutôt sur
ce sujet. Non que je sois insensible à ce qui vous touche, mais
parce que, ne sçachant en quel état sont vos esprits, je n'ay aussi
sçû comment vous dire quelque chose de conforme à vos dispositions. Jamais je n'ay tant souhaitté de pouvoir vous parler, pour
régler mes paroles ou mon silence selon l'état où je pourrois
découvrir que vous seriez. Mais, puisque cela ne se peut faire, je
vay me hazarder à vous dire ici naïvement ce qu'il me semblera
de plus à propos pour la disposition où je suppose que vous
soiez. Je n'ai pas dessein de vous aggraver vos difficultez, de
vous charger encore davantage la conscience, ni de vous faire
naître plus de scrupules et de peines intérieures sur vôtre changement[37] et sur les pratiques que l'on vous oblige de suivre. A
Dieu ne plaise que je m'étudie à vous faire regarder avec plus de
remors et de peines ce que vous devez faire, de <p. 15> sorte que
vous ne le fassiez qu'en vous condamnant vous-mêmes avec
plus de désespoir, et en blessant plus mortellement vos
consciences. C'est à ceux qui suivent cette méthode à voir comment ils pourront justifier devant Dieu une voye, par laquelle on

---

[36]   Les sous-titres en italiques étaient placés en marge dans le texte, selon une
     habitude fréquente.

[37]   Il s'agit de leur abjuration, ou du moins de la fiction qu'ils sont devenus
     catholiques.

ne peut faire, dans l'état où sont les choses, que des desesperez et que des misérables de corps et d'esprit. Pour moy, je souhaiterois plûtôt de vous tirer de peine et, si je pouvois vous communiquer à l'intérieur quelques lumiéres que je puis avoir sur ce sujet, j'espère que vous vous sentiriez soulagez de ce côté-là, et que vous tourneriez la batterie d'un autre, assavoir: chacun contre soi-méme et contre les péchéz qui sont encore dans chacun de nous, sans nous mettre beaucoup en peine des lieux, des cérémonies, des menuës opinions, des controverses et des disputes, avec quoi l'on prétend servir Dieu et luy être agréables ou désagréables.

II. *Points essentiels qui sauvent ou qui damnent les hommes*

Je voudrais bien, mes chers amis, que vous comprissiez une fois pour toutes que ce qui nous rend agréables ou désagréables à Dieu, ce qui nous sauvera ou ce qui nous damnera, ne sont <sic> point les différences des religions extérieures, de leurs cérémonies, de leurs opinions ni de leurs disputes. Dieu n'aimera et ne sauvera personne pour avoir été Catolique Romain, ou Réformé, ou Luthérien, et il ne damnera aussi personne pour cela ni pour les différences des opinions et des cérémonies qu'ils tiennent[38]. <p. 16> Mais il sauvera tous ceux d'entre eux qui s'humilient dans leurs cœurs devant lui et qui ne se preférent à personne, qui, gemissant devant luy de ce qu'il sont encore si corrompus, si vuides de son amour, si durs de cœurs, si insensibles aux choses divines, si aveugles et si morts pour ce qui est éternel, si vivans, si sensibles, si actifs pour ce qui concerne leurs propres avantages selon le monde, lui demandent la lumière de son bon Esprit pour connoistre l'abysme des maux qui sont encore cachez dans leurs cœurs, et la force de cet Esprit Saint pour les coriger et pour y renoncer, qui, à mesure des connoissances que Dieu leur a données, font le bien qu'ils connoissent et ne font pas

---

[38]   Cf. dans l'*Œconomie Divine*,: «Je ne voids point de nécessité absolue à ce qu'une personne soit de l'extérieur d'un party plûtôt que d'un autre pour être sauvé» (V, ch. 7, § 8, point 6). Position rarissime!

ce qu'ils savent être mal, qui désirent que Dieu leur augmente ses connoissances, afin qu'ils augmentent leur pratique et leur obeïssance, qui l'aiment et qui se haïssent[39] et se méprisent eux-mêmes, qui font ses commandemens et ne font point leur propre volonté, qui sont patiens, paisibles, charitables. En un mot, ceux qui élévent en tout temps, en tous lieux, en toute occupation autant qu'il est possible, leurs cœurs à Dieu, priant son bon Esprit de venir dans eux y détruire les maux infinis, connus et inconnus qui y sont, et y produire toutes les vertus et les dispositions propres à les rendre agréables à Dieu, et qui le loüent des biens infinis qu'il nous[40] a faits et de ceux qu'il nous veut faire éternellement, si nous <p. 17> l'aimons et tâchons de lui plaire en toutes choses. Ce sont ceux-là que Dieu aime et qu'il sauve, sans regarder au parti extérieur de la religion dont il font profession: car tous ces partis et toutes ces divisions ne sont pas venus de Dieu, mais plûtôt de l'ennemi du genre humain[41], qui a introduit ces divisions-là sous de chetifs prétextes, pour mettre dans les esprits des hommes des maux incomparablement plus grands et plus mortels, l'orgueil, la haine, les dissensions, la cruauté et ce qui s'ensuit, comme aussi une sotte présomption et un aveuglement d'esprit pitoiable, par lequel on s'imagine d'être agréable à Dieu lors qu'on est de cette religion-ci et qu'on n'est pas de celle-là.

III. *Ce que c'est qu'être* de la Religion Chrétienne. *L'essentiel en quoi elle consiste*

Certes, mes chers amis, quand on seroit de l'Eglise primitive même et, qui plus est, du nombre des apostres, l'on sera damné

---

[39] L'affirmation que l'amour de Dieu exige la haine de soi-même (ce que ne dit pas l'Evangile) reparaîtra dans le petit traité de *L'éducation chrétienne des enfants,* p. 385, 2de éd., 1696.

[40] Noter dans cette phrase le passage de la troisième à la première personne: appropriation.

[41] Périphrase pour désigner le diable, le diviseur (l'«ennemi» dans la parabole de Matt.13, 25. 28).

avec tout cela, si l'on a les mauvaises dispositions que je viens de marquer, et qu'on n'ait pas les bonnes dont je viens aussi de faire mention. Vous sçavez assez qu'il n'y a que la seule Religion Chrétienne qui puisse sauver les hommes, et cela est vrai. Mais cette divine Religion ne consiste pas dans toutes les opinions dont on se débat. Le Diable pourrait avoir les plus véritables, et il les a en effet, et il pourrait avec cela pratiquer tout ce que l'on sauroit pratiquer au dehors, en fait de cérémonies et de culte extérieur, cependant sans être de la Religion Chrétienne. S. Jaques fit consister cette divine Religion en ce que nos cœurs <p. 18> soient purs et détachez du monde, et qu'on se soumette par des services d'amour et de charité aux plus chetifs mémes qui en ont besoin[42]. Et Jésus Christ dit que, pour en être, il faut que chacun se combatte et se renonce soyméme, et imite les vertus de sa vie et la patience de sa mort: *Si quelqu'un veut venir aprés moy* (c'est à dire, étre mon disciple ou étre de la Religion Chrétienne), *qu'il se renonce soy méme, qu'il prenne sa croix et qu'il me suive*[43]. *Renoncer à nous-mémes,* c'est nous mépriser, nous quitter, nous haïr[44] nous et tout ce qui vient de nôtre crû, de nôtre esprit, et de nôtre cœur originairement aveugle, fou, impur et si corrompu qu'il n'y a rien de ce qui vient de nous qui vaille pour autre chose que pour étre méprisé, haï et mis en croix; *prendre sa croix,* c'est prendre tous les moyens de faire mourir nos inclinations et nos désirs naturels; et *suivre* le Fils de Dieu, c'est souffrir comme luy à la gloire de Dieu avec amour, patience et humilité tout ce que Dieu permet qui nous arrive, de quelque part que ce soit, et étre revêtus de son Esprit de sainteté, de justice, de bonté et de toutes sortes de vertus. Quiconque en est là, est de la véritable Religion Chrétienne et sera sauvé. Tout le reste, soit opinions, soit cérémonies, n'est qu'accessoire. Ce sont comme des habits différens, qui ne font pas la nature de l'homme, et ne

---

[42] Allusion à Jacques 1, 27: «La religion pure et sans tache (...) la voici: visiter les orphelins et les veuves dans leur détresse; se garder du monde pour ne pas se souiller» (trad. *TOB*).

[43] Matt. 16, 24 et parallèles: Marc 8, 34 et Luc 9, 23.

[44] Voir *supra*, n. 39. Poiret insiste sur ce point, répété trois lignes plus bas.

lui donnent pas la vie, mais luy servent de moyens pour se mieux ajuster et accommoder.

<p. 19>

IV. *Culte, Temple, Pasteur, exercices*[45]. *Essentiels de la Religion Chrétienne*

L'essentiel de la Religion est pur esprit. *Dieu est Esprit: et les vrais adorateurs* et gens de Religion *qu'il demande, doivent l'adorer en esprit et en vérité*[46]. Quand il n'y auroit ni Temple, ni cérémonies, ni corps, ni monde matériel, cela n'empécheroit pas la véritable Religion[47] ni son exercice. Le vray *Temple* où Dieu veut étre prié et servy, c'est l'ame humiliée et le fond d'un cœur pur. Le *Pasteur* qui doit y enseigner, c'est son bon Esprit, qui nous parle souvent par les bons désirs et par les bonnes pensées qu'il nous donne, et par les lumiéres de nôtre conscience lors que nous pensons à nous-mémes en sa presence[48]. Le *culte* et *l'exercice* qu'il veut avoir de nous, ce sont les actes et les habitudes des saintes vertus dont on a fait mention. Ce Temple, ce pasteur, ce culte ne nous pourront étre ôtez de personne, si longtemps que, par la grace de Dieu, nous nous abstiendrons du péché, car il n'y a que le seul péché qui ruïne le solide de la véritable Religion, qui profane le vray Temple, qui déchasse[49] le vray Pasteur, et qui fasse cesser le vray culte de Dieu.

---

[45] Ces quatre mots sont une allusion explicite à tout ce dont les protestants de France sont privés.

[46] Jean 4, 24. Ce verset est essentiel dans la perspective de Poiret où toute forme extérieure du culte est secondaire. Il reviendra de nombreuses fois plus loin sous sa plume.

[47] Notez la conception purement spirituelle de la religion. La vraie théologie est «mystique», dit Poiret.

[48] Mais encourager ainsi l'inspiration directe, n'est ce pas courir le risque de tout spiritualisme, condamné par les Réformateurs? Cela explique les accusations d'«enthousiasme» répétées contre Poiret.

[49] Signifie: «chasser», «écarter».

V. *Principe du culte exterieur et accessoire du Christianisme*

Lors que la véritable religion est bien établie dans le fond de l'ame (car c'est la son throne et sa place), comme cette ame est unie à un corps et par là à toutes les choses matérielles de ce monde: alors il luy importe peu de quelle maniére elle remue son corps et se serve des choses extérieures par rapport à Dieu, pourvû qu'il ait le cœur ou que le cœur tende à luy[50]. On peut alors se <p. 20> servir des cérémonies et d'autres choses de cette nature, comme de moiens qui nous rameinent à penser à Dieu dans nôtre cœur et à élever nôtre esprit à lui. Et l'on peut se servir d'elles comme on les trouve déjà établies, sans se faire de la peine et des difficultés sur leurs differences. S.Paul dit à quelque sujet: *Je suis persuadé que rien n'est soüillé de soi même, mais à celuy qui estime qu'une chose est soüillée, elle luy est soüillée*[51]; c'est ce qu'on peut dire des choses de cérémonies et de culte extérieur entre les chrétiens: elles ne sont pas mauvaises de soi, mais elles deviennent mauvaises à celuy qui les croid telles, et ainsi qu'il tâche de rectifier sa pensée, dans laquelle est le mal, et les choses lui deviendront bonnes.

VI. *Application de ce principe au culte de l'Eglise Romaine*

Il est vray qu'il est à souhaitter que l'on en vienne là librement et qu'il est fort dur de se voir contraint sur ce sujet. Mais, puisqu'on vous a imposé cette necessité (de quoi rendront compte à Dieu ceux qui en sont cause), je vous conseille de faire de necessité vertu et de vous servir de tout l'exterieur et de toutes les cérémonies d'usage de la manière que je viens de dire, comme de moiens pour penser à Dieu et pour élever vôtre cœur à lui. Car c'est là leur véritable nature dans leur premiére institution. Le culte solide de Dieu est, comme on vient de le dire, de penser à

---

[50]   Antithèse classique chez Poiret entre l'extérieur et l'essentiel: le culte «du cœur».

[51]   Romains 14, 14.

Dieu avec amour, priéres, humilité et loüanges dans son cœur.
Mais, comme les hommes sont oublieux et que, s'occupant souvent au dehors, ils perdent <p. 21> la pensée de Dieu, pour cet effet
Dieu a trouvé bon qu'il y eust de certaines actions, certains gestes
et mouvemens, certaines choses sensibles et visibles, qui nous fis-
sent penser à lui. Or il importe fort peu quelles soient ces choses-
là, pourvû que véritablement nôtre cœur s'éléve et se donne par-là
à Dieu et s'aille rendre ainsi à des pensées divines, comme il
importe peu par quelle voie l'on aille à un but, pouvû que l'on y
arrive. De sorte que, par exemple, comme dans la messe chacun
des gestes et des cérémonies sont établis pour faire penser à
quelque acte de la Passion de Jesus Christ, si vous en faites cet
usage, s'ils vous servent d'occasion et de mémorial[52] pour vous
faire venir dans la pensée tels et tels actes de la Passion du Fils de
Dieu, et que, cela vous ayant conduit à la pensée de Dieu, vous
vous laissiez ensuite toucher d'amour pour celui qui a ainsi souffert pour vous, le remercyiez[53] de sa grande charité, lui demandiez
qu'il vous soit propice et qu'il vous fasse la grace d'imiter[54] sa
patience et sa mort, vous faites alors une chose tres-bonne et pourriez vous avancer par là dans l'amour et dans la grace de Dieu. Ne
vous faites point de peines inutilement. Dieu regarde le cœur et
son amour, et il ne peut qu'il n'approuve tout ce qui sert de moien
à nous faire penser à lui et à nous recueillir dans son amour.

VII. *La croyance de la presence reelle dans l'Eucaristie n'est ni*
    mauvaise ni impossible, ni fausse

Mais, dira-t'on, on adore là du pain. C'est une idolatrie, et les
idolatres iront <p. 22> dans l'étang de feu et de souffre[55]. Voilà

---

[52] Mot rassurant. Il est connu des protestants, parce qu'il est employé pour par-
      ler de la Sainte Cène.
[53] Rendre grâces, c'est le sens même du mot «eucharistie», une des raisons de
      tout sacrement.
[54] On sait l'importance pour Poiret du livre de l'*Imitation de Jésus-Christ*, et
      du thème de l'imitation.
[55] Allusion à un verset de l'Apocalypse 19, 20.

comment on tourmente et met à la gesne les consciences pour des opinions et des partialitez qu'on veut soûtenir, de peur de reconnoitre qu'on s'est trompé ou qu'on a outré les choses[56]. Je voudrois bien sçavoir quel mal on fait de croire que Jesus Christ soit dans l'Eucaristie. Et quand on le croid de bonne foy sur ce qu'il le peut et qu'il l'a dit, sans s'alambiquer[57] beaucoup sur le comment, n'est-ce pas un éxercice admirable de foy, d'humilité et d'abnegation de la raison humaine et corrompue? Les Luthériens le croyent bien[58], et les Réformez non seulement ne les condamnent pas pour cela, mais méme, ils ne les en tiennent pas moins pour fréres, jusqu'à les admettre à une méme communion[59]. De plus, il faut se souvenir, qu'il est dit dans l'Evangile que *toutes choses sont possibles au croyant,* que *la foy peut transporter les montagnes*[60]*,* et que Jesus Christ dit toûjours aux hommes: *qu'il vous soit fait selon vôtre foy*[61]. De sorte que, si ceux qui officient et ceux qui assistent à la célébration de l'Eucaristie, ont la foy que Jesus Christ y soit présent, cette foy là est ratifiée de Dieu et elle engage Dieu (outre sa parole et sa promesse) à se rendre present comme on le croid[62] et c'est là une pensée qui est si claire, que je ne doute pas que vous n'en compreniez bien la force.

---

56 Ici les «on» désignent les polémistes protestants. Ce n'est pas le cas des «on» qui suivent.

57 Se poser des questions compliquées.

58 La doctrine luthérienne de la «consubstantiation»: le corps est «*avec, sous, dans*» les espèces.

59 Au Synode de Charenton, 1631, les réformés avaient décidé de recevoir les luthériens à la Cène.

60 Matth. 21, 21 et parallèle en Marc 11, 23; cf. aussi 1 Cor. 13, 2.

61 Matth. 9, 29.

62 Poiret résume ici sa compréhension, expliquée dans l'*Œconomie Divine*, reproduite en section III, *infra* p. 77.

VIII. *L'adoration est une consequence necessaire de la presence reelle*

Or, si l'on croid que Jesus Christ est present, et qu'il le soit en vertu de la foy et des autres raisons mentionnées, pourquoi <p. 23> faire difficulté de l'adorer comme present[63]? Il est vray que les Luthériens ne le font pas, non-obstant la persuasion qu'ils ont de sa présence; mais il y a visiblement de l'incongruïté et de l'indécence dans ce procedé-là. Car le sens commun nous dicte que Jesus Christ doit être adoré où il est personnellement présent.

IX. *Deux sortes d'adorations. Ce qu'est l'Idolatrie. Il n'y a point d'Idolatrie dans le culte de l'Eucaristie*

Mais pour ne pas se confondre icy et ne pas prendre l'écorce pour la substance interieure, ni l'habit pour le corps, il faut observer qu'il y a deux choses qui portent le nom d'adoration. L'une est, lors qu'on soûmet son ame, son entendement et son cœur à Dieu avec amour. C'est là la veritable et la substantielle adoration que Dieu demande: l'amour d'un cœur humilié[64]. Estre véritablement idolatre, c'est abaisser et attacher son cœur et son amour à quelque chose qui n'est pas Dieu, comme: à soi-méme, à l'honneur, à l'argent, aus plaisirs, et à choses semblables. Ce qui fait que S.Paul appelle l'avarice une idolatrie[65]. *Aimer,* dans le langage de Dieu, c'est la méme chose qu'adorer. Aimer autre chose que Dieu, ou aimer autre chose qu'en Dieu et que pour l'amour de Dieu, c'est *idolatrie*. Et cette idolatrie-là damnera les ames; comme, au contraire, l'*adoration* qui luy est opposée, ou l'amour respectueux d'un Dieu à qui l'on donne toutes ses affections, les sauvera. La seconde sorte d'adoration est une *adora-*

---

[63] Cette question avait déjà été posée, douze ans plus tôt, dans les *Cogit. Rat.*, 1ère édition 1677.

[64] Allusion probable au Psaume 51, 19: «les sacrifices agréables à Dieu sont un cœur brisé».

[65] Colossiens 3, 5: «et cette cupidité qui est une idolâtrie» (trad. *TOB*).

tion extérieure et accessoire, lors qu'on se prosterne avec respect devant une créature laquelle est unie <p. 24> personnellement à la divinité, assavoir devant l'humanité de Jesus Christ[66]. Cette adoration-là n'est pas celle que Dieu regarde principalement et il ne s'en soucie pas, lors que le cœur n'est pas bien disposé. On peut adorer Jesus Christ de cette seconde sorte et néanmoins être damné, lors que le cœur n'est pas uni à Dieu. Et, au contraire, si quelques uns n'adoroient pas Jesus Christ de cette seconde sorte, croiant qu'il ne leur soit pas present[67], ils ne laisseroient pas d'être agréables à Dieu s'ils l'aiment dans leur cœur. Mais ceux qui adorent Dieu et Jesus Christ dans leurs cœurs de la véritable adoration de l'amour et qui, outre cela, croians que Jesus Christ est dans l'eucaristie, se prosternent avec respect devant sa sacrée humanité, dont ils adorent d'ailleurs la divinité, ceux-là font très bien d'agir de la sorte et de rendre ainsi à Jesus Christ tous les devoirs qu'il mérite. Et, bien loin de commettre là dedans de l'idolatrie, ils n'en commettroient pas, même quand bien Jesus Christ ne seroit pas là corporellement comme ils le croient, parce que leur cœur étant élevé à Dieu, Dieu qui connoit le cœur et qui est le Dieu du cœur, voit que ce cœur ne regarde qu'à luy; et la faute ne seroit qu'une simple et innocente méprise d'une ame, laquelle Dieu ne pourroit desaprouver, puis qu'elle n'a d'intention que de lui plaire. Dieu ne chicanne pas comme les hommes sur les choses extérieures. Lors qu'on s'en sert pour penser à lui et pour en prendre occasion <p. 25> de luy offrir l'ame et le cœur, tout est bon.

---

[66] C'est le cas du culte catholique du Saint Sacrement, parce que le corps du Christ y est présent.

[67] C'est le cas des protestants; pour Calvin, depuis l'Ascension le corps glorieux du Christ est au ciel. Cf. la célèbre affirmation de Théodore de Bèze au colloque de Poissy, que le corps du Christ est aussi éloigné du pain et du vin que le ciel est éloigné de la terre, parole blasphématoire pour les catholiques.

X. *L'abus que les uns y commettent ne nuit point au bon usage qu'on en fait*

Il est vray que la plus-part du monde abuse de ces mémes choses. Cela est tout visible: mais de quoi n'abuse-t'on pas? Laissez les autres en abuser tant qu'ils voudront. Cela sera sur leur compte et non pas sur le vôtre. Pour vous, si vous vous en servez bien, l'abus des autres ne vous nuira pas. Si tous les hommes vouloient se servir des couteaux pour en tuër leurs prochains, et que pour moy je m'en serve à couper du pain aus affamés, je pense que l'abus de tout le monde ne nuiroit pas au bon usage que j'en ferois.

XI. *Application du principe susdit à l'usage des images*

Cela se peut appliquer à toutes les choses extérieures. Si des images vous font penser à Dieu, à Jesus Christ, aus Saints et à leurs vertus, y a-t'il du mal là dedans? Je ne dis pas qu'on s'y aréte, mais qu'on en prene sujet de penser à Dieu. Et si quelques uns en abusent, qu'on leur laisse leur abus. Pour moy, j'aimerois cent fois mieux voir par tout les images de Jesus Christ et des Saints, que des tableaux et méme des livres diaboliques et impudiques, qui ne font que reveiller dans l'ame des pensées et des passions vicieuses. Cependant, tel se scandalisera des unes qui ne se scandalisera pas des autres. Aveuglement de cœur!

XII. *Application du méme principe à mille sujets de controverse*

Appliquez le méme principe à toutes les opinions dont on dispute si inutilement. Toute opinion qui nous peut servir à augmenter dans nous l'amour de Dieu et de sa <p. 26> justice, sa crainte, la sainteté, l'humilité et qui nous peut porter au bien et nous retirer du mal, on ne fait pas mal de l'embrasser et de la croire, quand bien elle ne seroit pas véritable en elle-même. Si un enfant avoit opinion que son pere luy fust toûjours présent, et qu'il regardast toûjours ce qu'il fait pour le chatier sévérement s'il fait mal, et que de cette opinion-là, quoique fausse, l'enfant en prist occasion de bien penser à ce qu'il fait et de bien faire, il faudroit le laisser et méme l'affermir dans son opinion, loin de vouloir la luy ôter; toute fausse qu'elle seroit, elle ne laisseroit pas de luy étre trés-bonne et trés-salutaire. Et, par ce principe, je ne voudrois jamais ôter à ceux qui croyent que Jesus Christ est present[68] à l'Eucaristie, la pensée qu'il y est present, puis qu'elle est tres-bonne pour faire vivre les hommes en respect et en crainte devant Dieu et pour exercer leur foy, leur amour et leur reconnoissance.

XIII. *Application du méme à la doctrine du Purgatoire. Son fondement.*

Je dis bien plus, la pensée que l'on a que ceux qui meurent en la grace de Dieu, sans avoir purifé leurs ames de tous pechés, en soyent purifiez aprés la mort avec peines et douleurs, cette doctrine là, tenant les hommes en crainte de mal-faire, en desir de se santifier icy, en estime et en respect pour la justice incorruptible de Dieu, est une doctrine non seulement bonne à l'égard de ses effets, mais méme (quelques abus et quelques contes qu'on puisse y avoir mélé) elle est tres-veritable en soy[69]. Car, comme rien de <p, 27>

---

[68]   Au sens d'une présence corporelle. Mais il n'est pas sûr que Poiret insiste dans la Cène sur la présence du Christ, même en précisant qu'elle est spirituelle, comme l'avait fait un Calvin par exemple.

[69]   Poiret, adoptant le principe de la démarche mystique selon lequel la purification est la première étape de la vie spirituelle, en était venu à penser que, si la purification est inachevée dans cette vie, elle peut se poursuivre après la mort. Dans ce sens, il rétablissait la nécessité d'un «purgatoire». Cette idée avait été développée dans l'*Œconomie Divine*, t. VI, chap. 6. C'est pour lui, «une des vérités les plus solides dans l'œconomie du salut» (ch. 6, § 11, p. 255); de plus, de saintes âmes en témoignent (par exemple sainte Catherine de Gênes), ce qui affermit sa conviction.Tout en reconnaissant que cette croyance au purgatoire a provoqué des abus, Poiret voudrait la restaurer dans le protestantisme. Cela le singularise et lui attirera foudres ou intérêt.

soüillé ne peut entrer au Ciel[70], et que, sans la parfaite santification nul ne verra le Seigneur[71], lors qu'il arrive qu'une ame est decédée de cette vie dans l'amour de Dieu, ayant encore néanmoins des impuretés et des mauvaises habitudes[72] en soy, le sang de Jesus Christ ou la grace de Jesus Christ purifiante, qui vient aprés la mort dans cette ame pour la purifier ou pour achever à la purifier de tout péché, y trouvant encore plus ou moins des restes du mal et de ses mauvaises habitudes et pentes, les combat pour les en chasser. Et ce combat de la grace purifiante de Jesus Christ contre le mal dans une ame fort sensible, laquelle il veut nettoyer de tous les restes du péché, ne se fait pas et ne peut se faire sans de grandes et de vives douleurs[73], non plus que dans les choses corporelles on ne pourroit retrancher sans douleurs un membre pourri d'avec un autre membre encore sain et vivant. L'ame aussi, ne pouvant jouïr de la pure et lumineuse presence de Dieu si longtemps qu'il y a encore quelque mal dans elle, la privation où elle se voit de cette aimable presence jusqu'à ce que sa purification soit achevée, ne peut que luy étre aussi pénible que son amour est grand.

XIV. *Il ne faut pas écoûter les chicaneurs. Jesus Christ méme s'est comporté selon ces principes*

Il me semble que tout cela est assez clair pour étre compris et pour y acquiescer avec repos d'esprit, dans l'état où vous étes,

---

[70] Allusion à cette histoire, dans la parabole du festin, d'un homme qui est expulsé de la salle de la fête, pour n'avoir pas porté le vêtement de noce (Matth. 22, 11-14).

[71] Hébr.12, 14: » la sanctification (sans dire «parfaite») sans laquelle nul ne verra le Seigneur».

[72] Descartes avait insisté sur l'importance des «habitudes». Poiret dit aussi souvent «pentes» ou «plis». Il en parle dans l'*Œconomie Divine* (III, 17, § 8, 9, 11; VI, 5, § 7, 15, 21; VI, 6, § 11, 27; VI, 8, § 2 etc.) et plus tard, dans le petit traité *De l'éducation des enfants*.

[73] Poiret pense nécessaire pour ses coréligionnaires de revaloriser la douleur comme une dimension inhérente à la vie chrétienne, à l'imitation du Christ. C'est dans cet esprit qu'il publiera (1701) le récit de la mort du «*Saint réfugié* », un jeune huguenot qui fut «homme de douleurs».

sans écouter toutes les oppositions par lesquelles on voudroit rendre vos scrupules pésants et insupportables[74]. Si vous aviez encore comme autrefois la liberté du culte exterieur <p. 28> et de professer tels sentiments qu'il vous plairoit, je n'aurois garde de vous écrire comme je fais ni d'insister sur cela, puis que je considere ces pensées là comme indifférentes par rapport à l'essentiel de la veritable Religion Chrétienne dont j'ay parlé. Et ainsi je me mettrois peu en peine de quelle maniére l'on s'y comportast et quelle opinion l'on eust là dessus, moyennant que l'on cherchast ou possedast le principal. Mais, comme vous n'étes plus dans cette liberté-là, et qu'il n'y a plus d'apparence que vous y retourniez jamais, je serois marry que vous tourmentiez vos ames pour des choses accessoires qui, n'étant pas mauvaises et qui méme pouvant étre d'un tres-bon usage, vous deviendroient néanmoins pernicieuses par l'opinion que vous auriez qu'elles sont mauvaises, et en les pratiquant contre les sentimens de vôtre conscience. Si j'étois en vôtre place, je ne serois nullement en peine de me conformer de bon cœur au culte exterieur de l'Eglise Catolique Romaine, et méme je le pourrois faire avec edification pour mon ame. Ses fondemens sont bons, et plus solides que l'on ne s'imagine. Et quoique l'on y commette beaucoup d'abus et que la plus-part de ses membres soient de mauvais chretiens et des méchans devant Dieu, cela ne vous peut nuire. C'est pour eux. *Chacun rendra compte à Dieu de soi méme pour soi*[75], dit l'Ecriture. Il n'est pas vray que, lors qu'il y a des abus et méme certaines erreurs dans quelqu'un <p. 29> des partis de la Religion Chrétienne et qu'on assiste et participe à son culte public et à ses cérémonies, l'on se rende coupable de tous les abus qui s'y commettent. Et je ne vous sçaurois donner de meilleur garant de ce que je dis que la personne de Jesus Christ méme, lequel assistoit et participoit à toutes les cérémonies des Juifs et à tout leur culte, quoiqu'il y eust alors entr'eux mille abus et méme quoiqu'on y

---

[74] Allusion peut-être aux fardeaux de devoirs dont Jésus reproche aux pharisiens d'accabler les fidèles juifs, sans les porter eux-mêmes (Matt.23,4; Luc 11, 46).

[75] Rom. 14, 12.

tolerast des erreurs mortelles, comme celles des Sadducéens et comme l'opinion commune qu'ils avoient d'étre justifiés devant Dieu par la pratique judaïque de leurs cérémonies, de leurs sacrifices et de leurs ordonnances extérieures: ce qui était une pure idolàtrie et une abnégation[76] de la justice de Dieu, ainsi que le fait voir Paul[77]. Cependant Jesus Christ et ses disciples y assistoient et s'y conformoient, sans se rendre pour cela coupables ni de leurs abus ni de leurs erreurs, parce qu'ils en tiroient seulement le bon usage, se servant de toutes ces choses pour penser à Dieu avec amour et humilité et pour en elever à Dieu des cœurs sincères, bien intentionnés et disposés de la maniére que l'on a dite cy-devant. 0 si nous regardions plus aus choses invisibles et au culte du cœur, qu'à ce qui est visible et qui n'est que l'écorce! Que le dehors nous feroit alors peu de peine et combien facilement nous pourroit-il méme tourner à secours et à bien[78]! Je prie Dieu de vous éclairer là-dessus et de vous rendre vrayement spirituels et <p. 30> adorateurs en esprit et en vérité; et alors, vous ne vous mettrez plus guéres en peine s'il faut adorer en Jerusalem ou sur la Montagne[79].

XV. *Cette lettre n'est pas pour toutes sortes de personnes*

Quoique je ne sçache assurément comment cecy vous reviendra[80], croyez cependant que je vous l'ay écrit par un vray motif de charité et de desir pour vôtre salut, afin de vous y étre à avan-

---

[76]   Signifie ici: «négation», ou «rejet».

[77]   Allusion à un texte comme Rom. 10, 3: «en méconnaissant la justice qui vient de Dieu et en cherchant à établir la leur propre, ils ne se sont pas soumis à la justice de Dieu» (trad. *TOB)*.

[78]   Dans ces phrases exclamatives-exhortatives, Poiret reprend la première personne du pluriel.

[79]   Nouvelle allusion à la réponse de Jésus à la Samaritaine (Jean 4, 23-24); cf. déjà *supra*, n. 46.

[80]   Sans doute plutôt le sens moral de «conviendra», «plaira», que le sens matériel de «parviendra». A la fin de la lettre (sa p. 31, *infra*, p. 58) Poiret répétera son regret de manquer d'information, pour s'adapter mieux.

cement, et pour soulager vos consciences et leur procurer quelque repos de ce côté-là. Vous userez discrétement de cette lettre, sans la communiquer à ceux qui sont trop opiniatrés à leurs maniéres pour en tirer du bien: encore moins faut-il insister sur ce qu'on en avoûe les pensées[81]. Je n'ay écrit pour chagriner personne, mais pour tâcher de faciliter quelque tranquillité d'esprit à ceux qui aimeront mieux en chercher par cette voye, que d'étre ingénieux à se tourmenter et à se faire naitre des scrupules, qui leur changent en péché et en matiére de damnation tout ce qu'ils font. Je laisse ceux-cy à leur methode et je désire qu'ils me laissent en paix.

XVI. *Avis de lecture*[82] *et de conduite*

Si l'on vous prend vos livres, vous pourrez en trouver de trésédifians et de trés-salutaires entre les Catholiques Romains. Je vous recommande le livre de l'*Imitation de Jesus Christ* ou *Thomas à Kempis*. C'est un thresor incomparable de toutes les richesses spirituelles: il ne peut rien manquer pour le salut à quiconque le sçait et le pratique; les Saints, mémes les plus avancez, y peuvent trouver leur leçon[83]. On peut y ajouter *le* <p. 31>*Chrétien Intérieur de M. de Bernieres* qui est un thrésor de méme nature[84]. Je ne vous en nommeray pas davantage, sinon, qu'en matiére de théorie vous ferez bien de lire l'*Exposition de la Doc-*

---

81   Signifie: «déclarer son adhésion».

82   Il est frappant qu'avant de conclure, Poiret pense à recommander certaines lectures. Il n'ignore pas la grande pauvreté des N.C dans ce domaine, mais il est sans doute aussi averti des campagnes de diffusion de livres catholiques; cf. à ce sujet, Jean Orcibal *Louis XIV et les protestants,* 1951, p. 178.

83   Ce premier livre cité est de ceux que Poiret chérit et a diffusé lui-même: La 1ère édit. du *Kempis commun,* adapté aux protestants – par la paraphrase de certains passages et du Livre IV – est de 1683.

84   Poiret a publié dans *Pratique de la vraie Théologie mystique* (1709) plusieurs traités de Jean de Bernières (*de l'Oraison, de la Communion, des Croix et des Maximes*) mais pas *Le Chrétien intérieur.*

trine de l'Eglise Catolique par Mr. l'Eveque de Meaux[85], sans
vous aréter à ce qu'on dit qu'il déguise les sentimens de l'Eglise
et que la plus-part ont d'autres opinions et d'autres pratiques.
Soit. Laissez leur en avoir tant qu'ils voudront. Pour vous, tirez
toujours de toutes choses le meilleur sens et le meilleur usage
qu'il vous sera possible et ne refusez pas les secours que l'on
vous donnera pour cela, sans vous mettre en peine si les autres en
tirent du bien ou du mal. Dieu ne vous imputera pas ce que les
autres auront fait, mais ce que vous aurez fait vous mémes. Si je
sçavois le détail de vos scrupules, je vous écrirois plus particuliérement: mais ne le sçachant pas· je finis ma lettre, en vous
exhortant à ne pas vous enaigrir[86] contre les méchans et ceux qui
vous font du mal, mais à prier Dieu pour eux[87] et à luy demander
pour vous la grace de tirer du bien de tout, et de connoitre par
effet, en toute occasion, combien étenduë et universelle est cette
admirable maxime de S. Paul: TOUTES CHOSES TOURNENT
EN BIEN A CEUX QUI AIMENT DIEU[88]. Adieu.

Le 14 novembre 1686

---

[85]   Cette œuvre de Bossuet, 1671, est destinée à convaincre les protestants
(Turenne en fut converti) que les dogmes romains sont plus évangéliques
que la propagande anti-catholique ne le dit.

[86]   Signifie: «aigrir», «éprouver de l'amertume».

[87]   Selon l'exhortation du Sermon sur la Montagne, Matt. 6, 44.

[88]   Romains 8, 28.

SECTION II

Réponse à quelques difficultés qui, la plus-part, ont été faites verbalement [1] *sur le sujet de la lettre précédente*

I.   La lettre que l'on vient de voir ne parût pas plûtôt, qu'on en fit plus de bruit que je n'avois attendu. On en parla fort diversement; mais j'ay eu la satisfaction de reconnoitre, à cette occasion, qu'il y avoit encore au monde plus de personnes équitables et impartialles que je n'eusse osé espérer. Car, je puis dire avec vérité qu'en tous partis, Catholique, Reformé, Luthérien, ce petit écrit qui est d'un caractére à ne pouvoir plaire qu'à des personnes justes et désintéressées, a trouvé les plus gens de bien pour approbateurs. Ils ont bien vû et senty dans leurs cœurs que, veritablement, l'on n'y avoit point d'autre dessein que de rameiner les ames à Dieu par l'essentiel de la Religion Chrétienne, qu'on y distingue si clairement de l'accessoire, avec quoi on l'a jusqu'icy si pernicieusement confondu; ce qui est la source de toutes les mesintelligences et de tous les troubles du Christianisme. Et quant à l'*accessoire* et au culte extérieur, on s'est bien aperçu qu'on le recommandoit par le point solide et incontestable, qui ruïne l'hypocrisie, la superstition, les troubles et les dissentions. Car quiconque se servira de l'extérieur, quel qu'il soit, pour se <p. 33> rendre à l'amour de Dieu et du prochain, à l'humilité, à l'abnegation de soi méme et à l'imitation de Jesus Christ, marchera fermement par tout, sans jamais broncher. Hors de cela, tout n'est qu'hypocrisie, que superstition, que moquerie de Dieu et qu'aveuglement de cœur. Et c'est par ce principe qu'on a décidé la difficulté[2] qui embarasse beaucoup de bonnes

---

[1]   Nous n'avons aucune information sur ces réactions et leur importance.

[2]   Signifie: «trouvé la solution à la difficulté» ou «résolu».

ames, qui sont dans la necessité, ou de pécher et de se gesner et
souiller la conscience en faisant des choses qu'elles croyent
mauvaises, ou de se laisser informer si possible on ne pourroit
pas leur donner, dans l'état où elles sont, quelques lumiéres pour
leur faire voir que, non seulement elles peuvent éviter le peché
en pratiquant ce qu'elles sont obligées de faire, mais même,
qu'elles peuvent se servir des mémes choses comme de moyens
à s'avancer dans l'amour de Dieu et dans la voye du salut.

II. *Quelques objections absurdes contre la lettre précédente*

Mais, si un dessein si chrétien et si charitable a trouvé des
approbateurs, il a aussi rencontré des personnes qui se sont
declarées à l'encontre, d'une maniére la plus emportée et tout
ensemble la plus ridicule du monde. Il n'y a eu personne qui ait
pû y faire une seule objection solide; et je m'imagine que ce qui
a le plus piqué les ames partialles, c'est qu'ils ont bien vû que les
vérités qu'on avançoit étoient irrefutables. Cela les a dégoutés de
leur considération particuliére, pour dire des injures vagues et en
l'air par rapport à la personne. Les uns ont <p. 34> dit que cet autheur n'avoit point de religion; d'autres, que c'étoit un Papiste
déguisé; quelques uns mémes, que c'étoit un Socinien[3]. Ce qui
m'a fait rire et hausser les épaules de pitié sur l'ignorance et la
malignité de l'esprit de l'homme, qui, apercevant la lumiére et
remarquant qu'elle luy fait voir que ses affaires ne sont pas si
droites qu'il les croit, ou du moins que celles des autres ne sont
pas si mauvaises qu'il se l'étoit imaginé, voudroit bien la rendre
inutile en la faisant passer pour un feu d'égarement. Il ne faut
que sçavoir lire pour remarquer dans cette lettre la rejection pré-

---

[3] Les Sociniens, ainsi nommés à partir du nom des fondateurs, les Sozzini:
     Lelio (1525-1562) et son neveu Fausto (1539-1604), étaient des «unita-
     riens» qui rejettaient la divinité du Christ et niaient la Trinité. La conception
     que professait Poiret au sujet de la Trinité, pour éviter le mot de «per-
     sonnes», a pu le faire accuser de socinianisme, ou à plus juste titre de «moda-
     lisme» ou «sabellianisme». Il n'est pas socinien.

cise du Socinianisme dans ses deux chefs principaux, qui sont, la
négation de la divinité du Fils de Dieu, et le Pelagianisme[4]. Et
l'on n'y voit pas moins, qu'encore que l'autheur ne soit pas attaché à un party avec l'opiniatreté et la fureur aveugle d'un sectaire entété, néanmoins, il n'en condamne pas, et même il en
recommande, le culte et les pratiques par le bon côté, et que,
d'ailleurs, il tient si fort pour l'essentiel de la Religion Chrétienne, qu'il pourroit deffier ses ennemis d'y avoir plus d'attachement que lùy.

III. *Objection tirée de la considération du martyre et des souffrances pour une religion particuliere*

Ceux qui ont le plus desaprouvé la lettre des *Avis charitables*,
sont quelques-uns des refugiés de France qui, croyant avoir fait
une œuvre héroïque de tout abandonner pour ne pas se rendre au
culte qu'on leur proposoit, se regardent comme des confesseurs
ou des demy-martyrs; et il leur semble que cette lettre leur ravit
ces qualités, <p. 35> les convainc d'avoir fait peu de chose, et
même, qu'elle paroit improuver[5] et leur conduite et leurs actions.
Mais je puis protester devant Dieu, qui me jugera, que je n'ay
pas eu la moindre pensée de les desaprouver, de les mépriser, de
les condamner, ni eux ni leur conduite; et qu'au contraire, je les
estime et les approuve, jusqu'à un point qui doit les satisfaire et
que je diray incontinent. Je n'ay eu uniquement égard qu'au soulagement de ceux qui sont dans un état et dans des circonstances
où, si ceux qui desaprouvent ma lettre se trouvoient presentement, ils seroient les premiers à faire l'éloge de cet écrit et à
l'approuver de tout leur cœur. Mais, se trouvant en d'autres
circonstances, ils condamnent par un principe de peu d'équité

---

[4]   Le pélagianisme est condamné comme une hérésie, depuis le Ve siècle. Saint
       Augustin combattit Pélage (vers 360-vers 440) son fondateur. Ce dernier
       prétendait que l'homme n'est pas marqué par le péché originel et qu'il peut
       acquérir seul son salut, sans la grâce.

[5]   Signifie: «désapprouver».

ce qu'autrement ils auroient été bien-aises de sçavoir et d'embrasser.

IV. *Deux sortes de martyrs et de confesseurs*

Cependant, ils se donnent l'allarme tres-mal à propos en s'imaginant que ma lettre leur ravit les témoignages qu'ils se rendent d'avoir bien-fait. Car, outre' qu'elle ne les regarde pas directement, je tiens que des personnes qui croyent qu'une chose est mauvaise et desagreable à Dieu (quand bien ce seroit par erreur), font bien de l'éviter à quelque prix que ce soit[6], fust-ce méme au prix de leur vie, et qu'en ce cas, s'ils ne sont pas *martyrs de la verité essentielle* du Christianisme, au moins sont-ils ou confesseurs ou *martyrs de la bonne conscience,* de la *bonne foy* et de la *sincerité* de cœur envers Dieu, lequel regardant au cœur, s'il voit que ces personnes <p. 36> soient d'ailleurs[7] dans sa divine crainte, dans son amour et dans l'humilité, il dissimule ce qu'il y a dans elles de ténébreux et d'imparfait et recompense leur sincerité et leur bonne conscience d'une recompense que sa justice et sa bonté proportionnent à leur bonne disposition.

V. *Martyrs en tous partis*

C'est ainsi que j'estime que, dans tous les partis du Christianisme, il y a eu des gens de bien qui ne sont pas blamables, et méme qui sont louables, d'avoir suby toutes sortes de tourmens, et méme la mort, plûtôt que de s'étre rendus à des choses qu'ils croyoient péché, quoi qu'elles ne le fussent pas. Les Catholiques Romains et les Protestans ont eu quantité de personnes de la

---

[6]   Allusion à ce que dit saint Paul sur la possibilité de manger des viandes sacrifiées aux idoles. Cf. Rom. 14, 14-15 et 22-23; 1 Co. 10, 18-32. Mais il mettait l'accent sur le fait d'éviter de scandaliser les faibles, plus que sur le scrupule de conscience de ces faibles. Poiret développera ce sujet plus loin.

[7]   Signifie: «par ailleurs».

sorte, à qui ils donnent les qualités de *martyrs* et de *confesseurs*. Cependant, il est impossible qu'étant opposés comme ils sont, et souffrant pour des choses opposées, ils soient tous martyrs et confesseurs de l'essentiel du Christianisme (qui est ce qui fait le vray martyr); mais il n'étoit et n'est pas encore impossible que, nonobstant leur opposition, ils soient tous martyrs et confesseurs de la bonne conscience et de la sincérité d'un cœur qui est droit devant Dieu. Parce qu'il n'est pas impossible que les uns croyent de bonne foy[8] qu'une chose qui d'elle méme ne sera qu'accessoire et exterieure, soit agréable à Dieu et que d'autres croyent qu'elle luy soit désagreable et que c'est un péché: si bien que, selon ces différentes vues, chacun peut, en sincérité et droiture de <p. 37> cœur, souffrir des traitements fâcheux jusqu'à la mort, pour des choses accessoires et opposées, qu'ils croyent néanmoins, par foiblesse et faute de plus de lumières, être essentielles jusqu'au point d'étre ou peché ou bonnes œuvres, selon qu'on les pratique ou qu'on les ômet. Cette disposition est infiniment plus loüable et plus agréable à Dieu que celle de ceux qui, pour éviter des incommodités temporelles, font des choses qu'ils tiennent pour péché et pour desagréables à la majesté de Dieu[9].

VI. *Le martyre de la bonne conscience doit étre accompagné de docilité: autrement c'est une punition de la partialité*

Ainsi donc, non seulement je ne condamne point les personnes qui, pour éviter ce qu'ils <*sic*> ont crû être péché, se sont exposées à beaucoup d'incommodités, mais méme je les estime et les loüe, pourvû que d'ailleurs elles ayent la crainte et l'amour de Dieu. Il vaut mieux souffrir dans la chair pour la paix de la

---

[8] Reconnaître la bonne foi de celui qui pense différemment et même se trompe, c'était l'une des exhortations de Pierre Bayle, défendant les droits de «la conscience errante» dans le *Commentaire Philosophique*.

[9] Poiret tient à ne pas se désolidariser de la condamnation de ce que les protestants, après Calvin, appelaient le «nicodémisme» (du nom de Nicodème, cf. Jean 3, 1), hypocrisie liée à la crainte.

bonne conscience, que de souffrir dans la conscience pour la paix et pour l'accomodement de la chair. Mais aussi, pour souffrir de la sorte d'une maniere qui soit agréable à Dieu, il faut que le cœur soit dans une disposition si sincére à l'égard de la chose pour laquelle il souffre que, s'il sçavoit mieux, il fust prest à desister de son opinion[10] et à se rendre à une meilleure information. Lors que cette disposition n'est pas dans le cœur, alors on ne souffre que pour les idoles de son amour propre, de sa partialité et de sa propre volonté, mais, lors qu'elle est dans le cœur et que, néanmoins, Dieu ne permet pas qu'on ait sujet de <p. 38> se mieux instruire, alors, si l'on souffre pour une chose qu'on croid agréable à Dieu ou pour en éviter une qu'on tient pour péché, on est véritablement agréable à Dieu, à raison de l'amour sincére, quoi que peu éclairé, qu'on a pour Dieu. Que, si Dieu fait naitre à ces sortes de personnes l'occasion de se mieux informer de la vérité et de connoitre que ce qu'elles croyoient essentiellement bonne œuvre ou péché est indifferent de soy, et que, selon de différentes circonstances et dispositions, cela peut se pratiquer ou s'omettre sans péché et avec édification, en ce cas, les personnes vrayement sincéres et droites de cœur se rendent sans façon à une meilleure information; et, quand bien elles auroient, du passé[11], souffert pour ce qu'elles voyent alors être indifférent, neanmoins, elles ne perdent nullement la recompense de leurs souffrances passées, parce que Dieu qui regarde au cœur sçait et void qu'elles les ont souffertes en intention de luy plaire et avec un cœur affectionné à son amour et à sa volonté. Et c'est cette droiture de cœur que Dieu recompensera. Mais, s'il arrive que ces personnes, aprés avoir été mieux informées, veulent s'opiniâtrer à tenir pour essentiellement bon ou pour peché ce qu'on leur fait voir ne l'étre pas, alors elles perdent tout le fruit de leurs souffrances passées, deviennent esclaves de leur propre volonté et partialité, ennemies de la pure lumiére, attachées factieusement et judaïquement[12] à l'accessoire,

---

[10]   Signifie: «à changer d'avis».

[11]   C'est-à-dire «dans le passé».

[12]   Le culte juif est critiqué ici comme attaché à des cérémonies et sacrifices extérieurs.

abandonnées aus <p. 39> ténébres et aus passions corrompues de leurs cœurs, persecuteurs mémes de la plus pure vérité, et fils de la gehenne au double[13]. Y prenne bien garde qui veut prendre son salut à cœur[14].

VII.   Il y en a plusieurs qui se trouvent dans ce perilleux état, que toutes les bonnes ames doivent beaucoup plus éviter qu'elles n'ont fait autrefois les choses bonnes ou indiférentes qu'elles croyoient mauvaises et souillées de péché. Voyez, par exemple, celuy qui a écrit contre les claires lumiéres des AVIS CHARITABLES[15]. Comment ne s'est-il pas funestement engagé à combattre et à decrier pour poison pernicieux[16] un écrit qui ne contient que la pure vérité et qui ne sçauroit tromper personne, en ne recommandant comme essentiel que ce qui est incontestablement essentiel, et comme indifférent ce sans quoi, lors qu'on a cet essentiel, on peut étre sauvé et avec quoi, lors qu'on n'a pas le méme essentiel, on ne le sçauroit étre. Voyez comment il en est venu jusqu'à n'approuver pas l'usage des choses extérieures, autant qu'elles conduisent à Dieu et à la vertu, et qu'en les pratiquant on arréte le torrent d'une infinité de desordres et de péchés. De bonne foy, condamner cela, n'est-ce pas une marque evidente du juste jugement de Dieu sur les esprits contentieux, partiaux et opiniâtres, qui deviennent ainsi rebelles à la vérité et qui méme se revétent d'un esprit de persécution contre ceux qui l'avancent? Tout cela, parce <p. 40> qu'ils sont indociles et que, par orgueil de cœur, ils ne veulent pas reconoitre qu'ils étoient mal-informés et qu'ils ont pû se tromper. Ces gens là déclament

---

[13]   Allusion au verset: «vous en faites un enfant de la géhenne deux fois plus que vous» (Matt. 23, 14, traduction Synodale; la *TOB* supprime l'expression sémitique «fils de»).

[14]   Le souci du salut était un thème central et insistant de la prédication d'Antoinette Bourignon.

[15]   Evidemment, il s'agit de Jurieu.

[16]   Jurieu avait écrit: «ce qui rend le poison de cet écrit plus dangereux...» (on le verra *infra*, p. 167).

à gorge déployée contre l'infaillibilité du Pape de Rome et de
l'Eglise Romaine et cependant, en vérité et par effet, chacun se
tient pour pape et pour infaillible plus que le pape méme, en
toutes les decisions qu'ils ont une fois faites touchant le bien et
le mal, la verité et la faussété; car, depuis qu'ils ont une fois
dit:*Cecy est necessaire à salut, cela ne l'est pas; cecy est idolatrie et péché, cela ne l'est pas; icy on peut étre sauvé, là non,* ne
croyez pas qu'ils en démordront jamais. On dit bien, en l'air,
qu'*on n'est pas infaillible,* qu'*on peut se tromper* et qu'*on est
pret à se reconnoitre quand on sera mieux informé.* Mais ce sont
des paroles à faire dormir des enfans. Le cœur, le cœur, le misé-
rable cœur, plein d'orgueil et d'amour de soi méme et de sa partialité, en empéche fortement la ratification. On ne peut se
resoudre à la loüable honte de dire: *J'étois mal informé. Je me
suis trompé et j'ay engagé de bonne foy les autres dans la méme
mesintelligence*[17]*, oû Dieu voit pourtant que j'ay agi en sincérité
de cœur, aussi avant que mes lumiéres alloient jusqu'alors.*

VIII. *On ne doit point avoir de honte de reconnoitre qu'on a pû
se tromper en jugeant d'autruy*

Cette sorte de confession seroit si agréable à Dieu et aus
bons, elle seroit si propre à attirer la benediction de Dieu et à
changer en bien, ou méme à faire imputer à bien, toutes les
bévûes passées qu'on faisoit avec bonne intention, que je ne sçay
pourquoi <p. 41> on en a honte. Faut-il donc avoir honte de
reconnoitre sujet à se tromper, sur tout à se tromper en jugeant
d'autruy et des cérémonies et pratiques d'autruy? Et faut-il se
fâcher de voir que l'on represente cela à tous les partis du Christianisme, au méme temps qu'on leur fait voir qu'ils ont chacun
raison dans le bon usage qu'ils font, ou qu'ils peuvent faire, de
leurs pratiques et que l'erreur et la faute consiste <*sic*> seulement en ce que chacun d'eux, ne se contentant point qu'on le justifie en cela, veut juger et voir condamner son prochain, ce qui

---

[17]   Signifie ici: «mauvaise compréhension».

est manifestement contre le precepte de l'Apôtre: (a)[18] *Toy, un tel, pourquoi condamnes-tu ton frere? et toy, un autre, pourquoi méprises-tu ton frere? N'est-ce pas devant le tribunal de J. Christ qu'il nous faut tous paroitre?*[19] *L'un croid qu'on peut manger de toutes choses, l'autre qui est foible ne mange que des herbages*: (l'un croit de pouvoir se servir de toutes sortes de ceremonies, et l'autre s'abstient de telles et telles comme d'un péché). *L'un estime un jour* (une ceremonie, une opinion) *plus que l'autre; l'autre estime chaque jour egal* (chaque ceremonie indifferente de soy). *Que chacun soit en paix et en acquiescement là dessus dans son esprit*[20]. *Celuy qui a égard à un jour* (à une ceremonie, à une opinion, à la présence réele, à la transsubstantiation, etc.), *le fait à dessein de plaire à Dieu, et celuy qui n'y a point d'égard, le fait en intention de plaire à Dieu. De même aussi, celuy qui mange, le fait selon Dieu, à qui il rend graces de l'usage des viandes; et celuy qui,* <p. 42> *par foiblesse, ne mange point* de quelque chose de peur de pécher, *le fait aussi pour plaire à Dieu, à qui il rend graces*[21] de ce qu'il peut s'abstenir d'une chose qu'il croid mauvaise. *Ils font tout cela,* et le reste, *pour plaire à Dieu*[22]. *Toy donc, téte partiale et mutine, qui és-tu pour condamner le serviteur d'autruy et de Dieu méme? S'il est debout ou s'il tombe, s'il peche ou s'il ne péche pas, c'est l'affaire de son Seigneur, qui l'affermira,* lors méme que tu t'imagines qu'il tombe, *car il est puissant pour l'empécher de tomber*[23], quoique tu le croyes abymé dans le précipice. *Ne nous jugeons donc plus les uns les autres; mais jugez plutôt que vous devez,* je ne dis pas, *ne vous point donner de scandale*[24], mais ne

---

[18] En marge, la référence: «Rom 14». Poiret va en effet citer de nombreux versets de ce chapitre, en changeant leur ordre et en y ajoutant quelques paraphrases.

[19] Rom. 14, 10.

[20] Rom. 14, 5.

[21] Rom. 14, 6.

[22] Reprise de l'expression que le v. 6 répète par trois fois.

[23] Rom. 14, 4.

[24] Rom. 14, 13.

vous pas haïr, condamner, entremanger[25] les uns les autres, à cause de vos différentes cérémonies et de vos menues opinions là dessus. *Car le Royaume de Dieu, le vray Christianisme, ne consiste pas en ces sortes de choses, mais en la justice, en la paix, en la joye que donne le S. Esprit*[26] aux cœurs purs et spirituels qui sont ses vrais temples[27] et ses *vrais adorateurs*[28]. *Et quiconque sert Jesus Christ de la sorte est agréable à Dieu et aus gens* de bien[29]. *Je sçay, et suis persuadé par le Seigneur JESUS, que nulle chose n'est souillée d'elle méme: mais celuy qui croid une chose souillée et mauvaise, elle luy est mauvaise*[30]. *Que les forts supportenl donc les infirmités des foibles sans vouloir que tout aille à leur propre plaisir, et que chacun ait une juste condescendence pour l'édification de son prochain, ainsi qu'a fait J. Christ*[31]. Voilà la doctrine de <p. 43> S. Paul, au sujet de choses de méme nature que celles dont il s'agit.

IX. *On ne s'est pas condamné pour l'essentiel, mais pour l'accessoire*

Si les chretiens s'étoient appliqués à se condamner pour des choses incontestablement essentielles, s'ils avoient dit: Quiconque n'aime point Dieu est dans la mort éternelle, quiconque n'aime point son frere est un meurtrier[32] et hors de l'état du salut, quiconque s'aime et s'estime soy méme, le monde et les choses

---

[25]   Signifie: «se manger» ou «se dévorer mutuellement».

[26]   Rom. 14, 17.

[27]   Allusion à l'expression «être le temple du Saint- Esprit» (1 Cor. 6, 19), mais Paul le dit des corps et non des «cœurs».

[28]   Allusion à l'expression «les vrais adorateurs adoreront le Père en esprit et en vérité» (Jean 4, 23).

[29]   Rom. 14, 18.

[30]   Rom. 14, 14.

[31]   Rom. 15, 1 et 2.

[32]   I Jean 3, 15; le verset se poursuit: «et aucun meurtrier n'a la vie éternelle demeurant en lui».

qui sont au monde, est un idolatre, à qui l'étang de feu et de souffre est reservé[33], quiconque est orgueilleux est compagnon du Demon[34], quiconque amasse des tresors sur la terre[35] est un payen et un infidéle qui ne croid pas en la providence de Dieu et qui n'a pas son thresor au Ciel[36], quiconque est contentieux, disputeur, plein d'amertume et d'envie, de jalousie, de dépit, de colére est (comme dit S. Jacques) plein d'une sagesse animale, terrestre et diabolique[37], quiconque pratique toutes les plus divines cérémonies du monde et a les plus veritables speculations en idée, sans s'avancer par là dans la sainteté, dans l'amour de Dieu et du prochain, est superstitieux, vain et hypocrite, quiconque s'avance dans l'amour de Dieu et dans la vertu par quelque moyen et pratique que ce soit, est enfant de Dieu, et va à l'essentiel et au but de toutes choses, de la Loy et des Profétes; en un mot, quiconque aime Jesus Christ et fait ses commandemens d'amour, est aimé de luy et de son Pere[38], et *quiconque n'aime point le Seigneur* JESUS <p. 44>, *qu'il soit anathéme, héretique, maranatha*[39]...: ah! que tout cela auroit bien allé! Mais que diray-je? Les hommes ont abandonné le Dieu du cœur et l'essentiel de la véritable vertu et du véritable Christianisme et, le péché les ayant aveuglés, ils se sont arétés à des püérilités dont ils devroient avoir honte devant Dieu, s'ils avoient les yeux ouverts. «Quiconque a telles et telles menues opinions est de la veritable religion, et qui ne les a pas est en péril de son salut. Quiconque pratique telles cérémonies en tel et tel lieu est idolatre, et quiconque en pratique d'autres en un autre lieu est du nombre

---

[33] Allusion au châtiment des idolâtres: Apoc. 19, 20.

[34] La tradition voulait que la chute de Satan ait été la conséquence de son orgueil.

[35] Allusion au Sermon sur la Montagne: «Ne vous amassez pas des trésors sur la terre» (Matt. 6, 19).

[36] «Mais amassez-vous des trésors dans le ciel» (Matt. 6, 20; voir aussi Luc 12, 33 et Luc 18, 22).

[37] Jacques 3, 14 et 15.

[38] Jean 14, 21.

[39] I Cor. 16, 22.

des fidéles», et cent fadaises de cette nature. J'appelle ainsi, non les cérémonies ni leur bon usage, mais la lourde méprise et les sots jugemens des hommes qui prennent et tiennent l'accessoire pour le principal, lequel ils ont oublié et effacé de leur cœur et de leur vie, sans méme en vouloir plus ouïr parler.

X. *On estime plus l'accessoire et ce qui sent la faction à la soldatesque que l'essentiel*

En effet, ce qui a le plus choqué la plus-part dans les *Avis charitables* que l'on a publiés, est qu'on n'y insiste absolument que sur l'essentiel et qu'on ne témoigne point d'attachement à l'accessoire, sinon par rapport à luy, et cela d'une maniére si impartiale qu'on ne condamne nul des partis qui en font bon usage. Ce langage a été du chinois et du japonnois pour certaines gens qui, ne considerant ce qui est, en effet, le principal du Christianisme que comme peu de chose, comme des qualités de bienséance <p. 45> et de parade, croyent que la piéce la plus essentielle d'un bon chretien et d'une personne de la vraye religion, est d'étre attaché factieusement à un party, jusqu'à condamner et à livrer à tous les diables quiconque est hors de ce party-là. C'est traiter bien cavaliérement et à la soldatesque les choses du salut. Vous diriés que l'on considére les partis du Christianisme comme autant de factions ennemies qui sont en guerre, et dont les chefs et capitaines sont les Docteurs et Pasteurs, et que les soldats sont leurs auditeurs, à qui c'est un cas pendable[40] que de deserter leur compagnie et prendre party ailleurs. Si cela leur arrive, ils sont declarés rebelles, apostasts, revoltés, perdus et damnés au conseil de guerre de leurs capitaines, qui pourtant, par bonheur, n'ont pas le pouvoir de faire exécuter leur sentence. Mais, pour ceux qui demeurent fermes dans le party, on leur fait faire l'exercice de quelques ceremonies, et on les dresse avec soin à bien attaquer et à bien repousser leurs ennemis, sur qui l'on crie le *qui vive* dés qu'on les void aus aproches. Le mot du

---

[40]   Au sens fort: «qui mérite la pendaison».

party ou du guet, c'est le *Pape, Calvin ou Luther;* et sur cela on
se met, ou à se reconnoître pour freres ou à se canarder et à s'as-
sommer *in nomine Domini*[41] sans aucun quartier, ou, si l'on ne le
fait pas si materiellement, l'on abandonne son ame à la dispute,
aus querelles, aus haines, et à tous les mouvemens que le Prince
de la division[42] inspire à ceux sur qui il a du pouvoir. <p. 46> Voila,
voila un Christianisme comme il nous le faut, concevable,
visible, palpable, et proportionné à la capacité du monde. Mais
de nous parler d'une *religion* dont le *vray Temple,* le vray *Pasteur,* le vray *culte* et le vray *exercice* soit <sic> si purement *esprit*
que de se *pouvoir pratiquer, quand bien il n'y auroit point de
monde matériel*[43], c'est nous en conter de belles! Donnez nous
des Dieus qui marchent devant nous[44] et qui nous conduisent
d'une bonne grosse maniére, chacun dans sa faction, car, quant à
ce Jesus Christ, à son Esprit, à son *culte* en *esprit et en verité*[45],
nous ne scavons ce que cela est devenu[46] ni ce qu'il veut dire, et
ne comprénons pas méme comment l'exterieur ne doit étre qu'un
moyen pour se rendre à l'interieur. En effet, *l'homme animal ne
comprend point les choses qui sont de l'Esprit de Dieu, et elles
luy sont folie*[47], dit S. Paul. Et comme la Religion Chretienne est
une chose de l'Esprit de Dieu, il ne faut pas s'etonner si les
hommes charnels ne peuvent en comprendre la substance, et s'ils
ne scavent y acquiescer et faire tout le reste par rapport à elle.

---

[41] «au nom du Seigneur».

[42] Il s'agit de Satan.

[43] Ici, Poiret cite sa lettre d'*Avis Charitable*, voir *supra*, p. 46 (sa p. 19).

[44] C'est la réclamation du peuple d'Israël à Aaron, dans le désert, quand Moïse
tarde (Ex. 32, 1).

[45] C'est toujours la référence à Jean 4, 23.

[46] Poiret reprend l'argument des Israélites: «Ce Moïse nous ne savons pas ce
qui lui est arrivé.»

[47] 1 Cor. 2, 14.

XI. *L'exemple de la condescendence de J. C. est concluant*

Il y en a qui ont dit que l'exemple de Jesus Christ, par lequel
on prouve que l'on peut assister au culte d'un party où il y auroit
des abus, sans néanmoins s'en rendre coûpable, ne concluoit pas.
Et pourquoi? Parce, a-t-on dit, que Jesus Christ le faisoit pour
accomplir toute la justice de la Loy. Eh bien! faisons-le aussi
pour accomplir toute la justice qu'il nous sera possible <p. 47>
d'accomplir. Jesus Christ, pour gaigner quelques Juifs à Dieu et
pour ne pas troubler l'Eglise[48] d'alors hors de saison, s'est servi
de leur culte, nonobstant les abus qu'on en faisoit. Donc, que les
imitateurs de J.Christ en fassent de méme pour Dieu, pour eux et
pour leurs prochains en pareil cas, nonobstant pareils abus. C'est
une justice et un devoir, qu'ils doivent accomplir à l'imitation de
leur maitre. S. Paul l'a admirablernent imité en cela et il a souhaitté, à cet égard, qu'on imitast Jesus Christ comme il l'imitoit
luy méme[49].

XII. *Supposition que l'on fait icy*

Quelques uns ont dit que ma lettre supposoit ce qui étoit
incertain ou en question, assavoir que l'on fust déja persuadé que
l'on peut faire un bon usage d'un culte d'un autre party, et que,
sans cette supposition, la lettre devenoit inutile. C'est bien ne
sçavoir que dire que de parler de la sorte. Je ne suppose rien,
sinon qu'on ait sincérement l'Esprit docile; en ce cas, je montre
par des raisons tirées du substantiel et de l'accessoire du Christianisme, comment le dernier peut servir en tel et tel party de
moyen pour atteindre au premier. Quiconque a l'esprit droit et
docile peut y voir la solution de ses scrupules et se laisser persuader de mes raisons. Voila mon but. Mais si quelqu'un a un
esprit mal disposé et indocile, je n'ay rien à luy dire et ne sçau-

---

[48]   Poiret emploie (aussi dans l'*Œconomie Divine*) le terme d'Eglise pour par-
       ler du peuple élu.

[49]   1 Cor. 11,1.

rois l'aider. Il luy est libre, s'il le trouve à propos, de soûtenir que des personnes qui sont obligées à faire ces choses, font mieux de les pratiquer <p. 48> contre leur conscience et en se condamnant que de les faire en tirant du bien d'elles, par une persuasion bien fondée que loin d'être mauvaises elles sont bonnes d'elles mémes. Si quelcun veut se regler ainsi, à la bonne heure: qu'il attende là dessus le fruit qui luy en reviendra.

XIII. *Jusqu'où l'on peut condescendre*

On m'a demandé ce qu'il faudroit faire en cas qu'une personne ne pût être persuadée de la validité du culte de J. Christ dans l'eucaristie[50] et que neanmoins elle ne pûst se dispenser d'y assister sans s'attirer plusieurs maux et sans fournir à ses prochains occasion de luy en faire. Je repons que, si une telle personne a de l'intelligence et une sincére impartialité, je ne doute point que ses scrupules ne luy puissent être enlevés par des considérations dont Dieu et sa conscience luy feront comprendre la solidité, et je ne fais point de difficulté de dire qu'on en trouvera de telles dans la Section suivante. Mais si une personne, je ne dis pas partiale (car pour de telles il n'y a rien à faire), mais de peu de pénétration, ne pouvoit, manque de[51] cela, ni comprendre ni croire les raisons de spéculation qu'on luy proposerait sur ces matiéres, au moins comprendroit-elle bien que, si ceux à qui elle est obligée de se conformer n'ont d'intention que d'adorer Jesus Christ et que d'exiger d'elle que, pour l'amour de J. Christ et pour prévenir mille troubles et mille maux, elle veüille se trouver en tel lieu et y adorer le méme Jesus Christ comme étant <p. 49> au Ciel[52], si tant est qu'elle ne le croye pas present en ce lieu, il ne vaille mieux leur condescendre en cela que non pas

---

50   Il s'agit ici de la messe catholique romaine.

51   Signifie : «faute de».

52   Les réformés affirment que le Christ n'est pas corporellement présent dans le pain de la Cène (son corps glorieux est au Ciel depuis l'Ascension), mais que sa présence est réelle et spirituelle.

de[53] donner sujet à mille desordres et péchés par le refus de cette formalité et d'une condescendence de si grand usage. Pourquoi faire tant de difficulté à se trouver en un lieu et y adorer Jesus Christ comme Dieu et homme et y faire, pour l'amour de luy, de sa charité, de sa paix, et pour eviter mille maux funestes, y faire, dis-je, un acte extérieur de respect qu'on n'exige que pour luy et par rapport à luy?

XIV. *L'instance des Chretiens avec les payens ne vaut rien*

On me dira qu'à ce compte-là, les Chrétiens pouvoyent adorer Dieu devant les idoles des payens, sans se laisser persécuter sur ce sujet, plûtôt que de s'agenouiller devant elles. Voila une instance bien trouvée! Les payens exigeoient qu'on reniast le vray Dieu et le Sauveur Jesus Christ et qu'on adorast des démons ou des hommes méchans et impies[54], et, si on leur avoit obéï, ils se seroient glorifiés d'avoir fait renier Jesus Christ et d'avoir detourné les Chrétiens du vray Dieu vers les faux dieux. Mais icy, que prétend-on? Rien d'autre que d'adorer et de faire adorer Jesus Christ. Et, si ceux qui exigent cela de quelques uns, l'obtiennent, dequoi se glorifieront-ils contr'eux? Qu'ils leur ont fait renier J. Christ? Point du tout. Mais que le seul et méme Jesus Christ est et demeure toûjours l'unique objet de leur adoration en quelque lieu qu'il soit et qu'on le considére. Ne voila <p. 50> pas une différence aussi grande que l'est celle du paganisme et du Christianisme, de l'objet du culte de l'un d'avec celuy du culte de l'autre, en un mot de Jesus Christ d'avec le démon ?

L'on s'imagine que l'instance du *veau d'or*[55] est quelque chose de plus fort. J'y répondray à plein dans la suite. Toutes ces difficultés et semblables s'évanouïront entiérement, dés la racine, si nous considérons une bonne fois la nature de l'Euca-

---

[53]　«que non pas de» signifie «plutôt que de».

[54]　Allusion au culte de l'empereur.

[55]　Allusion à un épisode de l'Exode (Ex. 32, 1-6. 8. 19. 23-24 etc.): la confection par Aaron, à la demande du peuple, d'un veau en or, comme image de Dieu, alors que durait l'absence de Moïse.

ristie dans sa première source, et les raisons originelles et solides des changemens et des variations qui y sont survenües. C'est ce que nous allons proposer dans les trois articles de la Section suivante, qui, excepté le changement d'un mot ou de deux, sont le VI et le VII Chapitre du V. Tome de mon *Œconomie Divine*. On ne doit pas au reste s'étonner si, à Ia lecture de l'article qui va suivre, personne ne trouvera dans ce qu'on dira de l'Eglise primitive, l'établissement des pratiques et des formalités precises du party où l'on est à présent[56]. Qu'on se donne patience: les deux autres articles, qui suivront, mettront parfaitement à repos sur ce chapitre-là quiconque a l'esprit et le cœur bien conditionnés.

---

[56] Or ceux de la confession réformée pensaient que leur façon de célébrer la Cène était conforme à l'institution évangélique, et de leur côté les catholiques affirmaient avoir gardé la tradition de l'Eglise la plus ancienne.

SECTION III

ARTICLE I

De L'EUCARISTIE,

Ou de la Ste. Communion et, premiérement, comment elle étoit pratiquée dans l'Eglise Primitive

I. *Pour connoitre la nature de l'Eucaristie, il faut remonter à la source*

Comme il est bon de remonter à toute occasion à la source des choses, je tacheray de suivre, avec l'aide de Dieu, cette méthode en traitant de l'Eucaristie[1]. Nous tâcherons de voir la source d'où J.Christ luy-méme l'a puisée. L'établissement des devoirs ou des cérémonies extérieures n'est pas une chose faite pour elle-méme ou pour étre simplement pratiquée parce qu'elle a été ordonnée. Il faut aller à l'intérieur et à l'esprit d'où elle vient. C'est de là qu'on verra et la beauté et la nature et les propriétés et les réglemens et les usages de la chose que l'on recherche. Allons y donc.

Supposons que les choses soient dans l'état de la pureté et de la perfection primitive où[2] J. C. les avoit mises par le Baptéme, et de-là, considerons par dégrés les verités suivantes.

---

[1] Dans l'*Œconomie Divine*, t. V, ch. 6, qui est ici copié, cette phrase était légè-
rement différente: «Comme je tâche de remonter à toute occasion à la source
des choses, je suyvray, avec l'aide de Dieu, cette méthode...» Nous noterons
ainsi les modifications apportées par Poiret en citant l'original.

[2] Ici, dans *Œc. Div.* le texte original disait: «où nous venons de voir que J.C.
les avoit mises...»

II. *Premiers fondemens pour la S. Communion*

Il y a des hommes qui, étant morts au péché et qui ayant fait resolution de n'y plus revivre mais de se laisser gouverner par le S. Esprit, ont été baptisés en signe de <p. 52> mort et pour la reception du S. Esprit, qui leur a été ainsi communiqué. (Voila l'état supposé, que nous venons de dire.)

Comme l'Esprit de Jesus Christ est un et uniforme, il s'ensuit que tous ceux qui sont baptisés dans luy sont unis par luy en Un[3]. Des personnes unies dans un même esprit ne sont plus qu'une seule société ou un seul et même corps[4].

Comme tout corps appartient à son esprit, et que l'esprit de ce corps est l'Esprit de Jesus Christ, donc ce corps appartient à Jesus Christ, ou c'est le corps de J. Christ, que l'on peut appeler son *corps mystique* [5] pour le distinguer d'avec son *corps naturel*.

Donc, tous les baptisés ou tous les vrais Chrétiens ne sont plus qu'un même corps en l'Esprit de Jesus Christ et ils sont tous membres[6] les uns des autres dans l'Esprit de Jesus Christ, dans lequel ils ne font qu'un corps mystique de Jesus Christ.

De ce corps mystique de Jesus Christ, l'ame est le S. Esprit qui en anime et en régit les membres par ses inspirations, par ses volontés et par les opérations intérieures et immédiates, beaucoup plus solidement et réëllement que ne fait une ame son corps naturel. Les *membres* de ce corps sont: premiérement, J. Christ même qui en est le membre principal ou le Chef[7], et puis tous les véritables Chrétiens, et chacun d'eux.

Il doit y avoir un même intérêt ou un même sort commun entre les membres et le Chef, entre le Chef et les membres, <p. 53>

---

[3]   Sur l'unité en Christ de tous ceux qui sont baptisés en son nom, voir par ex. Gal. 3, 26-28.

[4]   Allusion à l'image du corps désignant l'Eglise, corps du Christ, selon l'expression paulinienne: Romains 12, 5; 1 Corinthiens 12, 13 et 27; cf. Ephésiens 1, 23.

[5]   Par contre, l'expression de «corps mystique» ne se trouve pas telle quelle dans l'Ecriture.

[6]   Cf.1 Cor. 6, 15 et Eph. 5, 30.

[7]   Jésus Christ comme «chef», tête du corps, cf. Eph. 4, 15.

entre les membres et les membres, et entre chaque membre et tout le corps[8]. Il ne pourroit en cela y avoir de séparation sans la destruction et la dissolution du corps.

Comme, des membres du corps mystique de Jesus Christ, les uns sont hors de ce monde et ainsi hors du péril de périr, et que les autres sont encore dans ce monde, c'est à l'union et au bon état de ceux-cy qu'il faut pourvoir principalement, et cela d'autant plus que, si-long-temps qu'ils sont sur la terre, ils sont en péril de se corrompre et de se perdre, par une mauvaise conduite des uns envers les autres et par n'avoir pas soin, comme il faudroit, de leur sort et de leur interest commun.

Et c'est à quoy Jesus Christ a voulu pourvoir, en apprenant à tous les membres de son corps mystique comment ils doivent se comporter les uns envers les autres, et chacun envers tout le corps.

III. *Jesus Christ veut que tous les membres de son corps mystique se comportent les uns envers les autres comme il s'est comporté envers eux*[9]

Pour cet effet, il se propose soy-méme à eux en exemple. Comme il est un membre de son corps mystique (ainsi que l'on vient de dire), il veut que l'on prenne garde à la maniére dont il s'est comporté envers tout le corps et envers chaque membre, afin que chaque membre régle sur cela sa vie et sa conduite, par rapport à tout le corps et à tous les membres.

Or on sçait que Jesus Christ n'a pas cherché son propre, qu'il n'a rien eu que pour le communiquer à tout le corps et à chaque membre qui en avoit besoin, que, pour les <p. 54> sauver et les assister, il n'a épargné ni vie, ni biens, ni travaux, qu'il n'a eu un propre corps, un propre sang[10], une propre vie, et tout le

---

[8]   Cf. Eph. 4, 16; Rom. 12, 5 etc.

[9]   Cf. Philippiens 2, 5.

[10]   Le don solennel «de son corps et de son sang» est particulièrement mentionné dans l'institution de la Cène: 1 Cor. 11, 24 et 25; Marc 14, 22-24 et parallèles.

reste que pour le bien de son corps mystique et de chacun de ses membres.

C'est là aussi la disposition et la conduite qu'il veut qui se trouve dans tous ses membres à l'egard les uns des autres et de tout le corps.

Donc, comme il a donné corps, vie, sang, travaux, biens pour ce corps mystique et pour ses membres, chacun doit aussi donner pour le méme corps tout ce qu'il a en son pouvoir, corps, sang, vie, biens et travaux. Et, qui plus est, il veut qu'un frére tienne et considére chacun des autres comme si c'étoit Jesus Christ méme[11], et qu'on agisse chacun envers son frére de la méme maniére que Jesus Christ avoit agy envers eux[12], luy qui a pris à cœur le sort et l'intéret de chacun comme le sien propre et qui n'a rien ômis de ce qu'il pouvoit pour les soulager dans leurs nécessités, tant corporelles que spirituelles.

IV. *La nécessité et la nature de la véritable Communion et de l'Eucaristie primitive*

Car les membres du corps mystique de Jesus Christ, si long temps qu'ils sont sur la terre, ont chacun un corps naturel et infirme qui a besoin d'étre soulagé, soit ordinairement par la nourriture et par les vétements, soit extraordinairement dans les maladies et dans les rencontres périlleuses. Ces mémes personnes ont des ennemis dangereux qui sont le Diable et le monde, et méme la chair, ennemis ausquels on <p. 55> succomberoit, tout vainqueur que l'on ait été du passé[13], si l'on vouloit écouter les sugestions et les tentations qu'ils ne se lassent pas de

---

[11]   Allusion probable à l'annonce du jugement dernier: «toutes les fois que vous l'avez fait à l'un de ces plus petits de mes frères, c'est à moi que vous l'avez fait» (Matt. 25, 40 et 45).

[12]   Phil. 2, 4 et 5: «Que chacun de vous au lieu de considérer son propre intérêt considère aussi celui des autres. Ayez entre vous les sentiments qui étaient en Jésus Christ.»

[13]   Signifie: «dans le passé».

réitérer tout le temps de cette vie. Il est vray qu'ils ne tiennent plus que les dehors, je veux dire la partie de la sensibilité, et non pas celle de l'inclination ni de la volonté; mais néanmoins leurs assaux sont quelques fois si pressants, et en même temps, si étonnans et si distrayans l'esprit, que dans cette distraction[14] l'on pourroit facilement tomber si l'on n'avoit d'ailleurs[15] quelque secours. Dieu en presente toûjours intérieurement à l'ame, il est vray: mais dans la distraction, dans l'égarement, dans la tentation où l'on est, on est trop hors de soy pour s'apercevoir du secours intérieur de Dieu et pour s'en prévaloir, sinon qu'il nous soit donné ou montré par des voyes sensibles ou extérieures: outre qu'il y a plusieurs sortes de secours, comme les corporels, dont ont besoin pour le soutient de leur vie ceux qui doivent ou s'y perfectionner encore, ou convertir et perfectionner les autres. Et Dieu n'administre point ordinairement ces secours-là d'une maniére miraculeuse et immédiate; mais il veut les communiquer à ceux qui en ont besoin par le ministére mutuel des membres de son corps, tant pour leur donner une occupation sainte si long-temps qu'ils sont sur la terre, que pour les habituer et les affermir dans toutes sortes de vertus chrétiennes, dans la charité, dans le dégagement, l'humilité, la patience, et ainsi des autres.

<p. 56> Il veut donc que secours soit donné aux uns par les autres. Il veut que les uns se préservent, se conservent, se sauvent par les autres; et que tous ensemble employent tout ce qu'ils ont au monde, et leurs vies mêmes, les uns pour les autres. Que chacun aime le salut de son frére comme le sien propre; que, lors que l'un voit ses fréres en péril, il les secoure au péril de sa propre vie; qu'il leur procure leurs nécessités temporelles et spirituelles, falust-il leur donner son propre sang à boire et son corps en nourriture; que tout travail, tous soins, tous biens, tout

---

[14]   Poiret pense qu'une des causes du péché d'Adam fut de se «distraire», de se détourner de Dieu; il parle dans ce sens du «détour» (*Œc. Div.* III, 3, § 6 et 7).

[15]   Venant «d'ailleurs» (*aliunde,* disaient les Réformateurs), c'est-à-dire de Dieu.

temps, tous emplois, cœur, corps, sang, vie et tout ce qui est de chacun d'eux, soit mutuellement pour les fréres par une charité chretienne. Et c'est cela qui est l'essence et la nature de la sacrée COMMUNION[16]; c'estoit là au commencement l'institution véritable de l'EUCARISTIE, du don gratuit et de reconnoissance que Jesus Christ a étably et ordonné entre ses disciples, pour durer jusqu'à ce qu'il vienne et pour nous mettre toujours vivement et pratiquement devant les yeux comment il s'est donné tout entier à nous jusqu'à la mort de la croix.

V. *L'état des premiers Chretiens étant changé, il étoit expédient qu'il y survînt de la variation dans la Communion*

Ceux qui ont leu et compris ce que l'on a[17] dit ailleurs de la variation de l'extérieur et du cérémoniel, ne s'étonneront pas de voir que ces choses soient aujourd'huy dans un autre état et dans d'autres circonstances. ‹p. 57› Cela ne pouvoit être autrement, aprés que l'état saint de la société chretienne et la disposition des ames ont été changés comme ils le sont. Lorsqu'il n'y avoit que des saints, il ne se pouvoit que tout ne fust communicable à tous dans l'Esprit de Jesus Christ, et que Jesus Christ de son côté ne communiquast de plus en plus à ces saintes ames unies en tout les dons abondans de son Esprit et mémes les sacrées emanations de son corps dans le leur. Mais, dés qu'il y vint des méchans, dés que les bons quittérent ou laissérent atiédir leur premiére charité, dés que les parfaits devinrent imparfaits, dés que les spirituels devinrent grossiers et foibles et qu'ils admirent aussi les foibles et les grossiers dans un méme corps; dés-lors, il étoit impossible que les choses durassent comme auparavant. Jesus Christ et les

---

16   Ici, dans l'original *Œc. Div.,* il y avait une note et une référence à *l'Antéchrist découvert* (Part. I, n. 35, 36 et Part. III, 172-174) d'Antoinette Bourignon, note que Poiret a supprimée.

17   En bas de page, une note: «Œc. du Retabl. apr. J.C, chap. 5 », se référant au titre du tome V de son *Œc. Div.: Œconomie du rétablissement de l'homme après l'Incarnation de Jésus Christ.*

membres d'une société si mélée de mauvais et d'imparfaits ne pouvoient plus se communiquer si amplement, si vivement, si familiérement et de la méme maniére qu'auparavant. Quoi que les bons aimassent les méchans, ils ne devoient pas néanmoins ni se communiquer ni s'ouvrir à eux si familiérement et encore moins leur communiquer tous leurs travaux et tous leurs biens. Cela auroit bien accommodé le Diable, de voir que tous les bons eussent été d'esprit et de corps au service et à la disposition des hommes corrompus et esclaves de la corruption, ou méme membres de Satan, et qui ne cherchoient que leur propre <p. 58> avantage et celuy de leur maitre. On ne pouvoit aussi plus avoir de telle communion avec les imparfaits et les foibles, dont l'amour propre, la paresse, avec cent autres deffauts, auroient abusé de cette communion pure, divine et charitable. Et, comme les Apôtres, lors que de grossiers ils s'avançoient à la spiritualité, eurent besoin que Jesus Christ retirast d'eux sa présence extérieure, afin qu'ils devinssent capables de sa présence toute intérieure et toute divine et qu'ils possédassent le Saint Esprit et jouissent de ses dons: (a)[18] *Il vous est expédient que je m'en aille; car, si je ne m'en vay, le Consolateur ne viendra point et si je m'en vay, je vous l'enverray, sçavoir l'Esprit de vérité.* De méme, par opposition, lors que les chrétiens, de spirituels qu'ils étoient, devenoient grossiers, il ne se pouvoit que Jésus Christ ne se retirast d'eux quant à cette communication pure et sublime de son S. Esprit et de ses dons spirituels et divins, si abondans et si visibles dans l'Eglise primitive, et que, pour se proportionner à l'état grossier où l'on se mettoit, il ne permist que sa divine communion fut faite et représentée d'une maniére plus matérielle et qui eust plus de rapport à sa presence corporelle et à l'état des hommes foibles et grossiers, qui sont plus touchés, plus tenus en respect, en crainte de Dieu, en modération et plus disposés à Dieu par ce qui, étant corporel, est proportionné à eux, qui est plus rare et moins commun, qui n'est pratiqué <p. 59> que dans des temps, des lieux et avec des circonstances lesquelles attirent du respect et de la vénération; que non pas avec des choses et pure-

---

[18] En marge la référence de la citation qui suit: «Jean 10, 7 et 13».

ment spirituelles, et si familiéres, lesquelles sont absolument alors hors de leur capacité et de leur sphére.

VI.   *J(ésus) C(hrist) l'a ainsi approuvé*[19]

C'est ainsi que, l'état des ames étant changé, la communion des unes avec les autres, et de toutes avec Dieu, s'est aussi variée et est devenue, de temps en temps, restreinte à ce que l'histoire en apprend à quiconque la consulte. Cela ne devoit et ne pouvoit se faire autrement. Il étoit absolument impossible qu'un amas de personnes en partie bonnes, plus ou moins foibles, grossiéres, imparfaites, extérieures et infirmes la pluspart, eussent avec Dieu et entr'elles la méme communion qu'une assemblée d'ames toutes saintes, toutes spirituelles, toutes parfaites et regies du S. Esprit avoient eues entr'elles mémes et avec Dieu. Outre l'impossibilité, ce seroit une Babel[20] si les uns préten-doient pratiquer une communion comme les autres. C'est pour-quoi J.C., quoiqu'il désaprouvast entiérement le relâchement des bons, la confusion qu'ils avoient faite de diverses classes qui étoient avant cela distinguées entr'eux, et le mélange des méchans avec eux, ne pouvoit cependant qu'approuver (ce mal étant posé) que l'on proportionnast l'extérieur de la communion primitive des saints à la disposition infirme de ce qu'étoient devenus les chrétiens. Et ainsi, il a aprouvé qu'on marquast avec des cérémonies sensibles et <p. 60> plus ciconstanciées la commu-nion et la présence extérieure de son corps, laquelle est plus pro-portionnée à l'état des personnes d'alors; qu'on marquast aussi par-là tant la communion spirituelle avec Dieu, que celle de la charité qu'on doit avoir les uns avec les autres; comme encore, qu'on entretinst par les mémes sacrées cérémonies les ames foibles et de bonne volonté en attention à Dieu et à Jesus Christ,

---

[19]   Dans *Œc. Div.*, c'était: *Que cela ne pouvoit et ne devoit être autrement et que J.C. l'a ainsi...*

[20]   Au sens de: «désordre», «confusion», cf. Genèse 11, 7 et 9.

en respect, en humilité, en soûmission, en foy, en espérance et en charité devant luy, et en paix avec leurs prochains.

VII. *Comment s'en convaincre en général*

On ne peut nier que Jesus Christ n'ait ratifié et approuvé cela, et méme ne l'ait plus d'une fois commandé et recommandé de tout temps aus plus saintes ames d'entre les chrétiens, quelque-corrompus qu'ils ayent été en général. Quiconque a reçu de Dieu la grace de reconnoître le caractére de son Esprit par tout où il est, trouvera des assûrances incontestables de cette vérité dans les œuvres et dans les vies de ces saintes ames-là.

Variation[21].

Mais, pour nous en tenir à l'Ecriture, l'on peut remarquer que les paroles par lesquelles J.C. à institué sa sainte communion, peuvent s'appliquer à ce qu'elle est sans variation et avec variation, sous l'un et sous l'autre des deux états du christianisme dont nous avons parlé, du parfait et du mélangé et corrompu. Personne ne doute que les paroles de Jesus Christ et de S. Paul ne soient applicables à la communion telle qu'on la pratique <p. 61> présentement. Car, encore que le Christianisme étant divisé en partis différents, l'un n'approuve pas le sens et l'interprétation des autres, on ne doute pas, néanmoins, que les paroles de Jesus Christ ne conviennent à quelqu'un d'eux. Seulement la difficulté est de scavoir et de déterminer qui est ce quelqu'un-là? Ce que je n'ay pas besoin de déterminer icy.

On ne peut aussi douter que les mémes paroles de Jesus Christ et celles de S. Paul, ne conviennent trés-bien à cet état de communion divine et parfaite que l'on vient de dire avoir été celle des premiers chrétiens. On peut s'en convaincre facilement si l'on y veut faire quelques sérieuses reflexions.

---

[21]   Ce sous-titre est ajouté; il n'était pas dans *Œc. Div.*

VIII. *Deduction plus particuliere de ces choses*

Ce que je viens de dire de la sainte communion devroit, ce me semble, suffire pour mettre en repos sur cette matiére l'esprit des personnes de bonne volonté, si elles étoient plus simples dans le bien et moins curieuses à pénétrer toutes les difficultés dont l'esprit de dispute est fécond sur ce sujet. Mais, comme ces choses ont donné et donnent encore tant de peines aux ames les meilleures, et qu'on ne sçauroit décrire les maux qui en sont venus et dont on ne voit pas encore la fin, je tâcheray de mettre ces vérités dans un plus grand jour, sans aucune partialité et d'une telle maniére que je m'assure que, quiconque les comprendra bien et se réglera à l'avenant, ne déplaira point à Dieu et trouvera son ame en grande lumiére et paix de ce côté-là.

<p. 62> L'importance de la matiére par rapport à la saison et à la disposition où sont maintenant les esprits à ce sujet, ce qu'on n'en a pas encore (à mon avis) traité comme il faut, le desir de le faire suffisamment et d'une maniére à n'avoir pas besoin d'en desirer d'avantage, me feront étre un peu plus long sur cet article que sur d'autres. Les bons ne seront pas marris que je me sois donné cette peine pour eux.

Je n'épouseray aucun party. Je reprendrai les choses selon les principes que je viens de poser. Je parleray, dans le reste de ce chapitre, de la sainte communion comme elle étoit dans l'Eglise des Saints, qui étoit la primitive, et dans le suivant, je parleray de la méme, comme elle est dans le Christianisme corrompu et relâché et méme divisé en plusieurs sectes.

IX.   *Definition du nom et de la chose, dans l'Eglise primitive*[22]

Commençons par la communion sous l'Eglise primitive. Je retiendray le mot de COMMUNION, comme étant le plus significatif, ou méme celuy d'Eucaristie, qui signifie action de graces

---

[22]   Titre original plus long:...*du nom et de la chose ou de la Communion méme dans l'Egl. primitive.*

ou reconoissance, parce que les chrétiens pour reconoissance de ce qu'ils doivent à JESUS CHRIST, de s'étre sacrifié, luy, membre principal, pour tout le corps mystique dont ils sont les membres[23], de les avoir délivrés de la mort, et de se donner tout à eux, doivent aussi reciproquement offrir en action de graces et en reconoissance et eux-mémes, et tout ce qu'ils ont, et tout ce qu'ils peuvent, pour le méme corps mystique de Jesus Christ, <p. 63> c'est à dire pour tous leurs fréres.

L'EUCARISTIE est primitivement une charité practique et vivante de personnes unies en Jesus Christ, ou une Communion effective de cœur, d'ame, de vie, de biens, de nourriture, de couverture, de travail, de soins et d'assistances entre les membres du corps mystique de J. Christ, vivans et agissans ainsi les uns pour les autres et pour tous ensemble, sans division, sans partialité, sans propriété, comme n'étant tous qu'un seul corps en Jesus Christ; chaque membre aimant les autres autant que Jesus Christ et plus que soy-méme, et n'ayant tous ni biens, ni force, ni vigueur, ni avantages que pour le salut et le service de tout le corps mystique de Jesus Christ et de chacun de ses membres qui sont encore sur la terre. Sur quoi, Jesus Christ (et c'est icy la grace annéxée à ce sacrement) répand de degrés en degrés les divines lumiéres, l'amour, la joye, le courage, et tous les dons et fruits de son Esprit, toutes les fois qu'il voit ses enfants dans cette union vivante et agissante par la charité. (a)[24] *O qu'il est bon et agréable que des fréres soyent ainsi unis!* Il descend là sur eux une *onction divine et précieuse comme celle qui de la téte d'Aaron descendoit sur sa barbe et se communiquoit jusqu'aus bords de ses vétements comme une rosée de montagne, comme celle qui descend sur Sion. Car Dieu fait reposer et croitre sur eux sa bénédiction et leur donne la vie éternelle.*

---

[23]   Allusion à l'image paulinienne: Romains 12, 5 et 1 Corinthiens 12, 12-14 et 27.

[24]   Poiret donne en marge la référence au Ps. 133, qui n'a que 3 versets, cités ici presque en entier.

X. *Choses qu'on découvre en la Ste Communion par la lumiére divine*

La raison humaine et corrompue <p. 64> auroit fabriqué, alors comme en tout temps, mille spéculations stériles sur l'institution primitive de cette divine Eucaristie, si on avoit voulu la consulter; mais la simplicité chrétienne des apôtres et des saints, qui n'entendoient point les finesses de la raison corrompue, y voioit facilement dans la lumiére de Jesus Christ ce que l'on vient de dire. Aussi n'y a-t-il eu rien d'autre en Jesus Christ, lors qu'il a vécu sur la terre et qu'il y est mort; et la structure et conduite de son corps, qui est l'Eglise, ne consiste en autre chose qu'en ce que l'on vient de dire, et ainsi, *Cecy est son corps*[25], peut-on en dire aprés luy, lequel en étant un membre principal (le Chef) s'est *livré* à la mort, et a *répandu son sang pour ses membres*[26], lesquels aussi doivent en *faire de méme*[27] les uns pour les autres, jusqu'à se sacrifier et pour Dieu et pour leurs fréres et *pour* se mettre en état d'obtenir *la remission* et la purification *de leurs* propres *péchés...*[28]

XI. *Considerations sur la maniére dont les apôtres ont pu entendre l'institution de la Ste Communion*

Pour bien découvrir le sens de cette divine institution par rapport à eux, il nous faut détourner les yeux de dessus le Christianisme relâché et corrompu, et n'envisageant que le temps, les

---

[25] L'expression «ceci est mon corps» se trouve dans tous les récits de l'institution de la Cène: 1 Cor. 11, 24; Matt. 26, 26-28; Marc 14, 22-24; Luc 22, 19-20. Pas de mots en italiques dans l'original.

[26] L'expression du «sang versé pour vous» ou «pour la multitude» (sans allusion ici à l'image du corps et des membres) est dans les récits des évangiles synoptiques, mais pas dans celui de Paul.

[27] Exhortation de Jésus, Jn 13, 14, après le lavement des pieds qui, chez Jean, remplace l'institution.

[28] Matt. 26, 28; mais il s'agit du don du Christ. Poiret transforme la perspective par le propre sacrifice.

personnes et l'état des apôtres, considérer quelles pensées pouvoient naitre là dessus dans des cœurs disposés comme les leurs; et ensuite, regarder ce qu'ils ont pratiqué.

C'étoient de bonnes et de simples gens, qui n'entendoient pas finesse: ils ne s'étoient pas subtilisé l'esprit par les spéculations de la <p. 65> philosophie ni d'Aristote, ni de Platon, et encore moins de des-Cartes[29]: ils n'étoient ni docteurs ni bacheliers en la Théologie scolastique; ils aspiroient seulement à l'Amour de Dieu, sans se soucier du monde, lequel ils avoient quitté pour vivre en commun dix ou douze, par la raison que Dieu méme s'y trouvoit, lequel vouloit les réünir à son corps pour les sauver et pour sauver le monde, par la méme union qu'il établissoit et qu'il leur recommandoit. C'étoient des personnes renoncées à elles-mémes, mortifiées, et qui tâchoient d'imiter en toutes choses Jesus Christ leur maitre, lequel leur avoit recommandé l'imitation[30] de sa conduite comme l'affaire unique et capitale, sans laquelle on ne pouvoit étre membre de son corps. C'étoient des personnes qui avoient vû dans Jesus Christ une charité infinie, qui avoient apris de luy qu'il venoit donner sa vie pour les hommes, qu'il n'avoit d'ame, de corps, de vie, de sang, d'amour et d'affections, de peines et de travaux, de soins et de biens, que pour eux, affin qu'ils fussent sauvés dans l'union avec luy. Il leur avoit dit qu'ils devoient imiter cela, l'incorporer dans eux, s'en nourrir. Que, comme il se nourrissoit de la volonté de son Pére, laquelle il prenoit pour sa viande[31], eux aussi devoient se nourrir de sa volonté, de luy méme, de sa chair et de son sang, lesquels ils devoient prendre pour leur viande et pour leur breuvage et que, leur parlant de chair <p. 66> et de sang, il entendoit (a)[32] que

---

[29] *Sic.* Poiret avait été lui-même un adepte de la philosophie cartésienne, que rejetait A. Bourignon.

[30] Poiret tient tout particulièrement à ce thème, comme il est attaché à l'œuvre *l'Imitation de J. Ch.*

[31] Au sens général de «nourriture».

[32] Poiret donne en marge la référence: «Jean 6, 63». Dans sa paraphrase de *l'Imitation de Jésus Christ*, au 4e livre sur l'eucharistie, il remplace souvent les mots «sa chair et son sang» par: «son esprit et sa vie».

c'étoient son esprit et sa vie qui vivifioient. Il leur avoit déclaré,
qu'à la vérité ce luy avoit été un calice trés-amer que de pratiquer
luy-méme toutes ces choses et se mettre dans cet état pour les
membres de son corps, mais que néanmoins, quelque amer que
cela fust à la chair, ils devoient, loin de se dispenser de l'imiter
en cela, (b)[33] boire tous dans ce méme calice, et subir chacun
avec amour comme luy, toutes sortes de travaux et de peines pour
communiquer à leurs fréres toutes les choses salutaires et nécessaires qui seroient en leur pouvoir. Et il les avoit si souvent, et en
tant de maniéres, entretenu de ces vérités, il leur avoit tant témoigné que c'étoit là son but unique que d'établir entr'eux tous cette
maniére de vivre ainsi en un corps, qui étoit le vray moyen de
reconnoitre ses vrais disciples, et d'attirer sur eux le comble de
ses graces divines, qu'il semble que les apôtres ne pouvoient
manquer de l'avoir alors dans l'esprit. Et en effet, ils en avoient
le cœur tout plein, et ils y aspiroient à toute occasion. Voilà l'état
où nous devons considérer les disciples de Jesus Christ, les pensées de leurs esprits, et la disposition de leurs cœurs.

XII. *Jesus Christ pour établir la communion choisit l'action de
son dernier repas*[34]

Si, d'abord, il s'étoit pû trouver dans Jesus Christ quelque
action où en méme temps il eust fait un abrégé de tous les actes
qu'il a fait en divers temps pour son corps mystique, où il eust
fait voir ensemble son amour infiny, donné sa vie, répandu son
<p. 67> sang, employé tous ses soins, vétu, nourry, pourvû de
choses nécessaires ses disciples, si, dis-je, tout cela eust pû se
rencontrer ensemble dans une action de Jesus Christ en leur présence, il auroit sans doute institué alors la Sainte Communion, et
dit à ses disciples à l'occasion de cette sienne action: *Faites cecy*

---

[33] Ici, la référence qu'il donne est Matt. 20, 23: «Ma coupe vous la boirez...»
[34] Dans *Œc. Div.,* le titre est plus long: *Jesus Christ, pour établir et affermir
      vivement la divine communion par son exemple, choisit entre toutes ses
      actions celle de son dernier repas.*

entre vous en mémoire de moy[35] Et l'on auroit vû par là que la communion et l'eucaristie qu'il instituoit entre les Saints, consistoit à rendre par l'esprit de la charité toutes choses communes entre les fréres: amour, cœur, ame, vie, biens, vétemens, nourriture, travaux et emplois, et à n'avoir plus rien de propre. Mais comme il ne se pouvoit rencontrer tant de choses si différemment circonstanciées dans une seule action et en un méme temps, Jesus Christ néanmoins pour établir entr'eux le plus vivement que faire se pouvoit cette admirable et divine Communion des Saints, choisit l'une de ses actions la plus propre et la plus remarquablement circonstanciée pour cet effet; non que les apôtres dûssent se borner charnellement à ces circonstances matérielles et passagéres, comme pourroient faire des singes, mais afin qu'y considérant et y renfermant tout ce que Jesus Christ avoit fait, et tout ce qu'il alloit encore faire jusqu'à sa mort, ils l'incorporassent dans eux comme Jesus Christ le leur avoit recommandé.

Ainsi donc, Jesus Christ pour établir vivement cette divine communion entre ses disciples, choisit l'action d'un repas qui <p. 68> naturellement est un acte de communion qui se doit réitérer et continuer. Mais encore, quel repas? Un repas étably par ses soins particuliers, un repas où ses soins le rabaissérent jusqu'à laver les pieds de ceux qui étoient membres de son corps mystique, un repas où il venoit de dire, qu'il faisoit tout pour leur donner exemple[36]: un repas qu'il prenoit pour avoir la force d'aller se livrer pour eux à la mort et qu'il leur donnoit pour qu'ils eussent la force de l'accompagner. Au milieu de ce repas, dans la disposition actuelle de livrer corps et ame à la mort pour les siens, il leur dit, leur présentant à manger et à boire: *Prenez, mangés,*

---

[35] 1 Cor. 11, 24 et 25, ou Luc 22, 19. Cette formule est absente chez Matt. et Marc.

[36] Le lavement des pieds (Jn 13, 5) et l'exhortation à suivre l'exemple donné par Jésus (Jn 13, 14-17) ne se trouvent que dans l'évangile de Jean, qui par ailleurs omet le récit de l'institution de la Cène.

cecy est mon corps rompu pour vous. Beuvez, cecy est mon sang repandu pour vous. Faites cecy en mémoire de moy[37]

XIII. *Sens et paraphrase des paroles de J(esus) Christ*

Que pouvoit la divine simplicité des apôtres, dans la disposition où nous venons de les voir, entendre à l'occasion de ces paroles et de cette action de leur maitre, surtout aprés qu'ils eurent reçu le Saint Esprit? Que pouvoient-ils en penser, ensuite du long discours de charité et de conformité à sa conduite qu'il leur avoit tenu après l'eucaristie, sinon qu'il leur avoit voulu inculquer et dire: «Comme vous étes des membres du corps mystique dont je suis le chef, et pour l'union et le salut duquel j'ay vécu et je vay maintenant livrer mon corps naturel à la mort, c'est à vous à m'imiter, comme aussi je vous le recommande. Vivez et mourez comme moy pour mon corps mystique. <p. 69> Prenez, recevez et incorporez dans vous mes vertus, mes travaux, mon Esprit, ma vie, ma substance, mon sang, tous mes biens, moy-méme, ma[38] *doctrine practique,* ma (a)[39] foy et ma CHARITÉ, tout ce que j'ay enseigné et pratiqué, et que je vay faire encore pour vous retirer du péché et de la mort. J'ay fait le tout pour vous le communiquer. Faites en de méme entre vous. Soyez comme moy: n'ayez biens, travaux, esprit, vie, sang, ne faites, ne dites, ne possédez rien, que pour le communiquer à vos fréres et rendre tout commun pour leur soulagement et leur salut,

---

[37] 1 Cor. 11, 24-25.

[38] Il y avait ici, dans le texte de l'*Œc. Div.,* un *(a)* et une note, absente ici, avec référence à deux œuvres d'A. Bourignon: *Tombeau de la fausse Théologie,* part III, lett. 1, n. 96-97 et *Lumière du monde,* Part II, C7. La note qui suit était *(b).*

[39] En bas de page, la note suivante: «Saint Ignace dans sa Lettre aus Tralliens (édit. Londin., 1680, p. 55), interprete ainsi les paroles du Fils de Dieu. Voici ses termes: *Vous donc, mes bien aimés, vous revétant de patience et de douceur, recréez vous les uns les autres dans la Foy, ce qui est le corps du Seigneur et dans la Charité, ce qui est le sang de Jésus Christ*» (après cette traduction, Poiret reproduit le texte grec de la dernière partie de la citation).

aussi bien que pour l'exercice de vôtre charité et pour m'imiter. Que personne ne cherche son propre[40]. Que tout soit à tous, depuis l'ame et la vie jusqu'à un morceau de pain. J'ay fait ainsi avec vous et je vous vay donner encore ma vie, avec autant de cœur et de dégagement de mon propre, que je fais à présent ce repas et ce morceau de pain et que, du passé, je vous ay fourny tout le temps de ma vie tout ce que j'ay eu. Donc, mes chers enfans, je vous recommande à l'heure de ma mort pour le testament que je vous laisse, que vous fassiez les uns aus autres tout de méme <p. 70> que j'ay fait envers vous[41]. A cela connoitra-t-on que vous étes mes enfans si vous demeurez unis dans l'amour et la charité[42] que j'ay eüe pour vous. Souvenez vous de m'imiter moy qui vous donne tout et qui ne me reserve rien en propre jusqu'à la mort. Faites en de méme entre vous pour montrer que vous étes des membres de mon corps[43], et que vous avez souvenance de moy votre chef et le membre principal, dont la conduite envers tout le corps doit étre la régle de la vôtre».

Voila la véritable CENE (car tout ce que nous pouvons faire pour nos fréres sur le declin et la nuit de ce monde n'est que comme une céne ou un souper leger), voila, dis-je, la Céne, l'Eucaristie, et la Communion essentielle et véritable que le Fils de Dieu a instituée avant sa mort entre ses saints disciples, convenablement à l'état où ils étoient alors.

XIV. *Preuve de cela par la pratique de la primitive Eglise*

Pour nous convaincre davantage de cela, l'Esprit de Dieu a permis que nous eussions dans les divines Ecritures des exemples de la pratique et célébration bonne et mauvaise de

---

[40] Au sens de «son bien propre», «sa propriété».

[41] Allusion aux paroles de Jésus, citées en Jean 13, 15.

[42] Allusion au même discours de Jésus: Jean 13, 33-35.

[43] Cf. 1 Corinthiens 12, 12-13 et 27. Mais dans l'épître, ce n'est pas le Christ qui parle.

cette sainte communion. Dans les uns, l'on y apprend ce qu'elle estoit et comment la pratiquer et, dans les autres, l'on y voit ce qu'elle n'étoit pas et ce qui est incompatible avec elle.

Sans contredit, la maniére de pratiquer la Ste Communion est décrite dans le 2. et le 4. des Actes des Apôtres, lors que l'Eglise étoit la plus sainte et la plus parfaite qu'elle <p. 71> ait jamais été. Or comment est-ce qu'elle y est décrite? Ecoutons-le au nom de Dieu: Cela vaut mieux que mille volumes que la raison aveugle des plus sçavans feroit composer sur cette matiére.

(a)[44] *Ils persévéroient dans la doctrine des Apôtres, dans la* COMMUNION (la voila) *et dans la fraction du pain* (qui en étoit la partie la plus ordinaire et qui revenoit le plus souvent, puisque la nourriture revient tous les jours; ce qui n'est pas de la communication d'habillemens, ou de l'assistance que l'on rend aus saints en d'autres necessités qui sont plus rares et moins communes). *Et tous ceux qui croyoient* (*)[45]*, étoient réunis dans un* (c'est l'union de volonté et de cœur, et l'unanimité dans l'esprit de charité) *et ils avoient toutes choses communes. Ils vendoient leurs possessions et leur biens et les distribuoient à tous selon que chacun en avoit besoin. Et tous les jours persevérants en l'union d'un méme cœur dans* (†) *ce sacré devoir* (ou bien, dans le Temple[46]), *rompans le pain dans toutes les maisons, ils prenoient leur repas avec joye et en simplicité de cœur.*

XV. *Que toutes ces choses appartiennent à l'Eucaristie*[47]

Voila ce que la simplicité de cœur faisoit alors pratiquer aus apôtres et à leurs disciples en consequence de ce que Jesus Christ

---

[44] En marge, la référence: «Actes 2, 24 etc». Erreur typographique: il s'agit d'Ac. 2, 42, et 44-46.

[45] Ici, comme quelques lignes plus loin, Poiret fournit en bas de page l'expression en grec.

[46] Ici, Poiret corrige la traduction qu'il cite; la *TOB* aussi traduit «au Temple».

[47] Dans *Œc. Div.* ce titre était plus long:*Que toutes ces choses et non point seulement une partie appartiennent à l'Eucaristie et qu'elles ne sont point impossibles.*

leur avoit recommandé par l'institution de l'eucaristie, dont la pratique est icy décrite depuis la communion du cœur jusqu'à celle des biens et de la nourriture. Dieu a si bien caractérisé cela, qu'il n'y a presque <p. 72> personne qui ne confesse que c'est de l'Eucaristie qu'il est parlé dans cet endroit. Mais les préjugés où l'on est font que l'on se persuade qu'il n'y a que le mot de *fraction du pain* qui s'y doive rapporter, et que tout le reste n'en est pas, que c'est une belle chanson touchant les gestes de la primitive Eglise, qu'il nous suffit de l'écouter et d'en estimer la belle melodie, mais qu'on n'est plus dans les termes de dancer sur cet air-là: (a)[48] *Nous vous avons chanté et vous n'avez point voulu dancer.* En effet, nous venons de voir que les choses ne pouvoient plus aller de la sorte dans la suite des temps; mais la faute n'en est que du côté du relâchement des chrétiens, de leur corruption, et du changement du bon état de leurs cœurs. Autrement, s'ils n'avoient pas voulu se relâcher de la divine charité, ni avoir rien de commun avec le mal et les mauvais, cette excellente maniére de communion seroit demeurée au méme degré et, qui plus est, se seroit toûjours plus perfectionnée. Mais, pour s'épargner la confusion que l'on mérite sur le sujet du relâchement intérieur et du changement d'état qui a fait cesser cette maniére de communion parfaite et admirable entre les saints, on dissimule cette cause blamable, et l'on cherche des subterfuges et des raisons tirées de la simple considération du temps et du nombre des personnes. Cela étoit bon, dit-on, lors que les chrétiens n'étoient qu'un petit nombre. On pouvoit alors entretenir facilement une telle communion de toutes <p. 73> choses. Mais le moyen de le faire, quand ils sont si fort accrus? (et, faudroit-il ajoûter, si corrompus, si avares et si peu chrétiens?) Voyez un peu, que le monde est prudent et prévoiant! Ces gens-là sont en peine pour Dieu, et comment le Saint Esprit pourroit gouverner en unité de cœur, de vie et de biens, toutes les personnes saintes qui seroient abandonnées à sa conduite! Et cependant, ils voyent tous les jours

---

[48]   En marge, la référence: « Matt 11, v.17». Le texte dit: «nous vous avons joué de la flûte et vous n'avez pas dansé! Nous avons entonné un chant funèbre et vous ne vous êtes pas frappé la poitrine!»

devant leurs yeux que des armées de quelques cent-mille garnemens et d'enfans de Bélial, qui ne travaillent qu'à détruire, et ne
se soucient de rien d'autre, sont pourvus et entretenus de toutes
choses, abondamment méme et réglément[49], par les soins d'une
seule personne et de quelques adjoints qui exécutent ses ordres.
Et le Saint Esprit, qui est le Dieu tout-puissant et uniforme[50], qui
inspire et qui meut tous les cœurs où il réside, ne les uniroit pas en
un, comme il est luy-méme un avec le Pére et le Fils! Ou, étant
déja unis, il ne pourroit les régler et les entretenir dans cette
union? Quelle extravagance à[51] la folle prudence de la chair de
s'imaginer cela! Cette conduite admirable est une suite nécesaire
et essentielle de la possession du S. Esprit. On l'a vû dans l'Eglise
de Jérusalem, où il n'y avoit pas si peu de personnes: huit ou dix
mille chrétiens n'étoient pas un petit nombre pour une seule ville;
et s'il y en eust eu partout ailleurs autant à proportion, baptisés
avec la méme disposition d'ame, et animés du méme Esprit Saint,
je ne sçay pourquoi le S. Esprit n'auroit <p. 74> pû les conduire de
la sorte, selon l'intention, l'exemple et l'ordonnance de Jesus
Christ et selon la pratique des fidéles de Jerusalem. S'il y avoit
des millions de mondes, et qu'ils fussent tous baptisés du S.
Esprit, ils seroient tous dans la méme communion. Mais il est
vray, encore un coup, que des personnes d'autres dispositions que
celle de ces vrais chrétiens, ne pourroient y étre. Or nous ne parlons icy que (de) ces vrais Chrétiens. Continuons à voir ce qu'en
disent les Ecritures dans le livre des Actes.

XVI. *Continuation de l'exemple de la primitive Eglise.* Actes 4,
    32 etc.

(a)[52] *La multitude de ceux qui croyoient, n'étoit qu'un cœur*

---

[49]   Signifie: «de façon réglée, organisée».

[50]   Ici, plutôt le sens de «unique».

[51]   Il nous semble qu'il y a là une faute typographique; ne vaudrait-il pas mieux
        lire «a»?

[52]   Poiret donne en marge la référence: «Actes 4, 32 etc.»

et qu'une ame; et personne ne disoit qu'aucun de ses biens fust à luy en propre, mais toutes choses leur étoient communes – et nul d'entr'eux n'étoit indigent; car, ceux qui possédoient champs ou maisons, les vendoient et en apportoient le prix, et le mettoyent aus pieds des apôtres, et on les distribuoit à chacun selon qu'il en avoit besoin. Voila comment les premiers Chrétiens administroyent et pratiquoient le sacrement de l'eucaristie ou de la sainte communion. Toutes les affaires, les biens, les soins, les actions de leur vie, estoyent sacrées et autant d'actes d'un trés-divin sacrement administré au corps mystique de Christ dans l'esprit de la charité. Et il n'y avoit point de sujet de craindre que des hommes naturels, fainéants et paresseux s'y fourassent pour jouïr à leur aise et en abondance des biens qu'ils auroient pû trouver là tout-aprétés; d'autant qu'on n'y admettoit que des Saints, et <p. 75> ceux qui y demeuroient devant s'exercer, par un pur desintéressement dans la charité, dans le travail continuel, à donner tout et à ne retenir pour soy que le moindre, ou que ce qu'on luy donnoit par charité; cela étoit une fournaise de feu où la paille ne pouvoit durer.

Que si quelque hypocrite les vouloit surprendre et tromper, lorsqu'ils faisoient leur devoir et veilloient sur eux-mémes, le Saint Esprit s'en declaroit le vangeur; au lieu que, venans à se relâcher, aprés les avoir châtiés et repris quelques-fois, sans qu'ils voulussent veiller exactement sur eux, il les abondonnoit à leur relâchement, duquel néanmoins sa bonté prenoit encore soin par la continuation des ceremonies variées et proportionnées à l'état où ils se trouvoient, comme on le verra tantôt.

XVII. *Les abus qu'on faisoit alors de la communion, decouvrent encore[53] en quoi elle consistoit. Ananie et Sapphira*

Nous avons des exemples de ces choses dans l'Ecriture. Au méme endroit des Actes où elle fait voir que l'Eglise primitive

---

[53]   Dans *Œc. Div.*, il y a ici «trés-clairement». Dans ce texte Poiret raccourcit souvent les titres.

pratiquoit si bien cette sainte communion, il est fait mention d'un homme et de sa femme, Ananie et Sapphira, qui voulant entrer frauduleusement dans cette sainte communion du corps mystique du Seigneur, et s'en porter pour véritables membres, comme étant en communion de cœur, d'ame, de vie, de biens, de manger et de boire, et de tout avec les autres, furent frappés de mort par le S. Esprit, qui leur dit par la bouche de S. Pierre: (a)[54] *Pourquoi avez-vous menty au S. Esprit et soustrait du prix de ce champ? N'étoit-il pas à vous et non-vendu et vendu?* «Pourquoi faites-vous profession de vous rendre dans la compagnie de ceux où ame, vie, et biens sont communs par une sainte communion, à laquelle vous voulez participer, en retenant cependant une partie de vôtre bien en propre? Abusez-vous ainsi de la communion du corps mystique du Seigneur? Ne pouviez-vous pas, en demeurant hors d'elle en état de Catecumènes, retenir vos propres biens, puis que personne ne vous contraignoit à vous faire être du nombre et de la sainte compagnie des chrétiens?» Reprimende qui fut suivie de la mort, et qui, étonnant toute l'Eglise, fit trembler particuliérement ceux de dehors, les mondains, les impurs, les avares, les propriétaires, et tous ceux qui étant hors du pur amour et du véritable dégagement, auroient néanmoins voulu étre participans de la sainte communion? *Nul des autres* (est-il ajoûté ensuite) *n'osoit se joindre à eux*[55].

S'ils étoient demeurés toûjours et partout dans la méme fidélité, sans doute que le S. Esprit auroit eu soin de les conserver purs et de les preserver de toutes sortes de surprises. Mais lors que, comme les Israëlites du temps (a)[56] de Josué, ils voulurent admettre des fréres sans consulter la bouche du Seigneur et méme qu'ils commencérent à se relâcher eux mémes, Dieu en punit et en réprit premiérement quelques uns, de fois à autres; et ensuite, ayant <p. 77> vû l'universalité et l'opiniatreté de leur relâ-

---

[54]   Référence en marge: «Actes 5, 3»; le v. 4 est aussi cité.

[55]   En marge: (Actes 5) «v. 13.»

[56]   En marge: «Jos. 9, v. 14» («les Israélites ne consultèrent pas le Seigneur»). Ce chapitre raconte la ruse imaginée par les Gabaonites pour obtenir d'Israël une alliance qui leur laisserait la vie sauve.

chement, il se resolut de condescendre à leurs imperfections. Nous allons voir l'un et l'autre de ces dégrés de relâchement.

XVIII. *Relâchement dans la communion en l'Eglise de Corinthe. Explication de S. Paul sur l'eucaristie.*

Le premier commençoit déja à se tramer, dés le temps méme des apôtres et nous en avons des exemples dans l'Eglise de Corinthe.

S. Paul reprend dans les Corinthiens les abus suivans, qui étoient contre la bonne pratique de la communion de l'Eglise primitive dont nous traittons.

Premiérement, qu'ils admettoyent à leur communion de faux fréres (sans doute pour avoir une Eglise plus nombreuse); sur quoi, il leur dit: (a)[57] *Si quelqu'un qui se nomme frére est paillard, ou avare, ou idolatre, ou medisant, ou yvrogne, ou ravisseur, ne mangez pas* (n'ayez pas la Sainte Communion) *avec un tel... Otés le méchant d'entre vous.* C'est là le premier mal, et le premier dégré à la corruption de l'Eglise chrétienne, le mélange des faux fréres: reconnoitre pour membres du corps de J. Christ, des personnes qui n'avoient pas son Esprit; et se comporter envers eux selon les devoirs de la sainte communion, au lieu de les laisser là, sans avoir rien à déméler avec eux; comme a fait Jesus Christ, lequel a bien cherché les personnes de bonne volonté, qui péchoient par ignorance; mais qui a laissé là les mondains volontaires qui rejettoient la vérité, sans vouloir méme prier pour eux.

<p. 78> Secondement, plusieurs vouloient retenir leurs biens en propre, et méme prendre injustement par procés ceux des autres. Sur quoi, l'Apôtre dit: (a)[58] *Il y a déja un grand defaut entre vous* (la propriété) *puis que vous avez* (ensuite d'elle) *des procés.*

---

[57] En marge, la référence «1 Cor. 6, 11. 13». Il y a une faute de typographie, il s'agit du chap. 5.

[58] En marge, la référence «1 Cor. 6, 7», qui dit: «De toute façon, c'est déjà pour vous une déchéance d'avoir des procès entre vous. Pourquoi ne préférez-vous pas subir une injustice?» Poiret interprète.

Troisiémement, retenant la propriété de leurs biens et voulant en mettre les fruits en commun, quant à la nourriture, afin de pratiquer, au moins jusques là, la sainte communion, ils apportoient chacun sa portion de nourriture et la vouloient retenir sans la communiquer à ceux qui n'en avoient point, croyant peut-être que ce seroit assez pour la communion que d'avoir une place commune et une heure commune: ce qui n'étoit que singerie, et nullement la communion chrétienne, comme leur dit S. Paul: (b)[59] *Je vous déclare que, quand vous vous assemblez comme vous faites, cela n'est plus manger la Céne du Seigneur, car chacun y mange le souper qu'il y apporte sans attendre les autres, et ainsi les uns n'ont rien à manger pendant que les autres font bonne chére. N'avez-vous pas vos maisons pour y boire et pour y manger? ou méprisez-vous l'Eglise de Dieu? et voulez-vous faire honte à ceux qui sont pauvres?* (Si vous voulez chacun retenir son propre, que ne demeurez-vous dans vos maisons, sans vous introduire dans l'Eglise chrétienne pour la deshonorer par une fausse communion, qui n'est que mommerie et qui, au lieu de soulager les pauvres par une communication de tout, n'est que pour leur faire honte par l'ostentation <p. 79> impertinente de vôtre abondance que vous ne leur communiquez pas?) *Vous en loüeray-je? Certes, je ne vous en loüe point.*

Aprés cela, il leur met devant les yeux l'institution du Seigneur de la maniére que nous l'avons vûe, et que je ne feray point de difficulté de paraphraser icy pour la mieux inculquer et faire comprendre.

J'ay reçu du Seigneur Jesus ce que je vous ay enseigné: C'est que le Seigneur Jésus, en la nuit en laquelle il fut livré, prit du pain. Jesus Christ dont la doctrine est la charité, et qui a recommandé uniquement à ses disciples qu'ils s'aimassent les uns les autres comme il les avoit aimés et leur en avoit donné l'exemple, leur disant qu'on les reconnoitroit à cela, pour les y engager fortement, a fait avant mourir une chose que je vous ay recommandée et que j'ay apprise de lui-même. C'est dans le dernier repas qu'il donna à ses disciples, immédiatement avant que d'aller donner sa vie pour leur salut.

---

[59]   En marge, la référence: «Ibid. chap 11, v. 20 etc.». Dans les pages suivantes (*infra*, jusqu'à la p. 103) Poiret commente les v. 23 à 30.

Ayant rendu graces, il rompit ce pain et dit: Prenez, mangez.
Cecy est mon corps, qui est rompu pour vous; faites cecy en com-
mémoration de moy. Avec joye et actions de graces, par un principe de charité divine, il leur donna encore ce qu'il pouvoit leur
donner, à sçavoir, la nourriture dont ils avoient de besoin; et prêt
à leur donner sa vie, il leur dit: Prenez cette nourriture que je
vous donne, et pensez que pour ne rien vous épargner de nécessaire je vay livrer mon corps pour vous d'aussi bon cœur que je
vous <p. 80> donne cecy. Faites en de méme entre vous les uns
envers les autres: communiquez-vous les uns aus autres par charité tous vos besoins et la vie méme, en mémoire de ce que j'ay
fait pour vous. Voila la commémoration véritable que je vous
demande de moy.

Semblablement aussi, aprés le souper il prit la coupe, disant:
Cette coupe est la nouvelle alliance en mon sang: faites-cecy en
mémoire de moy, toutes les fois que vous boirez. Pour leur montrer d'autant mieux que la communion devoit étre parfaite, il ne
se contente pas de leur avoir donné une nourriture incompléte; il
leur presente aussi la boisson, laquelle il rend commune, leur
disant: «Je vous donne une coupe et une boisson commune, pour
vous montrer que par l'esprit de charité tout doit étre commun
entre vous. Car cette communion est l'alliance et le contract nouveau que je fais avec vous, répandant mon sang pour vous. Je
contracte avec vous que je vous reconnois pour mes membres,
lesquels je me suis acquis par la communication de tous mes
biens, de ma vie et de mon sang, et que je vous conserveray et
vous sauveray comme miens, à condition que, par la charité,
vous en ferez de méme en ma faveur, en ma mémoire et en ratification de cette alliance. Et c'est ce que vous pratiquerez, aussi
souvent que vous vous communiquerez mutuellement tous vos
besoins, breuvage, nourriture et le reste[60], dans l'Esprit que je
vous offre cette coupe, <p. 81> prest à verser mon sang pour vous
et à vous donner tout ce que je puis, jusqu'à ma vie, sans rien
reserver ni excepter.»

---

[60]   On peut se demander si ne manque pas ici: «C'est», à cause du «que» qui
suit.

Car, toutes les fois que vous mangerez de ce pain et boirez de cette coupe, vous annoncerez la mort du Seigneur, jusqu'à ce qu'il vienne.

Comme, lors de l'institution de la sainte et universelle communion, Jesus Christ se trouvoit dans la circonstance de son dernier souper, lequel il prend pour occasion d'instituer et de recommander cette sainte communion de toutes choses, laquelle il marque par les paroles et par les actions de *manger le pain,* et de *boire le vin* commun, (qui sont des actes de communion les plus nécessaires, les plus ordinaires, et qui reviennent le plus souvent), aussi l'apôtre continue à recommander le total de la sainte communion générale, sous les termes de ces actes particuliers, les plus ordinaires et les plus nécessaires de manger et de boire; comme s'il leur disoit: «Toutes les fois, donc, que vous vous communiquerez ce pain et cette coupe que Jesus Christ a voulu étre des choses communes entre vous, aussi souvent que vous vous donnerez les uns aus autres vôtre nourriture et vos besoins corporels dans l'esprit de Jesus Christ, (qui est un esprit de charité, qui n'excepte rien, ni biens ni vie), vous ferez une véritable commémoration de la mort à laquelle Jesus Christ s'est abandonné pour vous, vous ayant donné sans reserve tous ce qu'il avoit, jusqu'à sa vie, pour vous procurer vos avantages <p. 82> corporels et spirituels. Annoncez et rememorez de la sorte cette charité immense qui a porté Jesus Christ à la mort pour vous, annoncez, dis-je, ainsi vivement cette mort de Jesus Christ, sans interruption et sans cesse, jusqu'à ce qu'il vienne sur la terre vous communiquer sa gloire et ses trésors et vous mettre dans un état où vous n'aurez plus besoin de rien.

Mais cependant, *quiconque s'ingere à manger le pain ou à boire de la coupe du Seigneur indignement;* quiconque s'introduit à la communion que Jesus Christ a instituée, comme pretendant être en état d'y avoir part, quoique néanmoins il ne soit pas en cet état-là, il péche et *se rend coupable* envers Jesus Christ, *envers le corps et le sang du Seigneur,* et contre tous ses biens, lesquels ne sont point pour des personnes indignes, mais pour les membres de son corps mystique, et pour les personnes saintes et desinteressées.

Que donc chacun s'éprouve soy-méme, s'il est vray chrétien, dégagé de toute appropriation, plein de charité, ne cherchant point son propre, mais le bien des fréres, *et qu'ainsi, il mange du pain et boive de la coupe* des chrétiens et entre dans la communion sainte de tout ce qu'il y a entr'eux. *Car, autrement, l'on prend sa condamnation, ne discernant point le corps du Seigneur,* en agissant avec la communion chrétienne comme si c'étoit un accommodement naturel et payen de quelques biens mondains dans une assemblée et un corps politique, au lieu que c'est le caractére <p. 83> particulier du corps de Jesus Christ et de la veritable Eglise de Dieu.

Ce que *plusieurs* n'ayant pas observé, *ils sont,* dit-il, *devenus foibles et languissants,* par chatiment et punition divine; *et plusieurs méme en sont morts.* Voila, justement dans l'Eglise de Corinthe, le chatiment d'Ananie et de Sapphira, comme aussi leur faute étoit la méme que celle de ces deux propriétaires, qui furent frapés de mort pour avoir violé l'essentiel de cette sainte communion d'alors.

On s'imagine que S. Jean a ômis dans son Evangile l'institution de la sainte eucaristie; mais cela n'est pas. Il en parle beaucoup plus amplement que tous les autres évangelistes: car les chapitres 13, 14, 15, 16 et 17 de son Evangile, sont en substance la vraye institution et explication de la sainte communion. Et ces paroles de son Epitre reviennent à la méme chose: (a)[61] *A cecy avons nous connu la charité: C'est qu'il a mis sa vie pour nous; nous devons donc aussi mettre nos vies pour nos fréres. Or, quiconque aura des biens de ce monde et verra son frére avoir nécessité, s'il luy ferme ses entrailles, comment demeurera la charité de Dieu dans luy? Mes petits enfans, n'aimons point de parole ni de langue, mais par œuvres et en verité; car c'est à cecy que nous connoitrons que nous sommes* du party *de la vérité et que nous en assurerons nos cœurs devant luy.*

---

[61]   En marge, la référence: «1 Jean 3, v. 16, 17, 18».

ARTICLE II

De l'EUCARISTIE comme elle est dans le Christianisme relâ-
ché. Des schismes et de la réunion. Considération générale sur
la différence des cérémonies de différens partis[62]

I. *Variations survenues aprés le premier christianisme. Grada-*
tions[63]

Nous venons de voir ce qu'étoit primitivement la divine
eucaristie dans l'Eglise des saints: une communion charitable de
tout dans l'esprit de Jesus Christ, qui remplissoit tout par sa
grace. Et nous avons vu comment, dés-lors l'on commençoit à en
déchoir par le relâchement des Chrétiens, et comment Dieu d'un
côté par ses punitions, et les apôtres de l'autre par leurs exorta-
tions, tâchoient de mettre remede à cette variation. Nous verrons,
maintenant, comment Dieu et les hommes, mémes les plus gens
de bien, ont dû consentir ensuite à ce qu'il y arrivast du changement dans cela, aprés que la face de la primitive Eglise fut changée et que l'état des ames fut beaucoup avily devant Dieu.

1) *La Communion primitive est toujours demeurée entre les*
Saints

Premiérement, l'on doit supposer pour vérité que, comme il
y a eu de tout temps quelques véritables saints et quelques ames
remplies de charité et de sainteté, telles qu'étoient celles des
chrétiens de la primitive Eglise, il y a aussi toûjours eu entre ces
saintes ames la véritable communion primitive de la première
Eglise. On ne peut en <p. 85> effet douter que le Saint Esprit, que

---

[62] Le titre de ce chapitre 7, dans *Œc. Div.* V, est un peu différent: «*De* l'Euca-
      ristie *comme elle est dans les différens partis du Christianisme. Des*
      Schismes et de la Réunion. Solution des difficultés sur tout cela.»
[63] Au lieu du mot *Gradations*, le titre dans *Œc. Div.* était: *Considérations gra-*
      datives sur ce sujet.

Jesus Christ et que toutes choses n'ayent été communes entre les véritables saints, selon cette parole de S. Paul: (a)[64] *Tout est à vous, soit Paul, soit Apollos, soit Cephas, soit le monde, soit la vie, soit la mort, soit les choses presentes, tout est à vous, et vous étes à Jesus Christ, et Jesus Christ est à Dieu.* Et ce beau mot de S. Barnabé: (b)[65] *Vous rendrez toutes choses communes à vôtre prochain; vous ne direz de rien qu'il vous soit propre. Car si les choses incorruptibles vous sont communes, à plus forte raison le doivent étre les corruptibles.* C'est ce qu'il range entre les préceptes de *la voye de la lumiére.* La moindre idée de la sainteté et de la charité chrétienne met cela hors de doute, quoi que les effets n'en ayent pas parû au dehors, lors que les Saints, étant fort clairsemés, étoient ou séparés ou méme inconnus les uns aux autres.

2) *Les bons ont deu enfin tolérer le relâchement*

Secondement, il n'est pas difficile à comprendre que, quelques uns, et méme une bonne partie des premiers chrétiens, venant à se relâcher de leur premiére charité, comme (c)[66] Jesus Christ le leur reproche, et voulant introduire entr'eux les imparfaits et méme des méchans qui faisoient semblant d'étre gens de bien, il étoit impossible au petit nombre de ceux qui vouloient demeurer dans la pureté de la sainteté et de la charité de tenir bon contre ce torrent: et ainsi, ils dûrent à la fin tolérer ce mélange.

3) *Dieu s'est aussi vû obligé à cette condescendence*

En troisiéme lieu, comme Dieu ne veut et ne peut vouloir forcer personne, qu'il <p. 86> voyoit que le nombre de ceux qui se portoient pour Chrétiens hors de la disposition sainte qu'il vou-

---

[64] En marge, la référence: «1 Cor. 3, 22-23». La citation commence à la fin du verset 21.

[65] En marge, la référence: «Barn. Epist. c. 19». L'épître de Barnabé est un écrit pseudépigraphe.

[66] En marge, la réf.: «Apoc. 2, 4». Il s'agit de la lettre à l'Eglise d'Ephèse: «ta ferveur première, tu l'as abandonnée» (trad. *TOB).*

loit, devenoit toûjours plus grand, que cependant il y en avoit
entr'eux de bonne volonté et de bien-commancés, qui pouvoit se
perfectionner, et méme qu'entre les méchans il y avoit espérance
que quelques-uns pourroient se convertir, s'il les attendoit et s'il
condescendoit à leur voyes, autant que faire se pouvoit, il a bien
voulu y condescendre, au lieu de les faire tous mourir, comme il
avoit fait Ananie et Saphira, et ceux de l'Eglise de Corinthe; car
autrement, s'il avoit voulu continuer à les chatier de la sorte[67], il
auroit falu remplir le christianisme de corps morts: ce qui n'auroit pas été si salutaire aus méchans, ni si avantageux aus imparfaits, que de les attendre à pénitence en les tolérant[68]. Par la
méme raison, les vrais saints, animés de l'esprit de Dieu, ont
aussi dû condescendre à ces choses et essayer, comme Dieu et
avec luy, si, durant cette tolérance, les gens de bien imparfaits
pourroient arriver à la perfection des premiers chrétiens, et les
méchans à se convertir.

4) *Les saints durent se retrancher à l'égard des autres. Agapes*[69]

Or (en quatriéme lieu), les vrais saints, qui, entre leurs
pareils, étoient dans la véritable et sainte communion primitive,
ne pouvoient plus avoir de semblable communion avec les
pécheurs, les imparfaits, et les méchans couverts[70]. Premiérement, parce que ceux-ci n'étoient pas régis du méme esprit
qu'eux; en second lieu, parce que les saints, quoi qu'ils aimassent le salut des pécheurs plus que <p. 87> leurs propres vies et
leurs propres biens, ne pouvoient néanmoins par la méme raison
de leur salut, se communiquer à eux avec tant d'ouverture ni
d'étendue. Car, pour convertir les personnes qui vivent encore à
la nature corrompue, il faut les faire mourir à l'amour d'eux-

---

[67]   Dans l'*Œc. Div.*, le membre de phrase «*s'il avoit voulu... de la sorte*» ne se
       trouvait pas.

[68]   Au lieu de:*en les tolérant*, il y avait: «*par les tolérer* «.

[69]   Ce titre était plus long: *Les Saints conservant la vraye communion entr'eux
       durent se retrancher à l'égard des autres. La communion publique fut chan-
       gée en Agapes.*

[70]   Signifie: «dissimulés», «cachés».

mémes, à tout ce qui est au monde et sur tout à leurs aises, à
l'avarice, à la paresse, aus desirs et à l'attachement aus biens de
la terre. Or ç'auroit été justement nourir tous ces vices-là dans
des ames de cette disposition, si on leur avoit sans façon et sans
reserve communiqué toutes choses. Il falloit donc se retrancher
d'eux en quelque sorte à cet égard et cesser de rendre tout commun, sans néanmoins devenir propriétaire: ce que les saints faisoient en gardant leurs biens[71], non pour eux, mais pour Dieu et
pour les distribuer selon sa divine volonté à ceux qui en pourroient bien user, sans donner à ceux qui ne s'en serviroient qu'à
fomenter leurs passions, et non pas à mourir à eux-mémes.
D'autre coté, ceux qui étoient relâchés n'avoient garde de s'en
tenir à la communion primitive. Chacun cherchant son propre,
méme entre ceux qui annonçoient l'Evangile (selon que S. Paul
(a)[72] s'en plaint), on commença à retirer chacun vers soy son
cœur, ses soins et ses biens. Il fut dit que, chacun retenant l'ad-
ministration de ses biens, l'on pourroit en apporter les fruits en
commun. Mais cela méme leur étant trop peinible, l'on y mit
encore des bornes et des mesures. L'on se contenta et de col-
lectes, et de tenir quelquesfois la <p. 88> semaine ces assemblées
où l'on mangeoit en commun. Ce fut là l'institution des *agapes*
ou des banquets de charité, qui furent substitués à la vraye communion de l'Eglise primitive et en quoi on fit consister la communion d'alors.

5) *Ce qui ne put guéres durer*

Mais (pour cinquiéme remarque), cela ne dura pas long
temps dans cet état-là: parce que l'on ne fut pas long-temps sans
y commettre tant de messéances[73] et tant d'irréverences, qu'il

---

[71] A ceux qui lui reprochaient son manque de générosité à l'égard des pauvres
ou même son avarice, c'est ce que répondait Antoinette Bourignon, laquelle
disposait d'une certaine fortune.

[72] En marge, la référence: «Phil. 2, 20», qui dit:«Je n'ai personne qui partage
mes sentiments...» Et l'on peut ajouter le v. 21: «tous ont en vue leurs inté-
rêts personnels, non ceux de Jésus Christ.»

[73] Signifie: «choses malséantes».

sembloit qu'on eust entièrement oublié qu'on fust en la présence de Dieu et qu'on ne pensast plus à cette ardente charité que Jesus Christ nous avoit témoignée en donnant pour nous jusqu'à sa propre vie sur le bois de la croix.

6) *Etablissement divin de l'Eucaristie, comme elle est entre les chrétiens déchus de leur premier état*

Donc, en sisiéme lieu, tous les Chrétiens, à les prendre au général ou à la plus grand part, s'étant ainsi relâchés, et le Saint Esprit, qui remplissoit les cœurs des premiers chrétiens, s'étant retiré de ceux-cy, qui étoient devenus terrestres, charnels, foibles et grossiers, ils eurent besoin pour faire leur salut de quelque chose qui leur remist devant les yeux la presence de Dieu d'une maniére plus visible, plus matérielle, et plus proportionnée à leur état grossier et imparfait. Et de là, vint la célébration de l'eucaristie, de la maniére et avec les cérémonies qu'on l'a pratiquée trés-longtemps et depuis plusieurs siécles. Cela vint, en substance, de l'inspiration et du conseil de Dieu, par le moyen de quelques trés-saintes ames qui étoient encore entre les Chrétiens; et il est <p. 89> remarquable que la providence divine a tellement disposé des paroles de l'institution de Jésus Christ que[74], quoi qu'elles marquent primitivement ce que nous en avons fait voir dans l'Eglise primitive, néanmoins elles sont aussi applicables à ce que l'on pratique dans l'état dont nous parlons, et significatives de ce qu'on y célébre. D'où il paroit que l'intention de Dieu a été que l'on tirast plusieurs sens et plusieurs pratiques pour aller à luy et pour s'avancer dans le bien, selon la diversité des états où l'on pourroit se trouver. Il n'y a rien de plus familier à l'Ecriture que d'abonder de la sorte en quantité de sens, tous véritables, tous bons et tous à pratiquer, selon les états et les dispositions où l'on se trouve; et j'estime que personne ne peut douter avec raisons de cette vérité.

---

[74] «tellement que» au sens ancien de: «de telle façon que»

II. [75]*Dieu en benissoit l'usage és bons, quelques formalités humaines qui y fussent mélées*

Quand je dis, que ces pratiques viennent du Saint Esprit par l'organe de quelques ames trés-saintes, je n'entends pas que, comme il y avoit alors entre les chrétiens des personnes moins éclairées et moins pures, qui néanmoins y avoient beaucoup d'authorité, il ne s'y soit pû méler de-là quelque chose d'étranger ou de moins divin, qui ne vinst pas ainsi du S. Esprit. Mais, cela n'étant qu'accessoire et des formalités de peu de consideration qui ne nuisoient pas à la substance de la chose, l'Esprit de Dieu vouloit bien, non seulement les tolérer, mais aussi en approuver et en benir le bon usage qu'en faisoient et les saints et les foibles, qui par humilité de cœur et pour l'amour de Dieu se <p. 90> soûmettoient à leurs conducteurs dans toutes les choses qui leur pouvoient servir de moyens pour s'élever à Dieu et à Jesus Christ. Et par effet, de trés-saintes ames se sont servies de toutes ces pratiques et cérémonies avec lesquelles on a célébré l'eucaristie depuis quelques siécles. Elles s'en sont, dis-je, servies d'une maniére trés-bonne, trés-salutaire et qui les a avancées de plus en plus dans l'union avec Dieu (et je ne doute pas méme qu'il n'y en ait qui ne le fassent encore), pendant que d'autres ames grossiéres et imparfaites en ont tiré d'autres fruits salutaires, proportionnés à leur état, et se sont par là recœuillies en Dieu, considerées en sa presence, en ont modéré leurs passions, quelques unes méme jusqu'à en devenir saintes, et d'autres jusqu'à en mettre un frein à leur corruption qui, sans cela, se seroit plus répandue et plus vivifiée au dedans et au dehors.

---

[75]   Au début de ce titre, l'original avait le mot:*Comment.*

III. *Quoi que les méchans en abusassent, Dieu veut les faire subsister certain temps*[76]

Ce n'est pas qu'il n'y en ait eu plusieurs à qui ces choses n'ont servy de rien, et à qui méme elles ont tourné à mal, soit par le mépris qu'ils en ont fait, soit par s'étre attachés charnellement à l'usage extérieur de ces moyens, sans se soucier de la disposition de leurs ames. Mais, parce que des ames saintes, et méme des foibles et grossiéres, s'en servoient bien, et que par ces moyens, qui étoient proportionnés à toutes les ames, les plus distraites, les plus matérielles et les plus basses pouvoient revenir à Dieu, à la foy de sa présence, à la considération de Jesus Christ, de sa charité et de <p. 91> sa mort et ainsi pas à pas se r'approcher de l'état spirituel des chrétiens de la primitive Eglise, Dieu a trouvé bon que ces pratiques subsistent pendant le temps d'attente qu'il a déterminé, c'est à dire aussi-longtemps qu'il a resolu d'attendre que les hommes foibles et charnels s'avancent vers luy par ces voyes-là. Si long-temps qu'il y en viendra encore assez considérablement par là, il les fera subsister. Mais, lorsque l'abus deviendra universel et que les hommes, au lieu de s'en améliorer, en prendront sujet de se flatter et de s'endurcir dans leur corruption, Dieu retranchera enfin et ces méchans et toutes ces pratiques, pendant qu'il ne conservera que les bons, qu'il rétablira ensuite dans l'état où étoient les chrétiens de l'Eglise primitive, et méme dans un état plus pur et plus spirituel[77].

---

[76] Ce titre était plus long: *Quoique les méchans en abusassent bien, Dieu n'a pas laissé de les vouloir faire subsister certain temps. Qu'on pourroit s'en bien servir.*

[77] A la suite d'A. Bourignon, Poiret évoque ici le règne de mille ans, où les bons régneront sur terre avec le Christ (cf. Apocalypse 20, 4 et 7) et retrouveront les caractéristiques glorieuses d'Adam.

IV. *Schismes, divisions et disputes, survenus alors à ce sujet*

Or, pendant que duroit encore le temps de l'attente de Dieu, ou le période[78] durant lequel Dieu vouloit qu'on laissast subsister ces pratiques et ces cérémonies, qu'il avoit proportionnées à l'état relâché et grossier des chrétiens, pendant ce temps-là, dis-je, il s'est excité des schismes et des divisions, principalement à ce sujet. De fois à autres, on a voulu entreprendre de remettre les choses en leur entier, comme on disoit, et les rameiner à la premiére institution de Jesus Christ, à l'esprit et à la pratique de la primitive Eglise[79], quoique cependant, à dire le vray, l'on ne comprist pas bien ni l'esprit, ni l'état des premiers Chrétiens, <p. 92> ni les raisons divines et nécessaires des changements, faits en conséquence du relâchement et de l'épaississement, pour ainsi dire, des esprits, ni les voyes pour retourner pas à pas et par dégrés, par l'extérieur à l'intérieur et à la perfection chrétienne et primitive. Ainsi, l'on quitta et changea cérémonies pour cérémonies, sentimens pour sentimens, extérieur pour extérieur; sur quoi, l'on s'est disputé des siécles entiers, sans autre avantage que d'en étre venus à des haines mortelles et implacables et méme au feu et au sang.

Je n'ay garde d'entrer dans ces maudites disputes par les voyes et les méthodes qui ont conduit les esprits à ces funestes effets. Je vay prendre les choses du côté de la vérité et de la charité solide; et cela ne nuira à nul enfant de la charité, en quelque party ou en quelque secte qu'il se puisse rencontrer.

V. *Dans toutes sortes de partis, il y a des bons et des méchans[80]*

Avant que le christianisme fust divisé dans les trois grands

---

[78] Poiret met généralement ce mot au masculin; il lui arrive pourtant de choisir le genre féminin.

[79] On voit que, pour présenter l'ambition de la Réformation, Poiret prend ses distances.

[80] Ce titre se poursuivait ainsi: *des enfans de Jerusalem et des enfans de Babylone.*

partis qui le composent aujourdhuy[81], il y avoit dans luy, comme je l'ay dit cy-devant, des enfants de Jerusalem et des enfants de Babilone, des bons et des méchans, et méme ces derniers y faisoient le plus grand nombre. Les bons s'y trouvoient en de différents états. Il y en avoit qui étoient de trés-saintes ames, qui avoient un véritable commerce avec Dieu, et qui étoient remplis du Saint Esprit, d'autres étoient moins parfaits et moins éclairés, et d'autres encore moins que ceux-cy <p. 93> et qui, avec un bon fonds et une bonne intention et volonté, avoient encore beaucoup de ténébres et beaucoup de passions corrompues, lesquelles n'étoient pas encore ni mortes ni bien mortifiées. Il y avoit aussi entre les méchans diverses classes: les uns étoient plus, les autres moins corrompus, hypocrites, aveugles, plus ou moins inclinés, non à faire mourir leur vieil-homme, mais à tâcher d'apaiser les remors de leurs consciences par toutes telles inventions et opinions qu'ils auroient pû trouver, et qu'ils se seroient pû persuader étre d'institution divine, et valables devant Dieu.

Or quand les schismes se firent, la vérité est que les bonnes ames, qui étoient véritablement saintes et éclairées de Dieu, n'eurent garde d'y prendre part. Mais il s'y engagea quantité de ces autres bonnes ames qui n'étoient pas encore assez éclairées ni purifiées, et méme beaucoup dont les ténébres et les imperfections étoient encore trés grandes. Et pour les méchans, s'il en demeura dans le party que l'on quittoit, il ne s'y en engagea pas peu dans celuy que l'on érigeoit. Car il n'y avoit rien de plus facile à des ames qui vouloient étre sauvées avec leur vieil – Adam et l'amour d'elles-mémes, que de se défaire de quantités de choses qui leur étoient pénibles, et que d'embrasser de tout leur cœur certaines pratiques plus légéres, et certaines opinions, en vertu desquelles ils s'imaginoient de pouvoir immancablement acquérir le salut, quelques manquemens <p. 94> qu'ils eus-

---

[81] A la différence de plusieurs polémistes protestants du XVIIe siècle qui mentionnent l'Eglise orientale, Poiret la passe sous silence. Pour lui, les trois grands «partis» sont ceux qu'il voit en Europe occidentale: celui des catholiques romains, ceux des luthériens et des réformés.

sent d'ailleurs. C'estoit, dira-t'on, un abus qu'ils faisoient de la doctrine qu'on leur proposoit. N'en disputons pas. Soit ainsi. Le fait néanmoins est véritable et d'autant plus faisable qu'il est facile à des méchans d'abuser de tout. Je ne dis rien des autres motifs qui pouvoyent leur faire prendre le nouveau party.

VI. *Dans tous partis, les bonnes ames qui se sont bien servy de leurs cérémonies*[82] *ont avancé par là leur salut*

Voilà donc encore dans chacun des trois partis du christianisme des bons et des méchans, des enfants de Jérusalem, ou des personnes qui avoient des dispositions à le devenir, et des enfans de Babilone. Or, comme dans le premier et ancien party, ceux des bons qui étoient encore peu éclairés et fort foibles et imparfaits, et mémes quelques-uns des méchans, pouvoient s'avancer et s'avançoient effectivement vers Dieu par le bon usage des pratiques et des vérités qui étoient entr'eux, aussi dans les partis qui s'en étoient séparés, les bonnes ames qui ont fait un bon usage des vérités chrétiennes et des pratiques et cérémonies, telles qu'on les célébroit et qu'on les administroit entr'eux, se sont véritablement avancées vers Dieu par-là, quelques-unes méme (mais trés-rares et le plus souvent exposées à la dérision et à la persecution des autres) y sont parvenues à une véritable sainteté et méme au commerce avec Dieu. Et quant aus méchans et aus enfans de Babylone qui y étoient, il y en a eu aussi qui, par les mémes moyens, sont devenus bons et enfans de Jérusalem et qui, venant par là de l'amour d'eux-mémes à l'amour de <p. 95> Dieu, ont ainsi fait leur salut.

VII. [83]*L'on peut retourner à Dieu dans tous les partis du christianisme.*

Et l'on ne me doit pas objecter icy, que c'est une chose impossible que des personnes, qui de bonne foy se seroient enga-

---

[82]   Le titre original ajoutait ici les mots: *et maniéres.*
[83]   Le titre original commençait par: *Comment.*

gées dans un schisme ou qui y seroient par leur naissance, pûssent se servir des doctrines et des pratiques qui y sont pour arriver à l'amour de Dieu et au salut. Car si entre ces doctrines l'on
y trouve le substantiel des vérités chrétiennes, comme les vérités
du Symbole apostolique, celles des commandements de Dieu et
la priére du Seigneur et, en un mot, les Saintes Ecritures; et que
les cérémonies y ayent pour but l'élévation de l'ame à Dieu,
quelque levain étranger qu'on y pourroit supposer d'ailleurs,
cela, néanmoins, n'empéche pas absolument qu'une ame de
bonne volonté et qui cherche Dieu sincérement, ne puisse, en
effet, s'élever à luy par le moyen du bien qu'il y a entre ces
choses-là. Car, si l'on peut tirer ce fruit et cet usage des choses de
la nature, de celles qui sont destinéés à des usages vils et vains,
et méme quelques-fois des mauvaises; à beaucoup plus forte raison le peut-on tirer des divines et de celles qui sont directement
établies pour élever l'ame à Dieu.

L'on me dira, que ces autres choses, ou mauvaises, ou erro-
nées, ou humaines, qui peuvent étre melées avec les bonnes, peuvent aussi étre à obstacle qu'on ne retourne bien vers Dieu. Je le
confesse; et je déplore que cela n'ait que trop son effet, sur tout à
l'égard des personnes lâches et peu diligentes <p. 96> à chercher
Dieu; mais cela méme peut servir quelquefois aux ames les plus
droites et les plus sincéres. Et posé que l'on soit retardé de ce
coté-là, cependant, si le cœur est sincére et ardent à la recherche
de Dieu, l'on peut étre secouru et redressé par les autres choses
bonnes. Méme, à mesure que l'on s'avance, on reçoit de plus en
plus de Dieu la grace d'oublier l'inutile et le nuisible, et de n'y
pas penser, ou de n'y penser qu'en passant et méme à bonne
intention, et de ne s'aréter qu'au bien et à l'essentiel, à quoi
adhérant selon Dieu, Dieu donne enfin à de tels la lumiére, pour
connoitre solidement ce qui fait le chrétien et le salut et pour se
peu soucier des choses qui font matiére de controverse et de division entre les hommes, si tant est qu'on en ait encore quelque
teinture. Car, quand on n'en a point, comme on se contente alors
de l'essentiel de ce qui fait le chrétien, on ne prend pas la peine
de se vouloir informer du reste.

VIII. [84]*Considerations générales sur le changement et la reü-
nion des partis*

Mais, diront peut-étre quelques uns, ce seroit alors que de
telles personnes devroient quitter le schisme où elles se trouvent
engagées, et retourner au party ancien, qu'elles, ou que leurs
devanciers, ont quitté; puis qu'elles verroient alors (à ce qu'on
suppose) que ces schismes ont éte faits malheureusement, et sans
fondemens légitimes.

1) *Nuls gens de bien éclairés ne sont schismatiques*

A cela je réponds, premiérement, que de telles personnes ne
peuvent plus étre tenues pour schismatiques, parce qu'alors <p. 97>
elles adhérent et sont unies en charité de cœur à Dieu et à toutes les
bonnes ames qui sont dans le party ancien, dont elles sont extérieurement séparées, et méme à toutes les autres bonnes ames qui
sont dans tous les autres partis du monde, entant qu'elles adhérent
à Dieu, ou qu'elles le cherchent en sincérité de cœur. Tout cela est
réüny devant Dieu dans un corps mystique[85], que le bon Esprit de
Dieu anime par les bons mouvemens et par les lumiéres qu'il leur
donne, à chaque membre à proportion de sa capacité.

2) *Il est souvent nécessaire que des gens éclairés ne quittent pas un party né par le schisme*

2. Secondement, il est souvent nécessaire ou utile que, dans
toutes sortes de partis et de sectes, il y ait et demeure quelques
personnes éclairées et amies de Dieu, pour que chacune d'elles
tâche d'avancer dans l'amour de Dieu et dans le solide du christianisme les autres bonnes ames et les foibles qui sont en son
party[86] et qui ne recevroient que comme d'un lieu suspect ce qui

---

Le titre original commençait par: *Quelques.*

85   Pour Poiret, on peut dire que c'est là l'Eglise invisible, transcendant tous les
«partis».

86   C'est certainement, par la publication, l'une des tâches pastorales que Poiret
se reconnaît.

leur pourroit venir de la part des personnes d'un party différent du leur[87] .

3) *On peut en certains cas, quitter son party, pour se mettre dans un autre*

En troisiéme lieu, il ne faut pas douter que de telles personnes ne vinssent à se réünir à leur premier party, si elles sçavoient que telle fust la volonté de Dieu, et que Dieu voulust les perfectionner davantage, ou leur donner plus de graces, ou leur faire éviter plus de maux en eux ou en leurs prochains, par les ceremonies et par les pratiques d'un certain party, que par celles d'un <p. 98> autre. Car enfin, Dieu aime mieux sa grace et l'avancement spirituel des ames, il aime mieux éviter des maux tels que sont les meurtres, les haines et les troubles, que de soûtenir ou de redresser des cérémonies, et certaines menues opinions qui ne sont pas essentielles à son amour et à la sainteté.

4) *En quel cas cela n'est pas faisable*

De là vient que, si une personne ne pouvoit changer de party sans négliger les moyens qui soulagent sa foiblesse dans la recherche de Dieu, sans émouvoir les passions, la haine, et peut-étre les violences meurtriéres de ceux qu'il quitteroit, sans fortifier les méchans et les mondains du party où il iroit, dans l'abus qu'ils font des choses divines, dans leur présomption, et dans la folle confiance qu'ils mettent en leurs opinions et en un extérieur dont ils se servent, pendant que leurs ames seroient trés-mal disposées, trés-vuides de l'amour de Dieu et du prochain, de la justice, de la simplicité, de l'humilité, de la miséricorde, de la compassion, et de l'amour pour ses ennemis mémes, en ce cas, l'on feroit trés-mal de se rendre à cette sorte de changement.

---

[87]   Et c'est là l'une des raisons qu'emploie Poiret pour refuser à Fénelon de se convertir à Rome. Cf. notre article «La réponse de Poiret à Fénelon», *Revue d'Histoire de la Spiritualité*, t. 52, 1976, p. 19-47. Il y avait ici la phrase, à présent gommée: «L'on a remarqué quelque part (ici note et référence à:*Œconomie avant l'Incarnation,* t. IV, ch. 10, 11) cy-devant, quelque chose de semblable à l'égard des payens mémes.»

5) *En quel cas cela est faisable*

Mais si avec lumiére, sans motifs et principes de la chair et du sang, l'on voyoit, que l'on pûst se mieux recœuillir en Dieu et en son amour par les pratiques d'un party que par celle d'un autre, qu'en le faisant, on fit rasseoir les passions des méchans, qui sans cela commettroyent mille maux et méme <p. 99> des meurtres et une infinité de pechés, si l'on ne se conformoit à l'extérieur de leur party; si l'on voyoit que l'on pourroit profiter à ceux des bons vers qui l'on iroit, et que ceux du party où l'on auroit été jusqu'alors, ne voudroient plus les entendre, ni profiter de leurs talens, et qu'enfin, ils sçeussent par une conscience éclairée que telle est la volonté de Dieu, dans ce cas, je ne fais point de difficulté de dire que l'on feroit trés-bien de quitter un party pour reprendre l'ancien dont on se seroit séparé, quand méme on ne pourroit éviter alors l'indignation ni empêcher le soulévement des menues passions de ceux que l'on quitteroit.

6) *Quel est le bon party duquel il faut étre necessairement?*

Je ne voids point de nécessité absolue à ce qu'une personne soit de l'extérieur d'un party plûtôt que d'un autre pour étre sauvé (*sic*), mais bien que l'on soit uni par le lien de l'esprit à l'intérieur du party de tous les saints et de toutes les bonnes ames, de quelque société qu'elles soyent, ou que l'on adhére à l'amour de Dieu, et à l'amour du prochain, qui est le point essentiel du salut: car, de là viennent les lumiéres et les connoissances salutaires de ce qu'il faut sçavoir en matiére de foy. (a)[88] *Celuy qui m'aime, sera aimé de mon Pére, et je l'aimeray, et me feray connoitre à luy.* De là les principes de la bonne conduite envers le prochain et envers tous les commandemens de Dieu: (b)[89] *La charité ne fait point de mal au prochain, et l'accomplissement de la loy, c'est la charité.* Ainsi, celuy qui aime est bien par tout. Jesus Christ se <p. 100> fait connoître à luy autant qu'il est néces-

---

[88]   En marge, la référence: «Jean 14, 21».
[89]   En marge, la référence: «Rom. 13, v. 10».

saire et il le conduit selon ses commandemens, sans luy laisser faire du mal aus autres, et méme en leur faisant du bien, par les priéres qu'on offre à Dieu pour eux, et par d'autres moyens convenables. Mais, quoi qu'il n'y ait point de nécessité absolue qu'en aimant Dieu l'on soit d'un party extérieur plutôt que d'un autre, cela n'empéche pas que la naissance et les raisons que l'on vient de dire, ne doivent déterminer les ames, soit à demeurer soit à ne demeurer pas en certain party.

IX. *Quels partis l'on ne doit jamais considérer comme indifférens*

J'estime qu'on me fera la justice de croire que, quand je parle des partis du christianisme lesquels il n'est pas absolument nécessaire de quitter, je n'entends pas ceux qui rejettent ou les causes ou les moyens essentiels à l'amour de Dieu, quoi qu'ils ayent en main les divines Ecritures qui les pourroient détromper, s'ils ne vouloient pas s'étudier à les énerver[90] et s'aveugler volontairement, comme font les Pélagiens[91] et les Sociniens[92], qui méconnoissent et nient par un esprit de superbe[93] et d'opiniatreté la corruption et la misére de l'homme, la réalité et la nécessité de la grace intérieure de Dieu et de ses opérations dans le cœur de l'homme, et méme (les derniers) la divinité du médecin de nos ames, lequel est la source de l'amour de Dieu, comme ces autres choses en sont les préparatifs, les moyens et les principes prochains et nécessaires, sans quoi l'amour de Dieu ne

---

[90]   «s'étudier à» est vieilli à la fin du XVIIᵉ s., signifie: «mettre tout son soin à». «Enerver», est employé par Poiret au sens premier d'ôter le nerf, c'est-à-dire «affaiblir, dénaturer».

[91]   Disciples de Pélage (né vers 360 et mort vers 440). Le pélagianisme, qui rejette l'absolue nécessité de la grâce divine dans le salut, fut condamné comme hérésie et combattu par saint Augustin.

[92]   Disciples de Lelio Sozzini (1525-1562) et de son neveu Fausto (1539-1604), protestants d'origine italienne qui devinrent unitariens, en niant la divinité du Christ. Ils se réfugièrent en Pologne.

[93]   La «superbe» au sens d'orgueil.

revivra <p. 101> jamais dans personne, et hors de quoi l'on est, par consequent, indubitablement perdu pour l'éternité.

X. *Quels partis l'on ne doit pas considerer comme si éloignez*

Mais il n'en pas ainsi des partis où l'on trouve les moyens de s'humilier profondément devant Dieu par la reconnoissance de l'état damnable où l'on est, et de l'impuissace à en sortir sans la grace toute puissante et intérieurement opérante de Dieu, devenu homme pour nous remplir de son amour, en nous purifiant de nos ordures infinies, de nôtre orgueil et de nôtre amour propre. Ceux qui conviennent de bonne foy en ce point, on ne doit pas les regarder comme si éloignez[94] que le voudroient faire accroire des personnes, qui se plaisent à outrer tout pour défendre leur partialité, leurs interéts, leur conduite passée et leur reputation selon le monde, et pour s'épargner la honte de confesser qu'ils se sont trompés, et qu'ils en ont engagés d'autres dans les mémes mesintelligences. Si ceux du party que l'on a quitté ont l'humilité et la charité, ils seront bien-aises que ceux qui se sont separez d'eux n'en soyent pas si fort éloignez, par rapport à l'essentiel de la vérité salutaire, qu'ils se l'étoient prémierement (*sic*) imaginé.

De méme, si ceux qui se sont séparés des autres, ont l'humilité et la charité divine, ils seront aussi bien aises de reconnoître que ceux qu'ils pensoient plus éloignez des véritez nécessaires au salut, ne le soyent pas pourtant comme ils l'avoient crû. Et cela étant, l'on ne feroit plus tant de vacarmes <p. 102> pour le reste, qu'on devroit laisser à la liberté de chacun, sur tout des gens de bien et des personnes qui ont quelque lumiére de Dieu, puis qu'il est à présumer qu'elles ne feront rien là-dedans que par de bons motifs et pour la gloire de Dieu.

---

[94] Poiret veut dire: si éloignés les uns des autres.

XI. *Exemple de Saint Paul en ces sortes de conduites*

Saint Paul, aprés avoir quitté la Synagogue pour embrasser le christianisme, ne laissoit pas d'y retourner quelques-fois: (a)[95] de faire des vœux, de les observer légalement, (b)[96] de faire circoncire Timothée, lorsque Dieu luy faisoit voir qu'en se rapprochant ainsi des Juifs et de leurs cérémonies, il pourroit gaigner les bons et les foibles d'entr'eux, leur communiquant la vérité qu'ils recevroient de luy comme d'une personne moins suspecte. Mais, lors que Dieu luy fit voir qu'il n'y avoit plus entre les Juifs que des opiniâtres et que des personnes qui, au lieu de se laisser gaigner à Jesus Christ, vouloient imposer le joug de leurs cérémonies, comme des moyens absolument nécessaires à tous pour étre justifiés, il s'en retira, (c)[97] ne voulut point qu'on circoncist Tite, ni qu'on pratiquast plus les cérémonies de la loy. Il faut icy de la lumiére et de la prudence d'en haut, du desinteressement et un pur motif de charité divine, pour sçavoir bien comprendre et imiter cette parole de ce grand apôtre: (d)[98] *Bien que je sois en liberté à l'égard de tous, je me suis asservy à tous, afin de gaigner plus de personnes à Dieu. Et je me suis fait Juif aus Juifs, afin de gaigner les Juifs; à ceux qui sont sous la loy, comme si* <p. 103> *j'étois sous la loy, afin de gaigner ceux qui sont sous la loy; à ceux qui sont sans loy, comme si j'étois sans loy, (bien que je ne sois point sans loy quant à Dieu, mais je suis sous la loy de Jesus Christ), afin de gaigner ceux qui sont sans loy. Je me suis fais comme foible aus foibles, afin de gaigner les foibles; je me suis fait toutes choses à tous, afin qu'en quelque sorte que ce soit j'en sauve quelques uns. Or je fais toutes ces choses pour l'avancement de l'Evangile, afin que d'autres y ayent part avec moy.* Mais sans contredit, il y a peu de S. Pauls et d'imitateurs de luy

---

[95] En marge, la référence: «Act. 21, 21 etc.» (jusqu'à 26). Paul accomplit un vœu de purification.

[96] En marge, la référence: «Act. 16, 3».

[97] En marge, la référence: «Gal. 2, 3».

[98] En marge, la référence: «1 Cor. 9, 19». La citation va jusqu'au verset 23.

et il est à craindre qu'il n'y ait beaucoup plus (a)[99] d'Ecéboles et d'imitateurs de ce fameux Protée[100] et marchand de religion qui, pour maintenir sa petite fortune mondaine ou pour l'augmenter, de payen se faisoit chrétien sous les empereurs chrétiens et puis, se rendoit payen sous les empereurs payens et, de rechef, redevenoit chrétien sous leurs successeurs chrétiens. Aussi insiste-t'on trop sur l'extérieur et sur de misérables points de controverses, du côté desquels l'on presse fort aveuglément la conversion, au lieu qu'elle doit commencer et s'avancer par la mort du peché et par l'amour de Dieu et du prochain. Si cela étoit ainsi devant Dieu, son divin Esprit feroit bientôt l'accord et la réunion du reste. Mais Dieu sçait combien l'on en est loin et comment l'on en demeureroit éternellement éloigné, si, enfin, il ne venoit retrancher tous les méchans, les opiniatres et les superbes qui sont dans tous les partis, pour réünir le reste dans son amour en esprit et en vérité.

<p. 104> Il y a beaucoup de personnes aux intérets desquelles il importe que ces choses-cy ne soyent pas tenues pour véritables. Comme il s'en trouve trés-peu qui soient entiérement dans la vérité et dans la charité, aussi y en a-t'il trés-peu qui ne soient choqués de la pure vérité et de la pure charité.

XII. *Considérations sur les différences des partis par rapport à l'eucaristie*

Voila qui est général et pour tous les partis du christianisme. Il faut dire quelque chose de plus particulier sur chacun d'eux, et par rapport à leurs maniéres de célébrer l'eucaristie.

On sçait que le christianisme est divisé en trois partis capitaux, qui sont celuy de l'Eglise Romaine, celuy des Réformés ou

---

[99] En marge, la référence: «Socr. Hist. Eccl. Liv. 3, ch. 13», c'est-à dire l'*Histoire ecclésiastique*, de Socrate le Scolastique,écrite au Ve s. à Constantinople. Merci à Pierre Maraval pour cette information.

[100] Poiret met une majuscule, il s'agit plutôt d'un «protée», par allusion au dieu marin changeant.

Calvinistes, et celuy des Luthériens. Considérons les en deux maniéres: premiérement, entant qu'ils sont différens de l'Eglise primitive; secondement, en ce que l'on peut faire dans chacun d'eux un usage salutaire de leurs différentes pratiques.

XIII. Tous[101] reconnoissent qu'ils différent de la primitive Eglise

La premiére considération peut étre commune à tous trois: car je m'assure qu'il n'y a personne de sincére et d'intelligent entr'eux, qui ne reconnoisse que son party est éloigné en beaucoup de choses de la pratique de la primitive Eglise, telle que nous la voyons décrite dans le livre des Actes. Les Catholiques-Romains (a)[102] les plus zélés ne font point de difficulté d'avoüer que la plus-part de leurs pratiques et cérémonies se sont introduites peu à peu dans l'Eglise, sur tout, depuis que les Empéreurs furent devenus Chrétiens. Les autres avoüent qu'ils <p. 105> n'observent pas cette communion universelle qui est marquée dans le livre des Actes. Chacun allégue ses raisons. Et nous avons reconnu (a)[103] cy-dessus, qu'en effet, ces choses ne pouvoient plus se pratiquer présentement comme autresfois et qu'il étoit bon qu'elles ayent été changées. Mais on ne considére pas assez que, quoique ces sortes de changements ayent été approuvés et méme commandés de Dieu, néanmoins du côté des hommes la premiére cause en étoit trés-mauvaise et qu'ils doivent passer là-dessus condamnation, sans chercher, en premier chef, des excuses frivoles sur cette disconvenance d'avec l'Eglise primitive.

---

[101] Poiret a supprimé deux mots dans ce titre:*Tous les partis reconnoissent...*

[102] En marge, Poiret indique: «Voy. *Defense du Culte exterieur* par Mr. Brueys». Ce Brueys était un protestant converti au catholicisme. Jurieu écrivit contre lui: *Suite du Préservatif contre le changement de religion, ou Reflexions sur l'adoucissement des dogmes et des cultes de l'Eglise Romaine proposé par Mr. Brueys, avocat de Montpellier*, La Haye, A. Leers, 1685.

[103] En marge, l'indication: «Sup. num I. etc.», c'est-à-dire dans l'article I de cette section III.

XIV. *La premiére cause de cette différence est blamable*

Quand on dit, par exemple: *Les Chrétiens, étant devenus grossiers et lents, ont eu besoin qu'on institua cecy et cela pour les réveiller; on n'a pû conserver la communion de toutes choses à cause des abus que les lâches et les convoiteux en auroient tirés,* je veux que tout cela soit véritable et que Dieu-méme en ait disposé ainsi. Mais, je dirois volontiers comme Jesus Christ disoit aus Juifs sur la matiére du divorce que Dieu leur avoit permis par Moïse: (b)[104] *C'est pour la dureté de vos cœurs que Moïse vous a permis cela: car au commencement il n'étoit pas ainsi.* De méme, l'on pourroit dire aus chrétiens: C'est parce que vos cœurs sont devenus durs et froids à la première charité, à l'amour de Dieu, à la vigilance sur vous-mémes, que Dieu vous a permis ou ordonné cela. Car, si vous estiez demeurés dans le pur amour de Dieu, et dans la sainte <p. 106> charité, et que vous fussiés demeurez fermes à ne recevoir entre vous que de véritables saints et des personnes parfaitement mortes au monde, toutes dégagées et toutes spirituelles, comme cela se pouvoit; si, en veillant sur l'assemblée des saints, vous eussiez voulu consulter Dieu sur toutes vos difficultés et sur tous les cas qui concernoient ces choses, alors vous n'auriez pas eu besoin de cecy ni de cela et vous n'eussiez pas forcé Dieu, pour ainsi dire, à établir ou à consentir à tant de choses, de réglemens et de variations, que Jesus Christ n'avoit pas ainsi primitivement établis. Jesus Christ avoit si bien et si parfaitement disposé de tout, pour se conserver une assemblée et une Eglise sainte, telle qu'il en avoit commencé une, qu'il étoit impossible d'oter ou d'ajoûter quelque chose à sa primitive institution, de luy qui est la Sagesse Eternelle. Mais, depuis que, par l'instinct de l'ennemy de vôtre salut[104bis], vous avez changé et affoibly l'état de vos ames, et que vous avez introduit les lâches et les mondains entre vous, il a bien fallu que Dieu, s'il vouloit faire quelque bien de vous et ne vous pas laisser courir à l'abandon à vôtre perdition, établist telles et telles choses pour vous refreiner; ou qu'il consentist qu'étant établies des hommes, elles

---

[104]   En marge, la référence: «Matt. 19,8».

[104bis] Périphrase qui désigne le diable.

fussent observées, et passassent en loix authorisées de luy. Et
ainsi, la premiére pensée qui vous doit venir dans l'esprit, lors que
vous considérez l'état des choses et des pratiques d'à present, et
leur différence d'a- <p. 107> vec celles de l'Eglise primitive, n'est
pas une pensée d'apologie, d'excuse ou de défense; mais une
pensée de confusion et d'humiliation, vous ressouvenans que
vous étes déchus de vôtre premiére spiritualité, pureté, sainteté et
charité, et que vos relâchemens et vôtre grossierté ont occasionné
ces choses. Aprés cela, suive la pensée d'apologie, contre des personnes qui, étant elles-mémes encore charnelles et corrompues,
présomptueuses méme et refractaires, veulent ne pas se soûmettre
à ces pratiques et réglemens, mais qui s'en moquent et les tiennent, par orgueil de cœur ou par aveuglement d'esprit, pour beaucoup au dessous d'elles.

XV. *Cérémonies d'à present, comment établies ou authorisées de Dieu*[105]

C'est icy qu'il est bon de faire valoir la raison que ces choses
ont été ordonnées, approuvées, commandées de Dieu méme, que
l'on doit s'y soûmettre en conscience, que les saints l'ont fait
eux-mémes et que, comme elles sont établies pour faire penser à
Dieu et à la vertu, aussi Dieu étend sa benediction sur ceux qui
les pratiquent en humilité de cœur, pour l'amour de luy et pour
édifier leurs prochains.

Lorsqu'on les défendra et les recommandera par ce principe,
on ne les recommandera pas pharisaïquement, et l'on se conservera dans l'état de confesser que Dieu, le Saint Esprit et des personnes remplies et regies du Saint Esprit, comme étoient celles
de l'Eglise primitive, sont au dessus de tout cela, et peuvent, si
Dieu le trouve à propos, s'en dispenser, non par esprit d'orgueil
et de mépris, <p. 108> mais pour obeïr à la volonté de Dieu et aus
inspirations du Saint Esprit, posé qu'elles aillent-là. Et c'est

---

[105]   Dans l'*Œc. Div.* ce titre était un peu différent: *En quel cas l'on doit soutenir
les cérémonies d'à present. Comme* (sic) *établies ou authorisées de Dieu.*

ainsi que quantité de saints anacoretes[106] ont vécu séparés du
monde et sont morts saintement, sans se servir jamais, ou que
trés-rarement, des choses sacrées et des cérémonies de l'Eglise.

XVI. *Si cela est vray des cérémonies de tous les partis*[107]

Voila qui est bon, diront ceux de l'Eglise Romaine, pour les
cérémonies des Catholiques, mais à ce conte-là (*sic*), celles des
Protestans ne pourront passer pour valables. Pourquoi non? Sans
dire que les bonnes ames d'entr'eux s'en servent en conformité
(le plus qu'ils peuvent) avec l'intention et l'institution de Jesus
Christ, autant que s'étend la mésure de leur lumiére; quand
méme, à prendre les choses au pire, elles ne seroient que d'invention d'homme, si néanmoins elles sont établies pour élever
l'ame à Dieu, il paroit, par les choses que l'on a démontrées (a)[108]
ailleurs touchant les cérémonies, que Dieu les approuve et qu'il
en benit et en rend salutaire le bon usage. On remettra icy sans
doute sur le tapis l'affaire du Schisme et l'on dira que, Dieu
n'approuvant pas un Schisme, ne peut en approuver ni en authoriser les cérémonies, ni tout ce (qui) s'en ensuit.

XVII. *L'invalidité d'un schisme n'empéche pas le bon usage*[109] *de ses cérémonies.*

Les hommes sont si grossiers et si charnels en traitant des
affaires de religion, que c'est grande pitié. Ils ne regardent et ne
considérent pas le schisme et la séparation que font leurs ames
d'avec Dieu, d'avec son ‹p. 109› Amour, d'avec sa sainteté, ses

---

[106] Dans l'original on avait: *anachorètes.*

[107] Le titre original se prolongeait: *tous les partis, méme des schismatiques.*

[108] En marge, Poiret fournit la référence à un autre traité de son *Œconomie
Divine,* le Liv. IV, *L'Œconomie avant l'Incarnation du Christ,* chap. X, n. 4,
5, 6.

[109] Dans le titre original: *n'empéche pas l'obligation au bon usage de...*

vertus, sa charité, parce qu'ils ont, la plûpart, les yeux de l'esprit
fermés, et ils ne considérent avec les yeux du corps que le
Schisme ou la séparation qu'on a faite en se retirant d'eux extérieurement, sans avoir égard si ces personnes ainsi séparées
cherchent néanmoins de s'unir à Dieu, et sans considérer
qu'elles s'en peuvent effectivement approcher, quoique séparées
extérieurement de leurs premiers partis. C'est pourtant là qu'il
faudroit regarder; car Dieu y regarde, quand méme la cause de la
séparation extérieure auroit été invalide. Voicy un cas semblable
qui doit mettre la chose hors de difficulté.

XVIII. *Dieu peut ne pas approuver les principes d'un schisme et en avouer les reglemens suivans. Exemple*[110]

Lors que Salomon vivoit saintement devant Dieu, le
Royaume d'Israël se trouvoit et se conservoit sous sa direction
dans une florissante unanimité. Mais, dés qu'il se corrompit, luy
et son successeur, et qu'oubliant Dieu ils se rendirent sévéres et
formidables au peuple, il se fit alors un Schisme grand et funeste,
où nous avons trois ou quatre choses à remarquer. La premiére,
que ce Schisme se fit de la part du peuple par une sédition, la plus
insoûtenable et la plus criminelle qui fût jamais, car ils allérent
(a)[111] jusqu'à massacrer cruellement le député du Roy. La
seconde, que cependant Dieu, sans approuver toutes leurs
maniéres, consentoit à la chose méme et (b)[112] l'approuvoit par
un de ses saints profétes. La troisiéme, que, néanmoins, il desa-
prouvoit la <p. 110> cause qui l'obligeoit, pour ainsi dire, à permettre ce Schisme, laquelle étoit la corruption et du Roy et du

---

[110] Après *approuver* l'original avait le mot *antécédemment;* après *suivans: par une approbation conséquente. Exemple.*

[111] En marge, la réf.: «1 Rois 12, 18»: la lapidation d'Adorâm, envoyé de Roboam, par le peuple.

[112] En marge, la réf.: «1 Rois 11, 29» (jusqu'au v. 39), le prophète Ahiyya, parlant au nom de Dieu, annonce à Jéroboam, fils de Salomon, et du vivant de
ce dernier, la division à venir, le schisme entre les deux royaumes: celui de
Juda, sous l'autorité de Roboam et celui d'Israël sous Jeroboam.

peuple, laquelle Dieu regardoit avec un œil de colére: (a)[113] *Je t'ay donné un Roy en ma colére,* dit-il à ce sujet, *et je te l'ôteray en ma fureur.* Enfin, la derniére est que, nonobstant tout cela, le schisme étant fait, les Israélites étoient obligés en conscience de rendre à leur Roy tous les devoirs que de fidéles sujets doivent à leur Prince, et qu'ils le devoient considérer comme étably de Dieu sur eux, et ses loix (à la reserve de celles qui étoient impies) comme étant authorisées de Dieu, si bien que quiconque s'y soûmettoit par conscience étoit agréable à Dieu et quiconque les eust méprisées et transgressées, auroit péché contre Dieu.

C'est ainsi qu'aprés que le Christianisme et ses conducteurs se furent relâchés de leur premiére sainteté et que ceux-cy se furent rendus, comme chacun sçait, sévéres et insupportables au peuple par leur mauvaise conduite, Dieu permit que se fit le Schisme que l'on sait. Supposons, sans choquer personne, que ce Schisme se soit fait le plus injustement du monde et que Dieu n'en ait pas approuvé les voyes ni les maniéres, mais qu'il ne l'ait permy qu'avec un œil de colére et qu'il ait dessein, lors que la mésure des péchez sera comble, de le faire cesser en sa fureur, néanmoins, la chose étant faite, et devant durer aussi longtemps qu'il plaira à Dieu d'attendre que ceux qui y sont retournent <p. 111> à son amour et à son union, par les bons moyens qui leur sont administrés par leurs conducteurs. Il est certain que Dieu, qui est un Dieu d'ordre et non pas de confusion, ratifie et approuve cela pendant ce temps d'attente, et que quiconque se sert en humilité de cœur de ces moyens-là, et comme en se soûmettant à Dieu et en le cherchant, luy plait et luy devient agréable; au lieu qu'au contraire, quiconque d'entr'eux voudroit ne plus s'y ranger, par un esprit d'orgueil, de mépris, de rebellion contre ses supérieurs et de libertinage, pécheroit contre Dieu. Je ne demande qu'un peu d'impartialité et de raison dans un lecteur pour être convaincu de ces vérités.

Considérons maintenant, comment, dans toutes sortes de partis, l'on peut faire un usage trés-bon et trés-salutaires des maniéres, quoi que différentes, dont on y célébre l'eucaristie.

---

[113]   En marge, la référence: « Osée 13, 11».

ARTICLE III[114]

Defense des bons sur l'Eucaristie et de leurs differentes pratiques[115] en tous Partis
De la presence réelle *et de son efficace. De la* Transsubstantiation
De l'Adoration. Difficulté touchant la tolerance et la dissention des bons

I. *Personnes de différens caractéres. Quelles sont celles de qui et à qui l'on entend parler*

Comme je prévois que cecy sera sujet à la conteste de quelques-uns, je fais précéder quelques remarques nécessaires sur les différens états qu'il y a dans chaque party.

Premiérement, il y a dans chaque party ‹p. 112› des méchans et des enfans de Babylone, et cela en grand nombre: des personnes qui n'ont point le cœur humble, qui n'aspirent point à Dieu ni à la paix et qui ne sçavent ce que c'est que de se haïr eux-mémes, mais qui, au contraire, ont le cœur fier et superbe, plein d'amour propre et porté à mépriser tous les autres hommes. Ceux-là sont ordinairement fort inclinés à la calomnie et à la persécution de tous ceux qui ne sont point de leur party et ils les haïssent mortellement, au lieu de les aimer avec compassion.

Il y a, en second lieu, des gens de bien et de bonne volonté, mais qui, ayant encore beaucoup de ténébres et de passions immortifiées, se laissent facilement émouvoir par les tentations du diable et par les méchans à outrer, à condamner, à damner absolument, à haïr méme et à persécuter tout ce qui n'est pas de leur party. C'est un zéle aveugle, fort dangereux et fort pernicieux à quiconque s'en laisse conduire. Il n'y a rien à déméler ni

---

[114] Dans l'*Œc. Div.*, c'est la suite du chap. VII, les § 19 à 45. Ici la numérotation reprend du § I à 27.

[115] Au titre original, Poiret a rajouté les mots: *sur l'Eucaristie et de leurs différentes pratiques.*

à expliquer avec ces deux sortes de gens, mais bien à les éviter le plus qu'on peut.

Mais il y en a aussi qui ont le cœur juste, droit, impartial et en quelque sorte éclairé, tel qu'estoit, par exemple, entre les Catholiques Romains, le grand Erasme du siécle passé, et, entre les Protestans, un assez bon nombre dans ces Provinces. Il y a méme encore, ou, du moins, il y a eu autresfois, en tout party des ames éclairées, saintes et véritablement unies à Dieu. Ces deux sortes de personnes, et principalement ces derniéres, ne <p. 113> sont point inclinées ni à la haine, ni à la moquerie, ni à la contrainte, ni à la persécution de ceux qui ne sont[116] point de leur party; au contraire, elles sont méme touchées d'amour et de grande compassion pour ceux qu'elles supposent dans des schismes et dans des erreurs dangereuses. De-là vient qu'elles gemissent devant Dieu pour eux, qu'elles offrent à Dieu des priéres ardentes pour leur conversion et leur salut et que, si l'occasion s'en présentoit, elles ne leur feroient que toute sorte de bien et jamais aucun mal. L'on voit cela dans cette sainte et admirable créature, sainte Térése[117] qui, en méme temps qu'elle parle des Luthériens comme de misérables hérétiques, prie pour eux avec tant de charité. Il est vray qu'elle suppose qu'ils étoient tous sans exception dans un mauvais état. Je diray tantôt comment ces sortes de méprises (supposé qu'il y en ait, comme en effet il peut y en avoir) peuvent se trouver dans les ames les plus saintes, sans rien déroger à la sainteté de leur état.

C'est de ces derniéres personnes, c'est à dire, sinon des saintes, du moins de celles qui sont droites et aspirantes à la véritable sainteté, que je prétends parler en fait de communion et de participation à l'eucaristie, sans me soucier des méchans, ni de ce qu'ils y prénent ou qu'ils n'y prénent pas, assuré qu'aprés tout, ils n'en retirent que malédiction.

---

[116] Ici, se trouve le mot «pas», à supprimer: c'est une faute de typographie.

[117] Thérèse d'Avila est plusieurs fois mentionnée dans l'*Œconomie divine*. Plus tard, Poiret lui consacre un article dans sa *Lettre sur les auteurs mystiques*. Il publiera aussi le *Château de l'âme*.

C'est encore à ces mémes personnes que je prétends parler, parce que celles d'autres <p.114> dispositions ne sont pas capables de profiter de la vérité impartiale. Néanmoins, en faveur de ceux dont les ames, bonnes d'ailleurs dans le fond, se laissent préoccuper et souvent emporter par des préjugés, où leurs ténébres ne leur permettent pas de discerner la vérité solide d'avec l'apparence, je préviendray quelques difficultés, qui les empécheroient de comprendre ce que l'on veut dire touchant le bon et le legitime usage que peuvent faire de l'Eucaristie toutes sortes de chrétiens en divers partis: Romains, Reformés, Luthériens, chacun demeurant dans les céremonies et dans les sentimens différens où ils sont sur ce sujet.

II. *Les sentimens*[118] *des partis differens ne sont ni si incompatibles ni si éloignés que l'on pense*

On me dira d'abord que leurs sentimens sont trop opposés les uns aux autres pour pouvoir tous étre agréables à Dieu, ou méme tous véritable, ainsi que je prétends le montrer. Car, dira-t'on, il s'agit d'affaires et capitales et contraires les unes aus autres. Il s'agit de sçavoir si, dans la cérémonie qu'on pratique, Jesus Christ y est réëllement ou corporellement présent quant à sa nature humaine, ou bien s'il n'y est pas? S'il n'y a que du pain et du vin, ou si, avec le pain et le vin, il y a le corps et le sang de Jesus Christ, ou enfin, si la substance du pain et du vin n'y est plus, mais qu'elle soit changée au corps et au sang de Jesus Christ? Et là dessus encore, il s'agit d'adorer Jesus Christ, ou, en cas qu'il n'y soit pas, d'adorer du pain et du vin. Ne voilà pas des articles de la derniére importance et qui, étant <p. 115> néanmoins contradictoires les uns aux autres, ne peuvent étre ni tous véritables ni tous ratifiés ou approuvés de Dieu? Et cela étant, n'y va-t'il pas du salut de ne pas regarder indifféremment tous les partis et toutes leurs pratiques, et d'étre seulement du bon coté?

---

[118]   Dans l'*Œc. Div.* ce titre commençait par: *Que les sentimens divers des partis différens...*

Je réponds que toutes les difficultés que les hommes trouvent là dedans ne sont que de miserables vétilles suscitées par des esprits contentieux, et qu'elles ne valent pas la peine qu'on en parle.

Il n'est pas vray que les hommes soient si éloignés là dessus que les controversistes le veulent faire acroire. Le plus grand point de différence est celuy de la réalité, ou de la présence corporelle de Jesus Christ dans le sacrement. Les Reformés ne l'admettent point; et l'on en fait (il est vray) un des principaux sujets d'éloignement où ils sont sur cette matiére d'avec les Catholiques. Cependant, ils reconnoissent eux mémes, lors que l'on considére les choses hors de la chaleur des disputes, qu'il n'y a rien de mauvais dans ce sentiment-là, ou, du moins, rien qui doive empécher l'union et la charité fraternelle; car ils offrent leur communion aux Luthériens et les reconnoissent pour fréres, quoi qu'ils soient tous dans cette pensée-là. Il est vray que l'on allégue que les Luthériens n'adorent pas le sacrement, ou Jesus Christ dans le sacrement, comme le font ceux de l'Eglise Romaine, et que c'est cela qui fait, à ce qu'on prétend, le point essentiel et le sujet important de la division <p. 116> où l'on est sur cette matiére. Pour moy, je suis trop ouvert pour dissimuler que jamais je n'ay pû rien comprendre dans cette maniére d'agir, et qu'il me semble qu'il faudroit plûtôt blamer les Luthériens de ce qu'ils n'adorent pas le sacrement en croyant (comme ils font) que Jesus Christ y est présent, que non pas les Catholiques Romains de l'adorer en croyant la méme présence. (+)[119] Ils font ce qu'ils doivent en y adorant Jesus Christ, lors qu'ils l'y croyent présent, et les Luthériens comettent, à tout le moins, une espéce d'indécence et d'incivilité, si, croyant cette présence et adorant dans leurs cœurs la divinité du Sauveur, ils ne rendent pas exté-

---

[119] En bas de page, Poiret insère la note suivante, qui ne se trouvait pas dans l'*Œconomie Divine*: (+) «C'est précisément le sentiment de Calvin méme (Calv.*Libro de vera particip. Corp. Christi in Cœna*) *Qu'y a-t-il*, dit-il, *de plus étrange, que de le mettre au pain, et de ne l'y pas adorer? Et si Jesus Christ est au pain, c'est donc sous le pain, qu'il le faut adorer*: Le Clergé de France a inseré ce passage dans ses Actes.» Pour une fois, Poiret est enchanté de trouver chez Calvin un argument en faveur de sa thèse.

rieurement à son humanité présente toute l'adoration qu'elle mérite. Néanmoins, comme Jesus Christ regarde au cœur, lors qu'il s'y voit adoré intérieurement, ce luy est peu de chose, ou rien du tout, s'il n'en voit pas les marques extérieures par rapport à un certain lieu particulier, pourvû que le cœur soit bon.

III. *Principe de la verité et validité des sentimens différens des bons de divers partis*

Le grand principe qui nous doit faire reconnoître comment Dieu approuve et réalise différemment ce que pratiquent icy des personnes de partis et de sentimens <p. 117> différens, est la FOY sincére et non feinte que les bonnes ames ont en Dieu. Ce n'est pas sans sujet que l'on recquiert l'intention lors que l'on célébre les sacremens. Il me semble que cela doit s'entendre de la foy, et qu'on ne doit pas borner cette intention à la foy de celuy qui administre, mais l'étendre à la foy de ceux à qui ou devant qui l'on administre les choses saintes, quand méme celuy qui les administre seroit un méchant, ou un homme sans foy et sans bonne intention. Dieu ne laisse point, en ce cas, la foy des assistans infructueuse et sans effet et réalité, lors qu'elle est sincére et sans feinte.

IV. *Validité et application de ce principe à tous les partis*

La FOY est un principe tout puissant, à quoi Dieu s'est obligé de se conformer, et de faire agir, selon elle et ses différens degrés, sa puissance divine et sa charité. Par elle, (a)[120] *toutes choses sont possibles au croyant,* jusqu'à (b)[121] *transporter des montagnes,* dit Jesus Christ méme. *Tout ce qu'on desire en foy* avec confiance en Dieu, sur tout lors que l'on affermit son desir et sa foy par la considération de ses paroles, de ses promesses, de

---

[120]   En marge, la référence: « Marc 9, 23».
[121]   En marge, la référence: «Marc 11, 23-24».

sa toute-puissance et de sa charité, tout cela, dis-je, *sera fait;* et Dieu le ratifie à proportion de la diversité et des dégrés de la foy que chacun a. Ainsi, lors qu'une ame pieuse d'entre les Catholiques Romains abandonne sa foy à la toute-puissance de Dieu dans la confiance de la présence corporelle de son humanité, la sincérité et la grandeur de sa foy luy fait venir <p. 118> réëllement la substance du corps du Seigneur et détermine Dieu et sa toute-puissance à réaliser ce que la foy embrasse. Il en faut dire de même d'un Protestant du party de Luther, qui sera persuadé que Jesus Christ est dans le pain et dans le vin, quant à son corps et à son sang, et qu'il l'y reçoit réëllement. La naïveté de son cœur et la force de sa foy opéreront cela par la même puissance de Dieu, jointe et coöpérante avec la foy. Que si une ame pieuse et qui craigne Dieu d'entre les Protestans Réformés va à la communion avec la croyance que le corps de Jesus Christ n'y soit pas, mais que, le considérant comme au Ciel, elle implore le fruit de ses mérites, les lumiéres, les bons mouvements, et les graces de son bon Esprit, avec un dessein sincére de suivre ses inspirations, il ne faut pas douter qu'elle ne soit agréable à Dieu, et qu'en ratification de sa foy, Dieu ne luy communique ses graces spirituelles, qui luy seront salutaires, nonobstant l'absence matérielle du Corps du Seigneur. Nous voyons donc comment les gens de bien, en quelque party qu'ils soyent, ont raison dans la foy et dans l'amour de Dieu où ils se trouvent différement, chacun selon sa mesure, et que Dieu leur dit à tous: (a)[122] *Qu'il vous soit fait selon vôtre foy.*

V. *Cela devroit étre indisputable*

Je ne doute point que cecy ne paroisse d'abord et fort nouveau et fort étrange à plusieurs. Mais puisque chacun croit que sa pensée et sa croyance est véritable <p. 119> et ancienne, et que je fay voir qu'elles sont toutes véritables, par rapport à toutes les

---

[122] En marge, la référence: « Matt. 9, 29», déclaration faite au moment d'une guérison.

bonnes ames qui sont dans la charité et dans la foy, il faut donc que tous reconnoissent que je dis des vérités anciennes, et qu'il n'y a rien de nouveau que la paix et l'accord, qui est aussi une vertu fort ancienne entre les bons. Y a-t'il vérité plus ancienne que de dire que *la foy est toute puissante, ou que tout est possible au croyant?* que *divers degrés de foy sont accomplis ou réalisés en différentes maniéres*, et qu'*une de ces maniéres ne contredit pas à l'autre en de différents sujets*[123]? Pour moy, je ne voids rien de plus évident ni de plus certain que cela.

VI. *Que cela n'est contraire ni à la volonté ni à la puissance de Dieu ni à l'unité de la foy*

Voudroit-on dire que Dieu n'auroit pas eu la volonté ou la puissance de ratifier ainsi la foy? ou bien qu'il seroit impossible que de véritables gens de bien fussent ainsi différens dans la foy, laquelle néanmoins est une, dit S. Paul?

Je répondrois à la premiére de ces difficultés que, quand Dieu n'auroit pas eu antérieurement la volonté de ratifier ces choses, la foy la luy feroit venir: car Dieu a donné ce pouvoir à la foy, de le porter à vouloir ce que la foy veut.

Je ne crois pas avoir besoin de répondre à la seconde et j'estime que personne ne sera si téméraire que de vouloir borner par son petit esprit malade la toute-puissance de Dieu.

Et pour la troisiéme, je dis qu'il est bien vray que la foy est une par rapport à l'unité <p. 120> de son objet, qui est Dieu, le Pére, le Fils et le Saint Esprit, un seul et méme Dieu; mais il y a dans elle de la différence, non seulement quant à ses degrés, mais aussi par rapport aus différents états des croyans, et aus différentes opérations de Dieu.

---

[123] Ces «vérités» en italiques ne sont pas des citations bibliques.

VII. *Preuve et exemples de ce dernier cas*

Nous voyons dans l'Evangile que la méme foy qui obtenoit aus malades la guérison de leurs ames et de leurs corps, se trouvoit différente en différentes personnes. Il y en avoit qui, pour obtenir leur guérison, avoient la foy qu'elles devoient s'exposer à la vûe et à la présence corporelle de Jesus Christ, comme le lépreux, et le paralytique qui se fit descendre par le toit. D'autres croioient fermement que, sans que Jesus Christ les vist, pourvû seulement qu'ils le touchassent luy ou ses vétemens, et en cachette, cela leur suffisoient, ainsi qu'il arriva à la femme affligée d'une perte de sang[124]. Enfin, il y en a dont la foy se contente de la volonté, de la parole, et de la toute-puissance du Sauveur, sans regarder à sa présence corporelle et méme en ne l'admettant pas lors qu'il semble que Jesus Christ la leur offroit. Et telle fut la foy du célébre (a)[125] Centenier, à qui le Seigneur ayant fait dire touchant son malade: *j'iray et le gueriray*, il luy fit répondre: *Seigneur, je ne suis pas digne que tu entres sous mon toit: dis seulement la parole, et mon serviteur sera guery.* Surquoi Jesus Christ, loin de se fâcher de ce qu'on vouloit se passer de sa presence corporelle, ne pût s'empécher de faire avec étonnement <p. 121> l'éloge de cette foy admirable: *Je vous dis qu'en Israel méme je n'ay point trouvé de si grande foy*[126]. Et l'on voit dans l'Evangile que tous ces divers degrés et toutes ces différentes manières de foy étoient agréables à Jesus Christ, et qu'il les ratifioit toutes en disant à chacun: *Prenez courage. Qu'il vous soit fait selon vôtre foy. Vôtre foy vous sauve. Allez en paix*[127].

---

[124] Les exemples énumérés se réfèrent: pour le lépreux à Marc 1, 41, pour le paralytique à Marc 2, 3-11, pour la femme atteinte d'une perte de sang à Marc 5, 27-31 (et parallèles).

[125] En marge, la référence: «Matt. 8, 6 etc.».

[126] Matt. 8, 10.

[127] Ce sont là diverses conclusions de récits de guérisons miraculeuses.

Application à notre sujet

Et qui peut douter qu'il n'y ait eu et qu'il ne puisse encore y avoir quelques bonnes ames dont la foy corresponde à ces différens états? Que les unes se persuadant que l'absence du corps de Jesus Christ est utile pour disposer les cœurs à rechercher son Esprit, selon cette parole, (a)[128] *Il vous est expédient que je m'en aille: car si je ne m'en vay le Consolateur ne viendra point,* se contentent d'aspirer en foy à son Esprit, et que cela ne leur tourne à profit salutaire? Pourquoi cela déplairoit-il à Dieu? Quel mal feroient-elles en cela, y procédant en sincérité de cœur selon la mesure qu'elles ont? Et d'autre côté, peut-on douter qu'il n'y ait d'autres ames pieuses qui pensent que la présence réëlle, d'une maniére imperceptible et qui donne lieu à exercer la foy, non seulement n'est pas à obstacle à la recherche de son Esprit; mais que c'est un puissant moyen de le rechercher, de l'aimer et de s'avancer dans la sainteté et dans la spiritualité, par mille considérations pieuses et par mille mouvemens d'amour qui naissent de la pensée de cette présence? Quiconque en doutera, n'a qu'à <p. 122> jetter les yeux sur le quatriéme livre de Kempis[129], sur les vies de sainte Térése, de sainte Caterine de Genes[130] et semblables, sur les institutions de Taulére, sur le *Chrétien intérieur* de Mr. de Berniéres[131] et sur une infinité d'autres[132], où l'on ne pourroit méconnoistre le doigt et l'Esprit de Dieu sans être

---

[128]   En marge, la référence: «Jean 16, 7.»

[129]   Parmi les adaptateurs protestants de l'*Imitation de Jésus Christ*, Poiret est le premier à proposer une paraphrase du 4e Livre, consacré à l'eucharistie, que les autres avaient simplement supprimé.

[130]   Poiret publiera, sous le titre *La Théologie de la Croix*, la biographie et quelques œuvres de cette sainte femme, à laquelle un chapitre sera aussi consacré dans la *Lettre sur les auteurs mystiques.*

[131]   *Le Chrétien intérieur* de Jean de Bernières-Louvigny ne fera pas partie des quatre textes de cet auteur reproduits, sans doute par Poiret, dans *Pratique de la Vraie Théologie Mystique,* 1709.

[132]   En 1687, Poiret semble avoir commencé à établir le catalogue de saintes âmes qu'il publiera en 1700, avec la *Lettre sur les auteurs mystiques,* et qu'il ne cessera de compléter par la suite.

abandonné à un sens reprouvé. Pour moy, je ne puis que je n'en sois convaincu, autant que de quoi que ce soit, et je ne puis douter de toutes les merveilles ni de toutes les choses miraculeuses que ces saintes ames-là rapportent à ce sujet: car des personnes si saintes et de si insignes amis de Dieu ne pouvoient étre dans l'élement du mensonge. Et je m'étonne extrémement de l'aveuglement de ceux qui ne remarquent pas cela, ou plûtôt, qui ne le touchent pas au doigt.

Peut-étre qu'il ne déplaira pas à quelques bonnes ames, qui ne sont pas encore sans scrupules sur ces matiéres, que je m'explique sur celles qui donnent le plus de peine à ceux qui veulent entrer dans leur détail, c'est à dire sur les maniéres de la *présence réëlle,* sur son utilité et efficace et sur l'*adoration*[133]. J'en vay dire assez, ce me semble, pour mettre là-dessus en une tranquilité solide les gens de bien qui aiment la paix.

VIII. *De la présence réelle*

Quant à la présence réëlle, j'ay déja dit qu'on ne doit point nier qu'elle ne soit possible à Dieu, qui dans toute-puissance a des moyens infinis d'exécuter ce que l'esprit humain ne pourroit concevoir. Mais je dis, de plus, que l'on ne manque pas icy <p. 123> de concevoir plusieurs maniéres générales de la possibilité de cette chose.

Un corps glorifié, comme celuy du Sauveur, peut faire émaner de soy autant de divine matiére qu'il luy plait, et où il luy plait. Car, outre que la nature (selon les principes que l'on a prouvés (a)[134] ailleurs) est reproductive d'elle méme à l'infiny, personne n'ignore, qu'il ne transpire continuellement de nos corps, quelque-stériles et lourds qu'ils soyent à présent, une infinité d'esprits et de matiére la plus subtile et méme la meilleure et

---

[133] Ces mots n'étaient pas soulignés par des italiques dans le texte de l'*Œconomie Divine*.

[134] En marge, la référence au premier traité de *L'Œconomie Divine*, «l'*Œconomie de la Création* », ch. 7, n. 14, où Poiret défend le principe de la fertilité don de Dieu à la création.

la plus élabourée. Or il n'y a point d'impossibilité que cela ne
s'effectue dans la célébration de l'eucaristie; et tout le monde le
peut clairement comprendre.

IX. *De la* Transsubstantiation. *Qu'il y a là dessus beaucoup de recherches inutiles*[135]

L'on me dira que cela ne sert tout au plus qu'à expliquer cette
maniére de la présence réelle qu'on appelle *consubstantiation,*
mais non pas celle qu'on appelle *transsubstantiation.* Réponse.
Je n'ay garde de prétendre qu'on se doive mettre en peine d'une
infinité de vetilles et de creuses pensées que quantité de docteurs
particuliers et de disputeurs du siécle (gens pour la plus part
plongés dans les ténébres de l'esprit) ont débité sur cette matiére,
comme: s'il est vrai que le Corps de Jesus Christ soit[136] présent
quant à la grandeur naturelle, et cela dans un seul point? et une
infinité d'autres questions, qui ne méritent ni qu'on y pense ni
qu'on les décide. Je suis assuré que les vrais dévots ne songent
pas à ces forma- <p. 124> lités-là dans leurs pieux exercices et leurs
saintes élévations à Dieu. Peut-être que ceux des bons qui ont pû
dire que Jesus Christ tout entier, ou quant à son tout, étoit présent
sous chaque partie du sacrement, l'ont entendu du tout de l'efficace, et qu'ils ont voulu dire qu'une petite partie du corps ou du
sang de Jesus Christ, jointe à la grace, posséde et contient l'efficace du tout, (l'on dira tantôt ce qu'est cette efficace). Les poin-
tilleux peuvent avoir travaillé là-dessus à leur ordinaire, mais
cela ne mérite pas que les bons s'en mettent en peine. Ils peuvent
méme, pour avoir la paix, si des docteurs opiniâtres et importuns
les pressoient sur leur fictions particuliéres, faire semblant d'admettre toutes leurs imaginations, comme on fait celles des hypo-
condriaques, aus pensées desquels on ne contredit pas, pour
avoir la paix et pour les guérir. Que ne doit-on pas faire par

---

[135] Le titre original ajoutait: *que l'on doit laisser.*
[136] Dans l'*Œc. Div.* il y avait: *est.* La correction insérée dans la ligne est ici
visible.

condescendence à l'esprit malade de l'homme corrompu, pour le tenir ou le conduire à la charité et à la paix, qui sont le reméde et l'élément qui doivent le guerir? Le meilleur pour les simples est de ne pas vouloir entrer dans cent sortes de particularités de cette nature, de n'y pas penser, ou d'y donner et de les laisser passer à la bonne foy et sans y rien comprendre. Ce ne sont que des formalités aussi peu nécessaires que de sçavoir toutes les maniéres et les voyes particuliéres par lesquelles s'est faite l'incarnation dans le sein de la Vierge, ou comment se feront <p. 125> toutes les circonstances de la Resurrection ou du Jugement dernier.

X. *Explication de la Transsubstantiation*[137]

Laissant donc les broüilleries particuliéres des personnes privées, ne considérons que ce qu'on peut penser de la doctrine commune de la *Transsubstantiation*. Ceux qui l'ont voulu expliquer par les principes d'Aristote ou Des-Cartes n'ont absolument rien fait qui vaille. On sçait quelles contradictions l'on reproche aus premiers, mais il faut avoüer que jamais il n'eut rien de plus contraire à cela que le Cartesianisme. Cela a été hautement et universellement reproché à tous les Cartésiens de la Communion Romaine[138], et ils n'ont pû tenter de s'en laver qu'en se rendant ridicules ou en niant des consequences aussi clairement déduites de leurs principes que le sont les conclusions d'une démonstration mathématique. Et de fait, ces deux sortes de philosophes ayant de faus principes[139], on n'avoit garde

---

[137] A ce titre étaient ajoutés les mots:*Ce que c'est que substance et qu'accident*, qui sont ici placés plus bas, en sous-titre à l'endroit où l'on en parle (et *accidens* est maintenant au pluriel). Deux lignes plus bas le mot «transsubstantiation» était écrit avec un seul s, nous avons mis la même orthographe partout.

[138] Voir sur ces questions, J.R. Armogathe, *Theologia Cartesiana. L'explication physique de l'Eucharistie chez Descartes et dom Desgabets*, La Haye, Martin Nijhoff, 1977.

[139] Ici Poiret manifeste très clairement à quel point il s'est détaché de la philosophie cartésienne.

de[140] réüssir en voulant expliquer par là ce qu'il y a de vray dans la transsubstantiation, que Dieu opére par sa volonté puissante et par la foy de ceux qui la croyent. Mais avec des principes plus solides l'on peut facilement comprendre comment, dans l'eucaristie, toute la substance du pain et celle du vin peut étre changée au corps et au sang du Seigneur, de telle sorte qu'il ne reste plus que les accidens des choses élémentaires.

Ce que c'est que substance *et qu'*accidens

Il faut pour ce sujet, sans se broüiller la cervelle avec des notions de substance et d'accidens d'Aristote et de des-Cartes (*sic*), avoir <p. 126> égard au sens le plus ordinaire, le plus commun et le plus connu aus plus simples du peuple. L'on sçait qu'il n'y a rien de plus ordinaire que d'appeller la *substance* d'une chose, ce qu'il y a en elle de sustentatif, de nourrissant, de solide, qui est une certaine essence subtile qui se separe, soit par la digestion naturelle, soit par l'art, du reste de la masse. Et que ce reste n'est proprement qu'une écorse, une chose accessoire et accidentelle (*accidens praedicabile*[141], si l'on aime mieux le jargon de l'Ecole), par rapport à cette substance ou à cette essence qui nourrit le corps. Et cela est fondé dans la véritable nature: car, avant le péché, la substance du pain, du vin et de toute autre nourriture n'étoit que pure essence, pour ainsi dire, sans qu'il y eust rien de cette lépre grossiére, de cette terre morte et stérile, que l'on sépare maintenant dans la concoction et digestion d'avec la substance nourrissante. Mais le péché (a)[142], pervertissant toute la nature et l'investissant de corruption, il a revêtu la substance de la nourriture, aussi bien que celle de nos corps et de toutes les choses de la nature d'une écorse de matiére corrom-

---

[140] Au sens de: «on ne risquait pas de».

[141] «l'accident prédicable», au sens de la logique d'Aristote.

[142] En marge, des références au t. III et au t. IV de *L'Œconomie divine:* «*Œconomie du péché*, ch. 13, n. 13 et *Œconomie du rétablissement avant l'Incarnation*, ch. 2, n. 20, pag. 51-52.»

pue, grossiére, stérile et opaque, qui nous cache cette substance des choses, dont elle n'est que l'extérieur, le véhicule et une espéce de vétement qui luy est entiérement accidentel.

XI. *Changement de la substance pendant que les accidens demeurent et frappent nos sens à l'ordinaire*

Cela étant, il n'y a rien de plus facile à comprendre que la réalité du changement de la *substance* du pain et du vin, pendant <p. 127> que toutes les apparences, ou tous les *accidens,* demeurent de méme qu'auparavant. Si la substance de la nourriture que nous prenons se change en nôtre propre substance, par la conformation qu'en fait une partie du sang, ou des esprits, ou de la matiére de nôtre corps, avec quoi elle est mélée, à beaucoup plus forte raison quelques émanations sorties du corps de Jesus Christ, ou la seule force de sa volonté, pourront-elles, comme une teinture sacrée et toute-puissante, changer la substance du pain et du vin en la substance de son corps et de son sang. Cependant, puisqu'il n'y aura que la seule substance du pain et du vin qui en sera changée, toute la matiére crasse et corruptible, qui luy est annexée et qui ne luy est qu'accident et qu'écorse purement accessoire, demeurera donc toujours la méme. Et comme nos corps et nos sens, devenus grossiers par le péché, ne sont mûs que par cette matiére grossiére et accessoire qui a couvert la substance des choses, et qu'ils ne peuvent étre mûs par l'essence subtile et incorruptible qui y est renfermée et cachée, il s'ensuit manifestement que les sens ne doivent nullement s'apercevoir de la présence du corps et du sang du Seigneur, et qu'ils ne doivent voir, sentir et goûter que ce que nous fait sentir la matiére grossiére et accessoire, qui cache l'essence imperceptible et nourrissante du pain et du vin.

XII. *Que cela peut et doit satisfaire les bons sur toutes sortes de difficultés*

On peut, si je ne me trompe, expliquer et soudre[143] par cette voye toutes les difficultés imaginables sur la matiére de la <p. 128> transsubstantiation et sur tous les événemens fâcheux qu'on a souvent objecté pour l'impugner[144] et la reduire *ad absurdum* [145]. Tout ce qui peut arriver d'indigne à l'Eucaristie ne touche que ce qu'il y a d'accidentel dans le pain et dans le vin, que cette matiére grossiére, accessoire, corruptible, séparable, qui n'est nullement essentielle à la substance du pain et du vin, et beaucoup moins encore au corps et au sang du Seigneur, qui sont une matiére invisible, trés-subtile, incorruptible, incontaminable, et que le Seigneur peut, s'il luy plait, extraire et retirer en un moment du reste de cette matiére accessoire, si on la mettoit dans un lieu ou dans un état où le Seigneur ne voulût pas que fust son corps, sans que cependant cette soustraction causast un changement visible dans la matiére accidentelle du pain et du vin; de la méme maniére qu'à la mort, l'ame et (a)[146] le plus substantiel du corps se séparent du cadavre, sans qu'il paroisse que rien s'en soit retiré, ni qu'il soit diminué.

Au moins, voila mes pensées sur la transsubstantiation. Je ne sçay si elles seront conformes à celles que des personnes illuminées de Dieu pourront avoir eües sur ce sujet. Je m'imagine méme que, comme les ames unies à Dieu ne se mettent pas en peine de ces sortes de recherches du *comment* et des voyes particuliéres, aussi ne leur en aura-t'il été rien revélé. Au lieu que, quant à la chose méme, je puis assurer que mon cœur, qui par la

---

[143] Signifie: «résoudre».

[144] C'est-à-dire «la combattre». Parmi ces éventualités: l'hostie mangée par une souris, par exemple.

[145] Poiret n'ignore pas qu'il y a une forte tradition dans la Réformation à tourner la compréhension catholique en ridicule; l'exemple le plus éclatant en est le contenu des fameux «Placards» de 1534.

[146] En marge, la référence à *L'Œconomie divine*: «Voyez *Œconomie du rétablissement de l'homme avant l'Incarnation*, ch. 11, n. 18, 19.»

grace de Dieu n'est pas tout-à-fait aveugle, a <p. 129> aperçu et reconnu indubitablement dans plusieurs des ouvrages des Saints, la voix de Jesus Christ qui les a assuré de la vérité de cette trans-substantiation. Et c'est ce qui m'a fait cesser de la tenir pour une fiction à l'égard de ceux qui en ont la foy, et qui m'a fait recher-cher la maniére de la comprendre et de l'expliquer que je viens de dire, et que je ne refuse point de déclarer, sous espérance que cela pourra donner sujet de tranquilité à quelques bonnes ames scrupuleuses qui sont de cette communion-là, et que ceux qui n'en sont pas pourront en prendre occasion de ne pas condamner hautement toutes les choses qu'ils n'ont pas comprises, et qu'ils ne pratiquent pas.

Si les hommes étoient sages, ils diroient à l'imitation du Pro-phéte: (a)[147] *Que tous esprits,* toutes intelligences, toutes sortes de sentimens, toutes sortes de pratiques, de moyens, de cultes, *loüent le Seigneur,* et que tous hommes le loüent aussi, chacun selon la mesure de sa pensée et de son intelligence: car Dieu n'en demande pas d'avantage, avec l'amour du prochain, comme il le montre lorsqu'il dit que chacun doit *aimer le Seigneur de toute son intelligence et de toute sa pensée* (aussi avant que ses lumiéres vont), *et son prochain comme soy-méme*[148].

Venons à *l'efficace* de la presence réelle. Voici ce qu'on en peut penser raisonnablement.

XIII. [149]

Personne n'ignore que nôtre corps puisse beaucoup sur nôtre ame par la <p. 130> raison de son union avec elle; l'on n'ignore pas aussi que ce qui entre dans nôtre corps et qui se méle avec nôtre

---

[147]   En marge, la référence: «Psaume 150.»

[148]   Il s'agit du sommaire de la loi: Matt. 22, 37-39; Marc 12, 30-31 et Luc 10, 27.

[149]   Le titre marginal de ce paragraphe qui commence en bas de page a été omis. Dans l'*Œc. Div.* ce paragraphe 3I porte le titre suivant: *De l'efficace de la présence reëlle du Corps de J. Christ.*

sang et nos esprits[150] ne puisse faire de merveilleux changemens
à nôtre ame: par exemple, si l'on venoit à incorporer quelque
matiére de mauvaise disposition, comme sont les poisons ou
quelque autre chose de nuisible, l'ame pourroit de là se sentir
disposée à la tristesse, à la colére, à la luxure, à la folie et à mille
extravagances et irrégularités. Au contraire, il y a d'autres choses
qui peuvent la disposer à la joye, à la douceur, à la tempérance, à
l'égalité et à la sagesse, et éteindre dans elle les pensées de
luxure et de plusieurs autres passions déréglées. Si de simples
herbages, ou quelques extraits des choses qui participent à la corruption qui nous environne, peuvent cela dans nous, lors que
nous les incorporons, que ne pourront pas faire les émanations
du sacré corps du Fils de Dieu dans nos corps s'ils viennent à y
participer? Il n'y a point de doute qu'elles n'en modérent les
mouvemens déréglés et les pentes vicieuses, et qu'elles ne donnent à l'ame des pensées divines, pures, chastes, modérées, qui
l'incitent aus vertus, l'éloignent des vices et la portent à la pureté
et de l'esprit et du corps.

Cela étant sans contredit, je ne doute point que Jesus Christ
ne répande des émanations de son divin Corps dans les corps de
tous ses vrais enfans, sans en excepter aucun, et méme sans
attendre qu'ils aillent <p. 131> participer à la cérémonie sacramen-
telle. Il les leur communique lorsqu'il luy plait, à mésure[151] de
l'amour qu'ils luy portent, sans qu'ils sçachent eux-mémes la
maniére dont il opére dans eux. Ceux qui ne croyent pas que, par
l'usage de la Céne[152], Jesus Christ se communique ainsi à eux, ne
laissent pas néanmoins (s'ils sont craignants Dieu) de les recevoir, soit par le méme moyen, soit par une infinité d'autres, puisqu'il est trés-facile au Fils de Dieu d'insinuer les sacrées émanations de son corps dans les corps de ses enfans comme il luy

---

[150]   Non pas au sens de l'esprit, mais au sens des «esprits animaux» de Des-
        cartes.

[151]   Signifie: «en proportion de»

[152]   L'emploi du mot de Cène à deux reprises dans cette dernière partie du § XIII,
        montre que Poiret pense et s'adresse plus particulièrement aux protestants,
        aux Zwingliens ici, aux Calvinistes ensuite.

plait; et ceux qui ont le désir et la foy d'y participer par du pain et du vin de la Sainte Céne, les reçoivent aussi d'une maniére plus particuliére par ce moyen là, selon la grandeur et de la fermeté de leur foy et de leur amour envers Jesus Christ.

XIV. *De* l'adoration *de Jesus Christ supposé présent dans l'Eucaristie*[153]

Quant à *l'adoration,* il y en a de deux sortes: l'une regarde la divinité et l'autre l'humanité[154]. On doit, sans doute, adorer Jesus Christ comme Dieu éternel, soit qu'on suppose que son corps est présent où l'on est, soit qu'on ne le suppose pas: c'est à dire qu'on doit le reconnoitre pour l'Etre souverain, Autheur de tous biens, auquel on s'abandonne, et dans lequel on met sa foy, son amour et son esperance. C'est-là l'adoration de la divinité. Celle qui regarde l'humanité est de la reconnoitre avec amour, respect et estime infinie, pour thrône et organe de la divinité; et qu'en considération que la divinité en est inséparable et ne fait avec elle qu'une personne, l'on rende au <p. 132> total, conjointement, ce qu'on rend à Dieu. Or, sans doute que, si l'humanité de Jesus Christ est présente, on doit aussi l'adorer de l'adoration qui luy convient, vû qu'effectivement, elle est adorable en ce sens-là. Et, puisque la divinité est jointe très-étroitement et d'une maniére personnelle où l'humanité se trouve, il s'ensuit qu'on doit adorer Jesus Christ souverainement, où son humanité est; c'est à dire qu'on doit adorer l'humanité où elle est, et la divinité comme étant unie personnellement à cette humanité, et le total comme étant le Dieu éternel uni à la nature humaine. Et je ne puis comprendre comment les Luthériens, qui croyent que le corps de Jesus Christ est dans le sacrement, s'abstiennent de l'y adorer. C'est, encôre un coup, une reserve fort mal-entendue, de quoi

---

[153] Le titre de ce § dans l'*Œc. Div.* ajoutait les mots suivants: «*comme on la pratique*».

[154] Poiret, qui met des majuscules à ces mots, sous-entend évidemment l'humanité et la divinité de Jésus Christ.

néanmoins Jesus Christ ne se met pas beaucoup en peine. Car Dieu ne regarde pas à l'apparence, mais il a égard au cœur. Dire qu'on ne l'y adore pas, parce qu'il y est caché sous le pain et qu'on craindroit d'adorer le pain, est comme qui auroit dit qu'il ne falloit pas adorer Jesus Christ sur la terre, lorsqu'il étoit enveloppé de ses habits ou qu'il avoit la téte détournée, de peur qu'on n'adorast ses vétemens ou ses cheveux. Dire encore que Dieu ne doit pas étre adoré par tout où il est, puisqu'il est méme dans les arbres et dans les autres corps naturels, est une grande méprise. Dieu n'est pas, quant à son essence, et encore moins d'une maniére trés-étroite et personnelle, dans le corps de la nature[155], <p. 133> comme il est uni au corps et à l'ame de Jesus Christ qu'on suppose présens. Les sçavans ont eu, de côté et d'autre, des idées et des raisonnemens si absurdes touchant ces matiéres, qu'ils ne valent pas la peine qu'on s'en informe plus particulierement[156].

XV.[157] *Si le corps de Jesus Christ étant absent, ce ne seroit pas une idolatrie de l'adorer le croyant present?*

Je diray encore un mot sur la supposition, si, en cas que le corps de Jesus Christ ne fust pas present dans le sacrement[158], une personne sincére qui l'y adoreroit en croyant de bonne foy qu'il y fust[159], commettroit idolatrie? Vous diriez qu'on ne sçache pas en quoi consiste l'idolatrie, pour faire des difficultés de cette nature. *L'idolatrie* consiste essentiellement en ce que l'ame occupe ses facultés divines, qui sont faites pour Dieu, à des choses qui ne sont pas Dieu. Lors que le desir, que l'intellect

---

[155] Comme tous les théologiens chrétiens, Poiret rejette radicalement le panthéisme.

[156] Il est probable que Poiret pense ici à Spinoza qu'il vient de dénoncer et, pense-t-il, de renverser, dans un long appendice (*Fundamenta atheismi eversa*) ajouté à la seconde édition de ses *Cogitationes Rationales* (1685).

[157] Ici, par erreur, le texte a «X.»

[158] Selon la conviction des réformés.

[159] Selon la conviction et la pratique des catholiques.

et l'esprit, que l'acquiescence de l'ame, que sa joye, son estime, son amour, se portent, se donnent, se plaisent, se terminent à des créatures et à des choses de créatures; lors que chacun se désire, se cherche, se considére, s'estime, s'aime soy-méme, il est idolâtre et de cela et de soy. Il en est de méme, lorsqu'on est ainsi disposé à l'egard des autres choses, que ce soient des hommes, de l'argent, des viandes, des plaisirs, des honneurs, des batimens, des ornemens, des marmousets[160], des états, tout est idole et idolatrie devant Dieu. N'importe qu'on ne se prosterne pas devant ces objets-là: le prosternement n'est qu'un pur accessoire, qui ne fait pas l'idolâtrie, qu'on peut faire devant mille choses <p. 134> sans les idolâtrer, et sans lequel se peuvent commettre toutes sortes d'idolâtries. Car l'idolâtrie, aussi bien que l'adoration véritable, est un ouvrage du cœur et reside dans le cœur: les dehors n'en sont que des signes trés-équivoques, qui se peuvent faire, omettre, varier en cent façons, sans aucun crime, lors que le cœur adhére à Dieu, et sans aucune vertu, lors que le cœur est éloigné de Dieu. Tels flechissent tous les jours les genous en pensant spéculativement à Dieu, qui n'ont jamais fait un vrai acte d'adoration; tel accuse ses prochains d'idolâtrie, à cause qu'ils ne se réglent pas selon son opinion, à qui cependant son opinion, ses sentimens, sa partialité sont des idoles qu'il préfére à Dieu même, au divin amour, à la charité, à l'humilité, à la paix et, en un mot, à la volonté de Dieu.

Lors donc qu'une ame est bien disposée à l'égard de Dieu et que, pensant que sa sacrée humanité soit dans un lieu, où néanmoins elle ne seroit pas, elle feroit des actes exterieurs de prosternemens et de genuflexions, seroit elle pour cela coupable d'idolâtrie? Qui ne voit qu'il faut répondre absolument que non? Car, comme on vient de voir que c'est le cœur qui fait l'adoration véritable et interne, et non pas les gestes du corps, et qu'ici le cœur adhére à Dieu d'intention, d'amour, d'affection, de foy, d'espérance, c'est donc Dieu qui est ici adoré, puisque le cœur

---

[160] Ce mot du vocabulaire réformé d'alors signifie: «figure, image ou statuette représentant un saint» (glossaire de Calvin, à la fin de l'édition de J.D. Benoît de l'*Institution de la Religion Chrétienne*, t. 5).

pense à lui et qu'il l'aime. Tout le mal qu'il y aurait, serait une méprise ou une erreur de fait touchant <p. 135> le lieu où est le corps de Jésus Christ, que l'on s'imaginerait être en tel lieu et sous telle couverture ou telles apparences, à l'occasion de quoi l'on rendroit dans ce lieu à son humanité l'adoration qui lui convient et que l'on doit lui rendre quelque part qu'il se trouve; et à sa divinité la souveraine, qu'on lui doit aussi en tout temps et en tout lieu. Voila bien une afaire à troubler le monde!

Quoi! Jesus Christ pourroit voir dans moy que mon cœur, ma pensée, mon amour adhérent à sa divinité, et que j'ai aussi pour sa sacrée humanité le respect, l'amour et les sentimens d'adoration que je lui dois; il verroit que je suis disposé à luy rendre cette reconnoissance par tout où je le sçauray et à la refuser à toute autre chose; il verroit que, croyant bonnement qu'il est dans un tel lieu, je n'ay dessein que de rendre à luy seul, par l'amour que j'ay pour lui, l'adoration que mon ame luy adresse effectivement comme étant-là et que mon corps luy témoigne selon la pensée qu'en a mon ame, tout prêt au reste à omettre ce témoignage extérieur par rapport à ce lieu, si je sçavois que sa personne n'y fust pas; Jesus Christ, dis-je, pourroit voir dans tout cela la sincère disposition de mon cœur envers luy et cependant me tenir pour un idolatre et pour un homme qui par là me rendrois coûpable de la mort éternelle! Assurément, la chaleur de la dispute fait souvent aller les hommes trop loin, et les fait <p. 136> agir bien des fois non seulement contre la charité et la vérité, mais même contre la raison et la vray-semblance.

Quoi! Je pourrois dire avec vérité à Jesus Christ: «Mon Seigneur, vous savez que mon cœur et ma pensée ne se sont pas éloignés de vous. J'ay crû aussi sans malice et dans la sincérité de mon cœur que votre divin corps était là present; et par le principe de l'amour et de l'adoration interieure que j'ay toûjours partout pour vous, j'en ai donné des marques extérieures en cette occasion-là, tenant sans cesse ma pensé (sic) et mon cœur élevés à vous. Si je me suis trompé quant au lieu de votre présence corporelle, vous savez que, dans mon dessein, dans mon cœur et dans ma foy, il n'y a eu que vous seul qui ayez été l'objet de mon adoration. Je n'ay point eu d'autre principe, d'autre intention, d'autre motif, d'autre objet, ni d'autre but, dans mon ame que vous seul». Et cependant, il me diroit: *Allez, maudit, au feu éter-nel*[161] (car c'est là le rendez-vous des idolatres) à cause d'une tres-légére faute, ou plûtôt à cause d'un devoir trés-juste et trés-légitime que je luy aurois rendu, hors de lieu seulement, sur l'ignorance d'un fait que j'aurois crû autre qu'il n'est! Mais l'on vous a averty que vous vous trompiez, dira-t-on. Eh, combien y en a-t-il qui ne l'ont pas été? Mais encore, quelle raison ay-je de croire à ces avertissemens et à ceus qui les donnent, qui ne sont exempts ni de préjugés, ni de ténébres, ni de passions, <p. 137> et qui sont contredits par d'autres personnes, entre lesquelles je vois qu'il y en a véritablement de saintes et de familiéres à Dieu, qui me donnent des avertissemens tout-contraires?

XVI. *L'instance de l'idolatrie et de l'intention des Israelites ne vaut rien*[162]

L'instance que l'on fait ordinairement en cet endroit touchant la rectitude et la pureté de l'intention: que l'intention ne justifie pas l'action, puisque les Israëlites, en adorant le veau d'or, avoient la meilleure intention du monde; que leur dessein étoit d'adorer Dieu, le Seigneur qui les avoit tiré du païs d'Egypte, à qui, selon leur déclaration, ils vouloient célébrer la féte[163]; qu'ils n'avoient garde de penser adorer autre que luy, n'étant pas si fous ni si aveugles que de ne pas sçavoir qu'une image qu'ils avoient vû fondre et mouler des joyaux de leurs femmes, fust ce Dieu-là qui les avoient tiré de l'Egypte; et que néanmoins, non-obstant leur bonne intention, ils se rendirent coupables d'idola-trie et en furent punis d'une maniére trés-sévére; cette instance-là, dis je, est si mal-prise de tous les côtés, que je m'étonne que

---

[161] Matt. 25, 41 (mais dans ce texte la malédiction est au pluriel: «maudits»); cf. aussi Marc 9, 43.

[162] Dans l'*Œc. Div.* ce titre était: *L'instance que l'on fait, tirée de l'idolatrie et de l'intention prétendue des Israëlites, ne vaut rien.*

[163] Dans l'épisode du veau d'or (Exode 32), voir en effet les versets 4 et 5.

l'on ait pensé à s'en servir. Il y a autant de différence de ces Israëlites-là aux bonnes ames qui ont adoré Jesus Christ dans l'eucaristie, que de la nuit au jour.

Les Israëlites sçavoient de temps immémorial, par la bouche de leurs ancétres, que Dieu avoit en abomination les idoles. Ils n'ignoroient pas ce que Rachel avoit fait à Laban[164], et que Jacob les avoit exterminées de <p. 138> sa famille. Cependant, ayant vû en Egypte la plus crasse idolatrie qui se puisse imaginer, l'adoration d'un bœuf, d'abord que le diable leur met en téte de l'imiter, au milieu des désirs impurs et charnels de s'enyvrer, de danser, de joüer, ils y donnent si lourdement que de se laisser infatuer, jusqu'au point de croire que cette idole-là soit leur Dieu, sans que tous les beaus raisonnemens qu'on leur préte charitablement pour les faire paroitre incapables de cette folle pensée, puissent y mettre reméde. Car ces raisonnemens-là supposent tous que les idolatres se servent de leur raison en idolatrant: ce qui n'est pas véritable. Les Israëlites, dit-on, ne pouvoient ignorer que ce veau d'or n'étoit pas le Dieu qui les avoit tiré d'Egypte, car ils l'avoient vû fondre. Cela seroit vray si les idolatres n'agissoient pas en aveugles et déraisonnablement. Mais ils ne consultent pas la raison; et, sans faire réfléxion sur ce qui s'est passé et qu'ils ont fait eux-mémes, ils donnent aveuglément dans toutes les chiméres les plus incroiables et les plus extravagantes que le Diable leur met dans la téte, jusqu'à croire que l'ouvrage de leurs mains soit leur Dieu. N'est-ce pas Dieu-méme qui nous convainc de cette vérité dans le prophète Isaïe? (a)[165] Il nous y represente un homme qui, ayant planté un arbre que la pluie a fait croitre, le coupe, en brûle une partie, s'en chauffe, en fait cuire son pain et sa viande, prend l'autre partie, la compasse[166], la mesure, la <p. 139> crayonne, la façonne en idole, en brûle aussi les éclats et le résidu à son usage; et de la pièce qu'il s'est reservée, en fait un Dieu, et luy adresse sa priére, luy disant:

---

[164] Cf. Gen. 31, 30-35, Rachel, à l'insu de Jacob, avait emporté les idoles de Laban, son père.

[165] En marge, la référence: « Isaïe 44, 13 etc.»

[166] Signifie: «mesurer avec un compas».

Délivre moy, ou sauve moi, *car tu es mon Dieu.* A quoi Dieu ajoute pour montrer la stupidité de l'homme idolatre: *Ils sont sans esprit et sans intelligence; leurs yeux sont fermés pour ne point voir et leurs cœurs pour ne point entendre. Nul ne rentre dans son cœur avec intelligence et refléxion, pour dire: J'ay brûlé la moitié de cecy au feu; j'en ay cuit du pain sur les char-bons, et de la viande que j'ay mangée? Ferois-je donc du reste une chose abominable? Adorerois-je une branche de bois? Il nourrit son ame de cendre, et l'égarement de son cœur le fait errer*[167]. Ne voila pas que Dieu attribue expressément aus idolatres des choses encore plus grossiéres que celles dont on veut que les Israëlites corrompus et charnels n'ayent pû être capables au milieu de la débauche et de l'aveuglement où le Diable les avoit plongés? Or, quelle comparaison de cette intention ido-lâtre, fausse et erronée, impie et contraire à l'idée et à la nature de Dieu, impure, charnelle, et servant de moyen à des excés de débauches infames, quelle ressemblance, dis-je, de cette inten-tion-là, avec l'intention pure d'une personne vertueuse, qui craint et qui aime Dieu, qui conserve avec adoration l'idée de la grandeur de sa majesté, et qui, sçachant qu'elle est unie person-nellement à un corps qui est adorable à sa maniére, et croyant bonnement sur sa parole, <p. 140> que ce corps là luy est présent, luy rend ce qui luy est dû incontestablement et se sert de ce culte qui luy est dû pour s'avancer dans son amour et dans la pureté du cœur? Le ciel est-il plus éloigné de la terre[168], que ces intentions et ces actions-là le sont l'une de l'autre? Il ne faut pas donc s'étonner, si l'une est abominable à Dieu et si l'autre ne luy déplait pas.

---

[167]   Poiret cite d'Es. 44, les versets 17 à 20.

[168]   Théodore de Bèze s'était servi de l'expression au Colloque de Poissy et avait suscité le scandale en déclarant: «son corps est plus éloigné des espèces que le ciel est éloigné de la terre.» Serait-ce à dessein que Poiret la reprend ici, ou était ce une comparaison courante?

XVII. *Si l'erreur sur l'opinion de la presence du corps de Jesus Christ étoit de consequence, personne ne seroit exempt d'Idolatrie*

Il seroit bon de sçavoir de ceux qui sont rigides ou si chagrins sur cela, s'ils ont considéré le corps de Jesus Christ sans rapport à aucune place. Ils diront sans doute qu'ils l'ont adoré et qu'ils l'adorent encore comme étant corporellement dans le ciel. Le ciel, où ils le considèrent, est une place assez indéterminée à la vérité et éloignée de nous, mais l'éloignement n'y fait rien: la place est toûjours présente par pensée. Or, que sera-ce, si l'on se méprend icy et que Jesus Christ ne soit pas, ni déterminément ni indéterminément, dans le lieu où l'on se le représente et de la maniére que l'on se le représente? Lors qu'on se représente Jesus Christ comme dans le ciel, chacun le considére comme à peu prés au dessus des nuées et, si l'on veut, des étoiles, et méme au de là, environ le dessus de nos tétes. Jamais personne, généralement parlant, ne se l'est représenté autrement qu'à peu prés au dessus de nos tétes. Or les chrétiens qui sont aux antipodes adorent aussi Jesus Christ comme étant dans le ciel, au dessus de leurs tétes; ce qui est justement le placer à des millions de lieües au dessous de nos pieds, et où il est certain que pas <p. 141> un de nous autres n'a jamais pensé l'adorer. Il y en a méme qui croyent que Jesus Christ n'est pas dans le ciel empyrée comme l'on se l'imagine, mais qu'il est avec Elie, Enoch et d'autres Saints, dans le Paradis terrestre où Dieu avoit crée Adam, et dont il le chassa: lieu qu'on dit qu'il a preservé et de la malédiction, et des eaux du déluge[169]. Quoi qu'il en soit, il est certain qu'il y en a icy de trompés dans leur imagination; car ils ne peuvent tous avoir raison. Il y a donc des personnes qui adorent Jesus Christ comme au dessus de leurs tétes, quoique cependant il soit, selon les opinions des autres, directement au dessous de leurs pieds et infiniment éloigné du lieu où ils se représentent qu'ils l'adorent. Ils

---

[169] J. Delumeau parle de cette croyance, encore présente au XVIe siècle, en la préservation du paradis terrestre. Voir par ex. dans *Le péché et la peur. La culpabilisation en Occident XIIIe-XVIIIe s.*, p. 285-287.

l'adorent donc comme présent à une place et à un endroit où cependant, selon l'opinion des autres, il n'est pas. Si adorer Jesus Christ comme dans un lieu où cependant, selon l'opinion des autres, il n'est pas, rend les personnes idolatres, où en seront donc les chrétiens de l'un ou de l'autre hemisphére, et qui sera exempt d'idolatrie? Ne voit-on pas, de là, que toutes les chicaneries que l'on se fait sur cette adoration par rapport à la présence locale, ne sont que d'ennuyeuses et de stériles bagatelles?

XVIII. *Pourquoi l'on a insisté sur ces dernieres choses?*

Je n'ay insisté sur ces sortes de minucies que parce que j'ay observé que quelques-uns ont rejetté à leur grand domage les divines et salutaires lumiéres de plusieurs saintes ames: d'un Taulére, d'un Kempis, d'une sainte Térése et d'autres Mystiques, sous le prétexte qu'ils auroient été des idolatres <p. 142> pour avoir vécu dans ces pratiques-là et pour en avoir quelques fois parlé avec recommendation. Mon ame n'a jamais pû condamner comme des idolatres ces trés-saintes ames-là, lors méme que je suposois qu'elles se trompoient dans le fait[170]. Mais Dieu, qui a agréé la disposition où il a vû mon cœur envers ses amis, m'a fait la grace de me faire comprendre les choses ainsi que je les ay déclarées. Et je désire que cela puisse servir à modérer les hommes les uns envers les autres, et à faire qu'ils ne regardent plus avec mépris, condamnation, aversion et méme exécration, des personnes et des pratiques que l'on devroit, sinon estimer, du moins laisser pour telles qu'elles sont, sans leur insulter. Cela n'est pas chrétien. Quoi qu'une personne ne puisse ou ne vueille pratiquer les maniéres des autres, et que méme elle ne le doive pas, de peur de troubler sans fruit ceux de son party, néanmoins c'est toûjours bien fait d'estimer les cérémonies de toutes sortes de partis, aussi avant que des infirmes de bonne volonté et de cœur sincére cherchent d'en faire un bon usage, c'est à dire de s'avancer par elles dans l'amour de Dieu, dans la

---

[170] Poiret reste fondamentalement un réformé et tient à le laisser savoir.

pureté du cœur, et dans le renoncement à leurs péchez. Car Dieu
regarde au cœur. A quoi bon insulter aux cérémonies les uns des
autres, et se divertir à les tourner en ridicules, en comedies, en
pratiques de payens? Hé bien, quand elles seroient imitées des
payens, quel mal y a t-il? S'il est permis de tirer des pensées et de
la <p. 143> doctrine des payens de bons sujets de nous élever à
Dieu, pourquoi ne pourroit-on pas tirer de quelques unes de leurs
pratiques des occasions à penser à Dieu et à s'élever à son
amour? Et qu'est tout le culte extérieur devant Dieu, qu'est toute
la conduite extérieure de ses enfans envers luy, sinon un jeu?
Qu'est méme le paradis et tout ce qui se passera dans la vie éternelle, sinon des divertissemens, des spectacles et, pour ainsi dire,
de saintes comedies ou des jeux enfantins de Dieu avec les saints
et des saints avec Dieu? En vérité, les hommes, chagrins et
rigides qu'ils sont, ne connoissent ni la privauté ni l'innocente
simplicité de Dieu, qui est un esprit d'enfance[171], de familiarité,
de condescendence, de jeu et de divertissemens, dans la plus
grande naïveté et simplicité qui soit; mais pour ses enfans
seulement. Peut-étre que quelques-uns traiteront cecy de bigote-
rie. Mais Dieu en juge bien autrement. Il ne se moque pas des
cœurs simples et sincéres, comme font les vains et orgueilleux
sçavans, de tous ceux qui ne sont pas entétés de leurs creuses et
chagrines idées? Si on le connoissoit, on en jugeroit bien autrement.

Je n'ay pas, au reste, pretendu parler de ces choses par rapport aux abus qu'en peuvent faire les enfans de Babilone, les
cœurs dominés par l'amour propre, les impies, les mondains, les
fourbes, les ambicieux, les avares, qui y commettent en effet des
abus criants et presque universels, lesquels <p. 144> attireront la
malédiction de Dieu, tant sur leurs personnes que sur leurs
cérémonies, lors que Dieu viendra rétablir la réalité de toutes
choses.

---

[171]   On croirait ici entendre parler Mme Guyon, cependant Poiret n'avait encore
eu aucun contact avec elle à ce moment. Faut-il penser que, de son côté,
Antoinette Bourignon en disait autant?

XIX. *Quelques questions*[172]

1)   *S'il ne vaudroit pas mieux remettre les choses comme au commencement*

1.) Mais ne vaudroit-il pas mieux, me dira-t'on, quiter tant de formalités et de diversités et reprendre la premiére simplicité, comme elle étoit dans la primitive Eglise? Je réponds, premiérement, que ceux qui voudroient presser si exactement (ou plutôt si matériellement) le rétablissement des choses sur le pied précis de ce qu'elles étoyent dans l'Eglise primitive, seroient peut-être les premiers à en soûtenir le changement, s'il falloit en venir aux effets. L'on sçait que, dans l'Eglise primitive, on ne baptisoit que des adultes et qu'on donnoit la communion aus petits enfans des fidéles; et l'on peut voir que, selon les principes que l'on a déduit (a)[173] ailleurs, cela ne pouvoit alors se faire autrement, puisque les petits enfans ne pouvoient fournir les conditions que l'on exigeoit alors pour le baptême, et que, de l'autre côté, ils ne pouvoient vivre ni être entretenus de tous leurs besoins que par la Sainte Communion, dans laquelle leurs parents ayant tout mis, ils tiroient aussi tout d'elle, tant pour eux que pour leurs enfans. A present au contraire, l'on baptise les petits enfans, et l'on n'admet que les adultes à la Communion telle qu'on la pratique maintenant. L'on croid avoir raison; et j'ay fait voir comment on l'a. Mais ce n'est pas de quoi il s'agit. Il s'agit qu'on se convainque <p. 145> par-là, qu'on ne se croid pas toûjours obligé de revenir au premier état des choses.

---

[172] Dans l'*Œc. Div.* ce titre était:*Quelques difficultés et questions et leurs réponses.*

[173] En marge, la référence au t. V de l'*Œconomie divine*, «*Œconomie du rétablissement de l'homme après l'incarnation de Jesus Christ,* chap. 5, n. 10 etc.»

XX. *Vraye et fausse méthode de Reformation*

Mais je dis, en second lieu, qu'en effet, il faudroit en revenir à la premiére simplicité des choses, si les ames des hommes étoient disposées commes celles des premiers chrétiens, spirituelles, fortes, saintes et remplies du Saint Esprit, lequel disposeroit bien luy méme de tout, ainsi qu'il faudroit. Mais, que sans avoir un tel intérieur, l'on voulust néanmoins imiter scrupuleusement l'extérieur des premiers chrétiens, ce ne seroit que grimasses et que singeries, beaucoup plus sujettes à l'abus que les choses que l'on prétendroit rejetter; puis qu'on s'imagineroit alors par une tromperie et une illusion mortelle, être pour cela dans le méme état que ces premierés et saintes ames du Christianisme. Un singe qui voudroit corriger les actions des singes ses compagnons, et les géner[174] à se rendre plus conformes à la conduite de l'homme, seroit ridicule. Mais s'il y avoit quelque voye par où ces singes pûssent acquérir la raison intérieure, ils feroient sans doute mieux de tâcher de suivre cette voye, que de vouloir se moûler les uns les autres à des maniéres extérieures par une ridicule imitation. L'homme, qui est hors de l'état des premiers Chrétiens, et qui n'en veut qu'à l'exterieur, n'est qu'une béte et un singe: et il seroit ridicule si longtems qu'il n'est qu'un animal, de faire consister sa Reforme et son humanisation, pour ainsi dire, à régler ses <p. 146> grimasses et son extérieur. Qu'il commence plûtôt par la voye intérieure de purifier son ame de pechés, et de s'élever et adhérer à Dieu, afin de recevoir l'intelligence divine, qui est le Saint Esprit. Et lors que celle-cy sera venue, elle donnera à l'extérieur la forme agréable à Dieu et utile au salut tant de soy-méme que des autres.

XXI. (2) *Si l'on peut étre sauvé dans toutes sortes de religions*

2) Mais, à ce compte-là, dira-t'on, l'on pourroit être sauvé en toutes sortes de religions ou de partis du Christianisme. Le grand

---

[174] Signifie ici: «forcer».

malheur! Je confesse que, pour les méchans, ils ne peuvent,
demeurant tels, étre sauvés nulle-part, pas méme dans le Collége
des Apôtres. (a)[175] *Il n'y a point de paix pour les méchans, a dit
mon Dieu,* comme s'exprime le prophéte. Mais, pour les gens de
bien, (b)[176] *En toute nation,* dit S. Pierre, *celuy qui craint Dieu et
qui s'addonne à justice, luy est agréable.* En toute sorte de religions: Romaine, Calviniste, Luthérienne, il y a eu de vrais saints
et de vrais enfans de Dieu. Et si, à présent, il n'y en a plus en un
tel dégré, du moins y en a-t'il encore qui cherchent sincérement
Dieu, qui ont le cœur bon, et qui sont dans les principes de la
grace de Dieu[177], par laquelle, s'ils venoient à y mourir, ils
seroient sauvés.

Ce n'est pas ce qu'il y a de particulier dans un party, et qui le
distingue d'avec les autres, qui sauve ou qui condamne devant
Dieu, mais le seul essentiel de la religion chrétienne: la crainte et
l'amour de Dieu, la haine <p. 147> de soy-méme et celle du péché,
c'est cela qui sauve. Et ce qui est oposé à cet essentiel: l'impiété,
le péché, et l'amour propre, c'est cela qui damne. Quiconque a la
crainte et l'amour de Dieu et ce qui en dépend, l'amour du prochain, la haine du péché, et le mépris de soy méme, a l'essentiel,
le cœur, la vie et l'ame de la religion salutaire. Le reste n'en sont
que comme des habits, qui sont faits d'étoffes et de façons différentes. Or, ne seroit-il pas ridicule de soûtenir qu'on ne sçauroit
vivre sinon dans un habit de tel étoffe et de telle façon? Et ne
seroit-il pas cruel de condamner là dessus à la mort quiconque ne
seroit pas habillé de nôtre maniére, et méme d'exécuter les gens
sur cela? Je ne doute pas que, devant Dieu qui regarde au cœur,
ce procédé ne soit aussi absurde que la dispute et la persécution
que se firent autrefois les Cordeliers sur la forme de leur capu-
chon, dont il est parlé dans (a)[178] les Imaginaires. Dieu se met

---

[175]   En marge, la référence: «Isaie 57, 21.»

[176]   En marge, la référence: «Actes 10, 34-35.»

[177]   A ceux-là Poiret attribue le titre de «bonnes ames».

[178]   En marge, la référence: «Lettre I». Il s'agit de l'ouvrage intitulé *Les Imagi-*
naires, ou Lettres sur l'hérésie imaginaire, volume 1 contenant les 10 pre-
mières. Par le sieur de Damvilliers (pseudonyme pour Pierre Nicole), Liège,

bien en peine quels habits l'on porte, quelles cérémonies l'on pratique, quelles menues opinions l'on ait, lors que d'ailleurs on l'aime, qu'on a le cœur humble et sincére, qu'on ne hait, ne méprise et ne persécute personne, sinon chacun son propre vieil-Adam.

XXII. (3) *Ce qu'il faut juger des conversions vulgaires*

3) A ce compte-là, dira-t'on encore, personne ne devroit se convertir. Je réponds qu'il faut se convertir à Jesus Christ, en quittant le péché, et se révetant de sa trés-sainte vie et de son divin Esprit. Mais de changer simplement de party et d'habits, <p. 148> voila de belles conversions! Que dit l'Ecriture? (a)[179] *Israel, si tu te convertis, converty toy à moy, dit le Seigneur.* C'est le changement et la santification du cœur et non pas le changement de party et de quelques menues opinions, qui fait la conversion valable devant Dieu. Il est prédit, dans l'Ecriture, qu'és derniers temps le christianisme sera remply d'hommes charnels et de citoyens de Babilone, que les hommes d'alors seront (b)[180] *amateurs d'eux-mémes, avares, superbes, glorieux, desobéissans à leurs supérieurs, ingrats, impies, dénaturés, sans foy et sans parole, calomniateurs, débauchés, méchans, haïssans les gens de bien, traitres, insolens, enflés de vanité, aimans plus leurs plaisirs que Dieu, et qui n'auront que l'apparence de la piété, en ayant rejetté la réalité et la vérité.* Lors que cette prédiction sera accomplie, il est certain que le christianisme d'alors ne sera qu'une cohüe de méchans, où il ne se trouvera que quelque peu de bons, trés clair-sémés et cachés. Ce ne sera qu'une Babilone, qui par ses propres désordres pourra se diviser

---

1667; suivi d'un second volume: *Les Visionnaires, ou seconde partie des Lettres sur l'hérésie imaginaire, contenant les huit dernières*, même lieu, même date.

[179]   En marge, la référence: «Jér. 4, v.1.»

[180]   En marge, la référence: «2 Tim. 3, v. 2 etc.» Poiret cite jusqu'au v.5.

(c)[181] en trois et méme en plusieurs autres partis. Or je vous prie, si alors un party vouloit convertir l'autre à soy, ne seroit-ce pas une belle conversion? Changer d'un quartier et d'une rue de Babilone pour aller demeurer en un autre quartier de la méme ville! Changer une sorte d'apparence de piété pour prendre une autre sorte d'apparence de piété! Ce ne seroit que pur ouvrage de Babel[182]. Dieu, qui ne craint rien tant que de n'avoir pas un peuple <p. 149> saint et volontaire, n'a garde de faire consister la conversion dans ces choses-là. C'est à ceux qui aiment leur salut d'avoir l'œil ouvert sur le temps où cette prédiction et ces conduites-là seront en vogue. Et alors, les gens de bien, affectionnés aus pierres et à la poudre[183] de Jerusalem toute détruite, tâcheront de se rendre dignes d'en devenir citoyens, par la charité au milieu de Babel méme[184], dans quelque quartier de la grande ville qu'ils se trouvent engagés, se conformant pour le reste, autant que faire se peut, aus maniéres qui y ont cours, afin d'éviter de plus grands maux et pour édifier les foibles. C'est là la véritable conversion: se convertir de l'amour propre et de la haine de Dieu et du prochain, par la pureté de cœur envers l'un, et par la benignité, la douceur, l'humilité et la tolérance envers l'autre. Quiconque a ainsi changé la dureté, l'orgueil, la fierté, et la malignité naturelle de son cœur, est véritablement converty de la bonne conversion.

---

[181] En marge, la référence: «Apoc. 16, v. 12». Il y a ici une erreur: v. 19 et non v. 12.

[182] Poiret cite indifféremment Babel ou Babylone (le nom hébreu est identique). Nous distinguons le lieu de la fameuse Tour (Gen. 11, 1-9) de la cité assyrienne, adversaire de Jérusalem, que de nombreuses prophéties condamnent (surtout Jérémie) et qui fut ruinée. Le voyant de l'Apocalypse reprend ce nom pour la ville qu'il qualifie de prostituée et dont il annonce la ruine (17, 18; ch.18 en entier).

[183] «poudre», au sens de «poussière». Il y a sans doute allusion à la ruine de Jérusalem, du temps de l'exil des Israélites justement à Babylone (par ex. Esaïe 52,2: «hors de la poussière, mets toi debout, J.»).

[184] Il y a cerainement ici une allusion à l'exhortation de Jérémie conseillant aux déportés à Babylone de s'y établir, même de veiller à sa prospérité et de prier pour «la ville où je vous ai déportés» (Jr. 29, 4-7).

XXIII. (4) *D'où vient que souvent les bons de divers partis se
             condamnent mutuellement*

4) Mais, dira-t'on encore, dans la diversité des partis où le
Christianisme est présentement divisé, ce ne sont pas seulement
les méchans d'un party qui condamnent tous ceux de l'autre, ce
sont méme les bons et les plus saints. Voyez, par exemple, les
saints de l'Eglise Romaine, comme une sainte Térése et
quelques autres: comment ne déplorent-ils pas la damnation des
Luthériens et des Calvinistes; et ceux-cy, cel- <p. 150> le des
Romains? Pour leurs docteurs, la chose parle d'elle méme. Je
réponds que la condamnation des hommes, n'est pas celle de
Dieu. (a)[185] *Nous avons un seul législateur qui peut sauver et qui
peut perdre.* Et faudroit-il s'étonner si les plus saints-mémes,
qui, dés leur enfance, entendroient dire que ceux qui habitent
dans un autre quartier de la grande Ville, ou qui se sont canton-
nés à part au milieu d'elle, sont des ennemis de Dieu, des impies,
des destructeurs du Christianisme, ne peuvent s'empécher de les
tenir pour des gens qui sont hors de la voye du salut et qui ne
peuvent étre sauvés sans changer? Je dis que les saints qui sont
prévenus de ces préjugés-là, doivent juger comme ils font. C'est
une vérité indisputable touchant le droit, que ceux qui sont disposés de la maniére qu'on leur représente, sont dans la voye de
la perdition. Mais, c'est une erreur de fait, de croire que tels et
tels y soient tous et qu'ils y demeurent tous. Les saints peuvent
bien tomber dans une telle erreur de fait, par les rapports que leur
font sur cela des personnes ou interéssées, ou préoccupées, ou
d'un zéle outré, ou méme malignes. Et Dieu laisse à ces saintes
ames ces sortes d'erreurs de fait, qui ne blessent pas leur charité,
puis qu'ils ont pitié de ceux qu'ils croient étre dans un état de
perdition, et qu'ils prient Dieu pour eux, comme faisoit la sainte
dont on vient de parler, laquelle, dans la pensée que tous les
Luthériens fussent hors de l'état du salut, prioit Dieu <p. 151> si
ardemment pour eux. Il faut avoir les mémes pensées des gens de

---

[185] En marge, la réf.: «Jac. 4, v. 12.»; ce v. s'achève ainsi: «Qui es-tu, toi, pour
       juger le prochain?»

bien qui sont dans les autres partis, qui sans doute se comportent ainsi avec ceux qui sont hors de leur communion, hors de laquelle ils croyent (et chacun presque le croid de la sienne) qu'il n'y a point de salut.

XXIV. *Comment hors de l'Eglise il n'y a point de salut*

Tout cela en vertu de cet axiome indisputable: *Hors de l'Eglise il n'y a point de salut*. Sur quoi, chacun en faisant l'application à son party, l'on en conclud à la condamnation des autres. Mais les bons et les éclairés ne sont pas si décisifs ni si étourdis que les aveugles et les méchans. J'ôserois assurer que nulle personne de piété, pas méme de ceux de l'Eglise Romaine (qui sont les plus rigides), ne donneroit à ces paroles, s'ils les luy faloit paraphraser, un sens contraire à celuy-cy: «Hors de la doctrine qui fait l'essentiel de la véritable Eglise et des enfans de Jerusalem, sçavoir hors du renoncement au mal, hors de l'amour de Dieu et de l'imitation de Jesus Christ, il n'y a point de salut; non plus que hors des bonnes ordonnances et des bonnes pratiques de l'Eglise, lors qu'on les méprise et les rejette par orgueil, par fierté et par malignité opiniâtre et profane, puis que cela est une marque qu'on n'a point l'amour de Dieu. Mais, si quelqu'un étoit hors de ces ordonnances et pratiques et de ce party par un autre principe, et que ce fust par préoccupation, par ignorance, par mauvaise information qu'il s'en tinst séparé, étant au reste dans <p. 152> une disposition de cœur humble et sincére et prét à s'y rendre s'il étoit convaincu de leur validité, et qu'il vist que ce fust son devoir; pour un tel[186], qui est de cœur dans tout le bien qui peut étre dans le meilleur de tous les partis et dans l'Eglise, et qui n'en est dehors que par faibloisse et par erreur d'esprit, il y a espérance de Salut.» Je ne crois pas qu'aucune personne qui a la crainte de Dieu, en quelque party que ce soit, voulust autrement interpréter ces paroles, ni dire que, hors du party qu'elle croid l'Eglise, il n'y a point de salut; sinon qu'elle

---

[186] Il s'agit de ce «quelqu'un» qui vient d'être caractérisé par sa bonne foi.

l'entende de ceux qui sont hors du bien et de la vérité par orgueil, par mépris, par malignité et opiniatreté, et qui sont vuides de charité. C'est pour eux que cette régle a été faite, et c'est par rapport à eux qu'elle doit étre interprétée.

XXV. (5)   *Pourquoi Dieu laisse quelques fois les siens dans de telles erreurs de fait*

5) L'on pourroit demander pourquoi Dieu laisse ses saints mémes dans de telles erreurs de fait, comme sont: de supposer que ceux qui sont hors de leur party soient hors de la charité, et dans un état de perdition? Pourquoi ne leur fait-il pas connoître qu'il peut y avoir là quelques gens de bien, et qu'il y en a méme quelques-fois plusieurs? Je réponds que c'est pour le bien des infirmes avec qui ils conversent, et qu'ils doivent gaigner à Dieu. Un temps a été que, si Dieu eust manifesté à une ame sainte d'un certain party, que ceux qui sont dans une autre société peuvent aussi étre sauvés, et qu'il y a effectivement entr'eux <p. 153> des ames justes, cela auroit rendu cette personne suspecte d'hérésie à ceux de son party et peut-étre qu'on l'auroit fait mourir. Du moins, cela eut (*sic*) décrédité toutes les autres vérités salutaires, par lesquelles Dieu vouloit faire du bien à ceux avec qui une telle ame conversoit. En ce cas, une telle connoissance du fait dont nous parlons, auroit été et inutile et nuisible au salut des ames; et, au contraire, l'erreur de fait leur étoit profitable et necessaire: et ainsi, il ne faut pas s'étonner si Dieu la leur laissoit, avec encore quelques autres imperfections de méme nature, comme seroit le trop d'attachement à des directeurs, ou à quelques pratiques de peu de considération, dont néanmoins l'inobservance auroit troublé l'édification des ames qui étoient dans ce party-là, ou, si l'on veut, dans ce quartier de la grande Ville où elles devoient se santifier. Si Dieu a pardonné aus Juifs le péché contre son Fils, en tant qu'ils le crucifiérent par ignorance, pensant faire mourir un séducteur, à plus forte raison n'imputera-t'il pas à ses enfans une erreur de fait jointe avec la charité.

Je dis *erreur de fait jointe avec la charité*: car les vrais enfans de Dieu n'errent pas dans le droit, ni contre la charité. Ils ne condamnent que ce qu'ils supposent mauvais et ils le justifient, supposé qu'il soit bon[187], pour le reste, ils ont compassion de tous et donneroient volontiers leurs vies pour le bien de ceux qu'ils croyent être dans l'erreur, <p. 154> prient pour eux et souvent, par humilité de cœur, les tiennent pour moins éloignés, ou pour moins indignes, du Royaume de Dieu et pour moins coupables qu'ils ne le sont eux-mémes.

XXVI. *Les sçavans superbes et méchans, sont cause de tous les desordres entre les chrétiens*

Mais ce sont les méchans, et surtout les docteurs et les sçavans impies, les enfans et les garnemens de Babilone, qui sont cause de ces erreurs de fait, pour ne pas dire d'une infinité d'autres maux. Ce sont eux qui prétendant par orgueil de cœur dominer sur tous, veulent tirer tout le monde à eux et ne pas souffrir qu'on consulte, qu'on écoute, qu'on reconnoisse d'autres qu'eux. S'ils ne cherchoient que la gloire de Dieu avec humilité et abnégation d'eux-mémes, ils regarderoient peu si on les suit ou non, si l'on se soucie d'eux ou non, pourvû seulement que l'on cherchast et que l'on suivist Dieu. S'ils aimoient Dieu, ils seroient joyeux que ceux qui ne sont pas de leur party, aspirassent à Dieu par quelque moyen que ce soit, et ils tacheroient de ne les meiner que là, sans les diffamer sur ces moyens, non plus que sans leur parler à contre-temps de leur conversions extérieures et de leurs affligeantes disputes et controverses, qui ne servent de rien à avancer la divine charité, et qui plûtot y sont à grand obstacle. Ils se souviendroient des paroles de l'apôtre: (a)[188] *Quittez la colére, l'aigreur, la malice, la medisance... Et*

---

[187]   L'erreur typographique (le texte a «bons») est corrigée dans les *errata*, à la fin de l'ouvrage.

[188]   En marge, la référence: «Colos. 3, v. 8, etc.» Après le v. 8, Poiret cite ensuite les v. 12 à 15.

*vous revétez comme élus de Dieu, saints et bien-aimés, d'en-
trailles de miséricorde, de bonté, d'humilité,* <p. 154> *de modestie,
de patience, vous supportant les uns les autres, chacun remettant
à son frère tous les sujets de plaintes qu'il pourroit avoir contre
luy, et vous entre-pardonnant comme le Seigneur vous a pardonné. Mais surtout, revétez vous de la charité, qui est le lien de
la perfection, et faites reigner dans vos cœurs la paix de Jesus
Christ, à laquelle vous étes appellés comme en un corps.*

Cependant, par un aveuglement d'esprit dont on ne sçauroit
assez s'étonner, l'on prétend avancer l'édification, l'union, et la
charité, par le principe de la discorde. L'on dispute, dit-on, pour
la vérité de l'eucaristie. Quel aveuglement! De bonne foy, a t'on
disputé à qui aimeroit le plus son prochain, à qui montreroit le
mieux par œuvres et par effets qu'on n'est qu'un cœur et qu'une
ame, à qui l'emporteroit en charité, en impartialité, en humilité,
en profusion de biens et de vie les uns pour les autres? Est-ce
pour avancer cela, qui est l'essence et l'esprit de la véritable
communion, que l'on s'est employé, que l'on s'est disputé, chi-
canné, divisé, haï, maudy? N'est-ce pas là agir pour la partialité
la plus terrible qui est l'opposé de la sainte Communion? Et que
doit-on attendre de ces belles méthodes des chrétiens d'à present? (a)[189] *Si vous vous mordez et vous devorez les uns les
autres, prenez garde que vous ne soyez consumés les uns par les
autres.* En effet, l'affaire en va là, pour quiconque veut ouvrir les
yeux. Et ce qu'il y a de déplorable, c'est <p. 156> que les uns, au
lieu de reconnoitre qu'en tel cas ils ne sont guidés que par un
esprit de faux zéle, se croiront animés du zéle de Dieu, et que les
autres se tiendront pour des martyrs de la vérité de Dieu, lors
qu'ils ne feront que souffrir la punition et les peines de leur
propre partialité.

---

[189] En marge, la référence: «Gal. 5, 15.»

XXVII. (6)   *Si la diversité des ceremonies, n'empeche pas qu'on ne les reçoive comme de Dieu*[190]

6) Je ne me serois pas si fort étendu que j'ay fait sur cette matiére, n'étoit, comme je l'ay dit, qu'elle est maintenant plus de saison que jamais, et qu'il seroit à souhaiter que tous les bons fussent en paix et en tranquillité sur cela. Je la vay finir en répondant à cette derniére difficulté, comment il seroit possible que des gens de bien pratiquassent non seulement des cerémonies différentes, mais que méme ils les reçussent comme de la main de Dieu, comme venantes ou comme approuvées de luy, lors que cependant elles sont différentes et méme opposées les unes aux autres? Cette difficulté est nulle, et chacun se peut convaincre de sa nullité par les choses les plus ordinaires. L'Ecriture ne nous enseigne-t-elle pas à recevoir toutes choses, méme les mauvaises, jusqu'aus complots des méchans et des démons contre nous, et tout ce qui nous arrive, comme nous étant dispensé de la main de Dieu, et que ce fust luy-méme qui nous les administrast? (a)[191] *Le Seigneur l'a donné,* disoit Job, *et le Seigneur l'a ôté. Béni soit Son Nom.* Les personnes bonnes et sincéres qui reçoivent et ces sortes de choses extérieures, et toutes les autres, <p. 157> comme de la part de Dieu méme, et qui les rapportent à luy avec une bonne disposition de cœur et une soumission d'ame à sa divine majesté, non seulement ne luy sont point desagréables, mais, méme, Dieu leur donne par ces pratiques-là sa grace divine à proportion de leur foy et de leur retour à luy. Et n'importe que ces pratiques soient différentes en différens lieux. La santé et la maladie, la prospérité et l'adversité, la vie et la mort, sont bien des choses contraires, et, cependant, l'on fait trés-bien de les recevoir de la main d'un méme Dieu, lequel sans doute en approuve le bon usage. Car enfin, TOUS LES MOYENS EXTERIEURS QUI RAPPELLENT A DIEU PEUVENT ETRE DIFFERENS, ET MESME OPPOSEZ QUANT A

---

[190]   Dans l'*Œc. Div.* ce titre était: *Si la diversité et méme l'opposition des ceremonies n'empechent pas qu'on ne les reçoive toutes comme de Dieu.*

[191]   En marge, la référence: «Job 1, 21.»

CE QU'ILS ONT D'EXTERIEUR[192], à cause de la différente disposition, ou des différentes circonstances, où se trouvent les hommes.

Je dis plus: une personne qui a quelque lumiére et quelques principes d'amour de Dieu peut, sans aucun scrupule et dans une grande tranquilité de conscience, assister à tous les cultes et à toutes les différentes pratiques des différens partis de la Chrétienté, et en tirer du bien. Mais cecy doit avoir cette restriction. C'est que si, généralement parlant, les bons s'étoient corrompus, ou qu'ils fussent retirés du monde et qu'il n'y restast que des hommes relâchés, et des enfans de Babilone et de l'amour propre, qui abusassent par tout des cho- <p. 158> -ses sacrées, en un mot, que les choses fussent dans les circonstances que l'on a marquée cy-dessus (a)[193], en ce cas, il ne faudroit pas authoriser cet abus-là par sa présence. Et j'estime que Dieu ôteroit alors au peu de bonnes ames qui resteroyent le desir de se rendre avec les méchans, pour assister à leurs abus sacriléges, comme il fit autres-fois au prophéte Jeremie, luy enjoignant de ne plus se trouver avec les Juifs dans le Temple de Jérusalem: (b)[194] *Qu'a mon bien-aimé à faire dans ma Maison, puis qu'on n'y fait que des choses abominables?* Et, sans doute, sa divine justice sera alors à la porte, pour détruire les méchans et leurs cérémonies, et pour rétablir son vray culte *en Esprit et en Vérité* [195], comme il estoit au commencement.

---

[192]   Dans le texte original, ce passage n'était pas écrit en capitales.

[193]   En marge, l'indication: «Supra, num. 3»; c'est à sa page 148.

[194]   En marge, la référence: «Jérémie 11, 15.» D'après la *TOB*, dont la traduction est très différente («Que vient faire en ma Maison ma bien-aimée? Sa manière d'agir est pleine de finesse») les deux vers suivants, c'est-à-dire la fin du verset, sont obscurs dans le texte hébreu, moins dans la Septante (la vieille version grecque).

[195]   Allusion à l'une des réponses du Christ à la Samaritaine (Jean 4, 23), que Poiret utilisera très souvent *infra,* dans la Section V.

SECTION IV

CRITIQUE *de* **Monsieur J(urieu)** *sur les* **AVIS CHARI-TABLES**, insérée dans l'onziéme de ses *Lettres Pastorales* sous le titre de

Article de Controverse; Reflexions sur un écrit nouveau, envoyé aux Eglises de France[1]

«Ayant achevé nôtre article d'antiquité, il faloit entrer en celuy de controverse, <p. 159> et nous l'eussions fait sans détour, si nous n'avions rencontré dans nôtre chemin un écrit intitulé: *Avis charitable pour soulager la conscience de ceux qui sont obligez de se conformer au culte de l'Eglise Romaine. Tiré d'une lettre d'un particulier à ses amis.* Cette dangereuse lettre a précisément un but opposé au nôtre. Nous voulons vous réveiller; elle veut vous endormir, et vous persuader que les superstitions qu'on vous oblige de pratiquer ne vous peuvent nuire, et méme qu'elles vous peuvent servir, pourvû que vous en fassiez des moyens de vous unir à Dieu. Ce qui rend le poison de cet écrit plus dangereux, c'est qu'il est mélé avec un caractére d'humilité, de piété et de devotion. Nous savons, d'ailleurs, que des per-

---

[1] Il s'agit de la 11ᵉ lettre de la première année; cette lettre, qui commençait par l'annonce de la mort du ministre Jean Claude, porte la date du 1ᵉʳ février 1687. Voir la réédition des *Lettres Pastorales adressées aux fidèles de France qui gemissent sous la captivité de Babylon,* de Pierre Jurieu, dans Pierre Bayle, *Œuvres diverses, Volumes supplémentaires,* vol. II, présentation par Robin Howells, Georg Olms Verlag, Hildesheim, Zürich, New York, 1988. Cet «Article de controverse» se trouve de la p. 93 à la p. 95 (paginée par erreur 97, dans l'édition in-4° reproduite ici, celle de la British Library). Poiret cite fidèlement ce texte.

sonnes qui pour faire leur cour ont pour but de vous porter à la soumission pour vos persecuteurs, vous en ont envoyé beaucoup d'exemplaires[2]. Tellement que nous avons toute sorte d'intéret à vous munir contre le péril où ce pernicieux écrit pourroit porter des gens qui n'ont déjà que trop de penchant à se flatter et à s'endormir. Ce ne sera pas en réfutant les raisons de cet auteur que nous vous défendrons contre luy: c'est en vous le faisant connoitre. Cela suffira pour vous apprendre quelle créance vous[3] devez avoir aux principes d'un tel docteur.

Vous saurez donc que ce n'est point un de vos anciens pasteurs qui vous écrit ainsi. Il est vray que l'autheur de cette lettre a été <p. 160> autresfois de ce caractère, mais il y a renoncé, il y a plusieurs années, pour se jetter entre les bras d'une certaine femme visionnaire, nommée Antoinette de Bourignon[4]. Cette femme, trouvant qu'il n'y avoit pas encore assez de sectes dans le christianisme, s'est mise dans la téte d'en faire encore une. Et de plus, les personnes de son sexe n'ayant pas accoutumé d'être fondatrices de religion; elle s'est imaginée que la sienne se rendroit considérable dans le monde par la singularité de son origine. Avec un grand air de devotion, qui se voit dans tous les visionnaires, elle s'est mise à précher au monde par dis-huit ou vingt volumes d'écrits, qu'elle a ou fait imprimer durant sa vie, ou laissé à imprimer aprés sa mort[5]. Dans ces ouvrages, outre les vérités chrétiennes, et particuliérement de la morale, qu'elle a habillées assez heureusement en quelques endroits[6], elle débite mille visions paradoxes et mille songes creux contre les verités reçues entre les théologiens. M. P(oiret), auteur de l'écrit dont il s'agit, plus par foiblesse d'esprit que par corruption de cœur,

---

[2] On ne sait à qui Jurieu fait allusion. Il serait étonnant que cette assertion fût vraie.

[3] Il y avait une faute typographique: «nous» au lieu de «vous».

[4] Il est fréquent qu'on ajoute à son nom une particule, mais c'est une erreur.

[5] *Toutes les Œuvres* d'Antoinette Bourignon *réduites en 19 volumes*, venaient d'être réunies et diffusées en une collection, à Amsterdam, à l'adresse de l'éditeur H. Wettstein, en 1686.

[6] Jurieu l'aurait-il lue, pour concéder ce surprenant éloge?

s'est jetté dans ce party et s'en est rendu le chef. On va voir de luy treize volumes[7] qui, sans doute, expliqueront et pousseront bien plus loin les mystéres de sa maistresse. Il suffira pour vous aprendre quel est le caractére de ces Messieurs de vous donner quelques traits de leur Religion, tirés du propre écrit qu'on vous a envoyé.

Premiérement, leur Secte, c'est de n'en <p. 161> point avoir et de n'en affecter aucune: recevoir chez eux Papistes, Luthériens, Remonstrans, Réformés, Sociniens, Mennonites, Anabaptistes; tout y est bien venu, sans qu'on les oblige à changer de sentiment ni de pratiques, si bon leur semble. Mais aussi leur religion, c'est de n'en pratiquer aucune extérieurement. Ils ne vont ni à préche ni à messe: ils ne font exercice de religion ni public ni particulier. Ils n'ont point d'assemblées comme les autres sectes entre les chrétiens. Si leur caprice les conduit, aujourdhuy ils iront à la Messe, demain ils iront à l'Eglise des Réformés: Mais cela ne leur arrive peut-étre pas une fois en un an, ni méme une fois en toute leur vie: Car ils font profession d'avoir un souverain mépris et une parfaite indifférence pour les exercices de piété, les regardans comme des dehors, qui ne servent qu'autant que l'intention, et la maniére dont on en use pour rectifier le cœur et l'esprit, les rend utiles, et méme qui nuisent beaucoup plus qu'ils ne servent, parce qu'ils tirent l'ame hors d'elle-méme. Je crois qu'ils ont beaucoup de rapport en cela avec les sectateurs du Docteur Molini, qu'on appelle *Quiétistes*[8], et qui font assez de bruit en Italie. Ils médisent des pasteurs avec excés et, sous une apparence de zéle, il n'est rien qu'ils ne disent pour rendre odieux et méprisable et le ministére public et ceux qui l'exercent, dans l'une et l'autre religion. C'est ce que l'on peut voir dans les écrits de la fondatrice, <p. 162> Antoinette de Bourignon. Ils ne font pas méme d'exercices particuliers de devotion dans leurs

---

[7]   Il s'agit de l'*Œconomie Divine*, qui paraîtra en 1687, mais qui ne compte pas plus de 7 tomes!

[8]   Miguel de Molinos (1628-1696) et son ouvrage *La Guide spirituelle*, après un procès à Rome seront condamnés pour «quiétisme», cette même année 1687.

maisons, au moins qui soient visibles. Car M. P. a luy méme fait
savoir au public que, chez Mademoiselle de Bourignon, on ne
faisoit aucunes priéres dans le domestique, si ce n'est à table;
encore remarque-t'il que cela se faisoit à voix basse. Ce n'est pas
qu'ils ne permettent l'usage des prieres à qui en veut faire,
comme ils permettent d'aller au préche ou à la messe indifféremment. Mais les parfaits d'entr'eux ne s'amusent point à cela.
Et l'un des principes de M. P., c'est que les désirs, les priéres, les
élevations vers Dieu, et les méditations sont entiérement
contraires à l'esprit du parfait Christianisme et font opposition à
la descente du Saint Esprit et à la venue de la grace. Selon luy, le
seul état propre à attirer le Saint Esprit, c'est celuy qu'il appelle
d'*inaction,* par lequel, dans une privation de priéres, de désirs et
de mouvemens, on se laisse tomber dans le néant. Et cet anéantissement de toutes les facultés est le sacrifice agréable à Dieu,
qui fait descendre le S.Esprit. Ils ont perpetuellement à la bouche
ce mot, *Sileant creaturae, et Dominus loquatur: que les créatures se taisent et que le Seigneur parle.* Par où ils signifient non
seulement qu'on doit imposer silence aux passions pour écouter
Dieu: ce qui est bien vray. Mais aussi, qu'il faut fermer la porte à
tous les objets externes et assoupir toutes les facultés internes
pour se procurer une es- <p. 163> -péce d'extase, durant laquelle
Dieu parle au cœur immediatement et par luy-méme. Voila une
des visions de cette secte, dont vous voyez des traits répandus
dans toute la lettre. Car c'est ce que signifient ces humiliations,
ces anéantissemens, ces actes internes d'adhérence à Dieu, que
l'on vous exorte de faire.

Voicy un autre songe de ces esprits malades, qui se lit aussi
dans cet ecrit à la 4ᵉ page, à la seconde colonne[9]: *De plus*, dit-il,
*il faut se souvenir qu'il est dit dans l'Evangile que toutes choses
sont possibles au croyant, que la foy peut transporter les montagnes et que Jesus Christ dit toûjours aus hommes: qu'il vous
soit fait selon vôtre foy. De sorte que, si ceux qui officient et qui
assistent à la celebration de l'eucaristie ont la foy que Jesus*

---

[9]   Cf. p. 22 dans la pagination de l'ouvrage *Paix des Bonnes Ames, supra*,
       p. 49.

Christ y soit présent, cette foy-là est ratifiée par Dieu et elle engage Dieu, outre sa parole et sa promesse, à se rendre present comme on le croit: et c'est là une pensée qui est si claire que je ne doute pas que vous n'en compreniez bien la force. Ne faut-il pas avoir l'esprit bien gâté pour appeller cela une pensée claire? Je m'en vais vous l'éclaircir. L'un des dogmes de cette mystérieuse cabale, c'est qu'originellement Dieu avoit créé l'homme maitre de toutes choses, mais maitre de tout, au pied de la lettre: en sorte qu'il pouvoit aréter le cours du Soleil, remuer le globe de la terre, transporter les montagnes etc. Et l'instrument par lequel il faisoit cela, ou le pouvoit faire, c'étoit sa foy. *Car tout est possible au croyant*, sans figure <p. 164> et sans exception aucune. L'état de perfection où Jesus Christ nous appelle, c'est celuy-là, sçavoir: celuy de foy, qui nous rend tout possible. Tellement qu'aujourdhuy, pour renverser l'ordre du monde, vous n'avez qu'à croire que vous le pouvez faire, et cela se fera. Car c'est précisément dans le sens litéral qu'ils veulent qu'on préne ces paroles de Jesus Christ: *Si vous aviez la foy aussi gros comme est un grain de semence de moutarde, vous diriez à cette montagne: jette toy en la mer, et elle le feroit*[10]. Et ce n'étoit pas un privilége des apôtres, c'étoit pour tous les fidéles. Voila l'admirable pensée qu'on vous dit être si claire qu'il *est impossible que vous n'en compreniez la force.* Si vous n'en comprenez la force, au moins en comprendrez vous la commodité. Car quand il vous plaira de croire que Jesus Christ est corporellement dans vôtre chenet et dans le manteau de vôtre cheminée, cela se fera. Et par là sans sortir du coin de vôtre feu, vous irez à la messe, et chacun de vous par la foy se fera une consécration et une transsubstantiation de tous les utensilles de sa maison.

Dans le méme écrit on trouve une autre vision qui me paroit encore plus burlesque. C'est dans la page sisiéme en la seconde colonne[11], au sujet du purgatoire. *Lorsqu'il arrive qu'une ame est decédée de cette vie dans l'amour de Dieu, ayant encore*

---

[10]   La référence à ce passage est Matt. 21, 21 (sans la mention de la graine de moutarde, Luc 17, 6).

[11]   Cf. p. 27 de *Paix des Bonnes Ames, supra*, p. 54.

neanmoins des impuretés et des mauvoises habitudes en soy; le
sang de Jesus Christ, ou la grace de Jesus Christ <p. 165> *puri-*
fiante, qui vient aprés sa mort[12] *dans cette ame pour la purifier,*
ou pour achever de la purifier de tout péché, y trouvant encore
plus ou moins des restes du mal et de ses mauvaises habitudes et
pentes, les combat pour les en chasser. Ce combat de la grace
purifiante de Jesus Christ contre le mal dans une ame fort sen-
sible, laquelle il veut nettoyer de tous les restes du péché, ne se
fait pas, et ne se peut faire, sans de grandes et de vives douleurs.
Cela n'est-il pas bien singulier que, quand une ame est separée
de son corps, le sang de Jesus Christ s'y fourre comme du sable
à fourbir[13], pour écurer cette ame, ce qui luy cause de vives douleurs? Assurément Monsieur P. ne pouvoit mieux faire pour exciter la curiosité du public que de nous donner cet échantillon de
ses mystéres. Cela vaudra aussi quelque chose à son Imprimeur[14]: car je suis assuré que les curieux de France voudront, à
quelque prix que ce soit, voir un systéme complet de cette admirable théologie.

Quoiqu'il en soit, ce n'est pas sans une particuliére Providence qu'il est arrivé que, dans un écrit d'ailleurs trés-propre à
flater les cœurs des Nicodémites[15], l'auteur se soit ouvert suffisamment pour se faire connoitre pour ce qu'il est. Aprés cela,
mes fréres, jugez quelle foy vous devez avoir pour un homme
qui vous donne une idée de la pieté selon laquelle les Israëlites
adorerent le Veau d'or sans crime, parce qu'ils le regardoient
comme Dieu; selon laquelle on peut étre Turc et adorer méme
des choux, <p. 166> pourvû qu'on s'en serve de moyens pour

---

[12] Ici le texte avait «aprés la mort».

[13] Nous verrons plus loin dans la Section V qu'il y a ici de la part de Jurieu une
      allusion ironique aux humbles origines de Poiret et à sa famille de «fourbis-
      seurs de sabres».

[14] Jurieu contribuera involontairement à la «publicité» qu'il dénonce ici.

[15] Les termes de «nicodémites» «nicodémisme», tirés de l'histoire de ce Nico-
      dème qui vint de nuit voir Jésus par crainte des Juifs (Jean 3, 1-2), ont été uti-
      lisés par Calvin pour désigner et fustiger ceux qui professaient de cœur la foi
      évangélique et, sans s'exiler, feignaient d'être catholiques pour éviter la per-
      sécution.

s'unir à Dieu et pour exciter son amour. Ces Messieurs nous demandent qu'on les laisse en paix: Qu'ils nous y laissent donc, et qu'ils ne se mêlent point de venir donner des avis à nos troupeaux[16], n'y étant point appellez. De tout mon cœur j'aurois voulu les laisser en repos: je n'aime pas à chagriner personne; et je les laisseray dans leur retraite fort paisiblement, pourvû qu'ils se mettent dans l'état *d'inaction* à nôtre égard aussi bien qu'à l'égard de Dieu. Mais s'ils continuent à nous troubler, la dispute pourroit prendre un tour qui ne reviendroit pas à leur honneur.»

---

[16] Jurieu se pose ici, de façon assez exclusive, en «pasteur» des protestants de France.

SECTION V

Réponse aus faussetés et aus inepties de l'écrit précédent, où l'on découvre aussi le fond et la nature de plusieurs choses importantes qui concernent la religion et la piété

I. *L'esprit de controverse et celuy de paix*

Depuis que Dieu m'a fait la grace de connoitre avec quelque fondement le solide de sa divine vérité, j'ay toûjours regardé l'esprit de dispute et de controverses sur le culte extérieur, sur les cérémonies et les menues opinions des religions, comme une production du Démon et une marque <p. 167> infaillible de l'esprit d'aveuglement, d'orgueil et de cruauté. Tous les hommes, et particuliérement les chrêtiens, doivent s'aimer comme étant fréres et enfans de Dieu par la création et par la redemption. De plus, comme ils naissent maintenant en corruption, en tenebres, stupides, grossiers, séparés de Dieu et de la source de la vie, et dans un état qui fait pitié à Dieu méme, la partie offensée, combien plus cela doit-il faire pitié à quiconque n'est pas ou béte ou démon? Lors, donc, que l'on voit quelques-uns de ces misérables tâcher de se retirer de cet état de perdition, ou d'en retirer les autres et de se rapprocher de Dieu par des moyens exterieurs proportionnés à leur foiblesse, ne faut-il pas avoir l'esprit bien cruel et bien malin, ou extrémement aveuglé, pour venir troubler là dessus ces pauvres créatures, les venir chicanner sur cecy et sur cela et leur faire mille peines et mille scrupules, pour les détacher de ces moyens-là et les attacher à d'autres, sur peine de damnation ou d'idolatrtie? Ne faudroit-il pas plûtôt se réjouïr de voir que ces pauvres ames ont la volonté de sortir des liens du Diable et de rechercher la grace de Dieu et la vie! Et ne faudroit-il pas tâcher de les aider en cela de tout son pouvoir, par ces mémes moyens qu'ils ont à la main, ou par ceux dont quelques-uns sont obligés de se servir indispensablement, lors qu'il ne leur est pas libre d'en pratiquer d'autres?

Un motif si pur et une maniere d'agir si <p. 168> charitable, si chrétienne, et si solide, de rameiner ainsi les ames à Dieu, peu-vent-ils en conscience déplaire aus gens de bien de quelque party qu'ils puissent étre? Doivent-ils méme déplaire aus ames raison-nables et qui ont le sens commun? Je croiois donc qu'ayant écrit par ce charitable motif, et l'ayant fait d'une maniére si équitable que de me donner de garde[1] qu'en facilitant certains moyens à ceux qui n'ont pas la liberté de se servir d'autres, je ne desa-prouvasse point en méme temps ceux qui sont en état et en liberté d'observer d'autres pratiques; je croyois, dis-je, que si l'on n'approuvoit pas mon dessein, du moins on me laisseroit en paix. Mais c'est ce qui n'est pas arrivé. Et de vray, mon espe-rance en étoit fort foible, dans la connoissance que j'avois d'une personne dont la gloire est d'étre un des esprits les plus hargneux et les plus contentieux de toute la terre[2]. Je m'en doutois si bien que, pour m'en éclaircir, je me resolus de perdre une partie de mon temps à la lecture des lettres qu'on appelle *Pastorales*, en commençant dés la neuviéme, qui parut environ le temps de mon écrit[3]; et je trouvai à l'onziéme que mon doute ne m'avoit pas trompé. Mais je fus bien surpris, lors qu'au lieu de raisons qui vinssent à propos sur la chose dont il s'agissoit, je ne trouvay que des personnalités[4] toutes fausses et qui venoient aussi mal à point à nôtre sujet que les *Lettres Pastorales* à l'état présent des Réfor-més de France. Ces bonnes ames <p. 169> sont en peine sur ce qu'elles pratiquent. Les meilleurs blessent mortellement leurs consciences, ou bien, ils se rendent misérables leur vie durant, si long-temps qu'ils n'ont point d'instruction convenable à leur

---

[1]   Signifie: «éviter», «prendre garde que».

[2]   La réputation de Pierre Jurieu d'avoir mauvais caractère était établie. On disait «l'injurieux Jurieu».

[3]   La date de cette 9e *Lettre Pastorale* est le 1er janvier 1687.

[4]   Signifie: «remarques concernant les personnes.»

état. M. J., pour les secourir convenablement à cet état-là, croid faire merveille de leur envoyer de temps à autre ces saintes babioles de *Lettres Pastorales*, qui justement ne sont propres qu'à aggraver leurs difficultés et à accabler leurs consciences de remors et de desespoir, par le moyen de ces fatras *d'articles d'antiquité et d'articles de controverse*[5] qu'on leur met dans la téte, comme si, de là, dépendoit leur salut et leur paix, et que Dieu leur dust demander en son jugement, s'ils ont bien sçû leurs articles d'antiquité et leurs articles de controverses? Ne faut-il pas étre bien aveuglé et du nombre de ces *consolateurs facheux* dont l'Ecriture parle[6], pour agir de la sorte, et pour appeler cela une conduite *Pastorale*, au méme temps qu'on s'emporte contre une innocente lettre qui contient les seuls remédes veritables et propres aus maus des consciences que l'on prétend soulager!

II. *Buts de M. J. et le mien, opposés*

Mais ce n'est pas sans sujet qu'on luy en veut. *Cette dange-reuse lettre a precisément un but opposé au nôtre,* dit M. J. Croyons l'en, puisqu'il le dit. Et ainsi, comme le but de ma lettre est d'appaiser les consciences, celuy de M. J. sera de les troubler; le but de ma lettre est de faire qu'on pratique sans soüiller son ame ce qu'on pratique, et celuy <p. 170> de M. J. de faire qu'on ne le pratique qu'en péchant. Il y a plus. Les vérités de ma lettre ren-versent par le fondement toute la machine de ces admirables *Lettres Pastorales* et toutes ses piéces *d'articles d'antiquité, et d'articles de controverses*. Car, selon la lettre d'avis[7], les cere-

---

[5] Par souci didactique, Jurieu s'efforçait de fournir des arguments aux réfor-més de France, pour les aider à lutter contre la propagande des convertis-seurs catholiques. La rubrique historique sur l'Eglise des premiers siècles, annoncée dans la 3e *Lettre Pastorale* (1er oct. 1686) apparaît à partir de la 5e (1er nov.). L'article «d'antiquité» est complété par un article «de contro-verse» à partir de la 10e (15 janv. 87).

[6] Allusion probable aux amis de Job qui usent de mauvais arguments pour le consoler (cf. Job 16, 2).

[7] D'*Avis Charitable*, donc celle de Poiret.

monies n'étant bonnes que par rapport à Dieu et étant toutes bonnes lorsqu'elles y rameinent, qu'importe si la premiére ou la seconde antiquité y a apporté quelque changement et si les suivans y ont encore introduit quelques autres? Quand bien méme, et à présent et desormais, on trouveroit bon d'y faire d'autres variations, tout cela seroit bon, pourvû qu'il rameinast à la pensée amoureuse de Dieu, et à l'humilité de cœur: et ainsi, voila tous mes *articles d'antiquité* par terre. Pour les opinions, sans se mettre en peine de celles des autres et sans se tourmenter scrupuleusement sur leur stérile spéculation, on n'a (selon la méme lettre) qu'à les embrasser, aussi avant qu'on se sent porté par elles à la crainte de Dieu, à son amour, à la vertu et à la pratique du bien: et par cela seul, voilà tous les *articles de controverse* en fumée. Jugez de là si M. J. n'avoit pas raison de dire: *Cette dangereuse lettre a précisément un but opposé au nôtre. Nous voulons vous reveiller, elle veut vous endormir.* C'est qu'il veut reveiller les ames à la conteste, aus dissentions, aus querelles et à toutes ces diables de disputes et de controverses qui, comme la piquure des quëues des scorpions dont l'Ecriture parle <p. 171> pour marquer les faux docteurs[8], mettent les ames en troubles, en amertume, en inimitié, en desordres, en furie les unes contre les autres, et les font ainsi mourir de la mort eternelle, au lieu que la lettre[9] voudroit les endormir à tous ces maux de l'enfer, de la méme maniére que l'Ecriture dit de la vérité qu'elle est dans la bouche de ceux qui la portent comme une parole d'enchantement qui endort les aspics; mais à laquelle les méchans, comme des serpens rusés, bouchent l'oreille pour n'en étre pas endormis[10]. Jusques là M. J. a dit la vérité.

---

[8]   Allusion à Ezéchiel 2, 6.

[9]   La Lettre d'*Avis Charitable* de Poiret.

[10] Allusion au Psaume 58, 4-6; mais le texte est modifié: il n'est pas question de «vérité» mais de «parole d'enchantement», terme qui est pris positivement dans la Septante (on emploie le mot «*logos*») ou dans la Vugate (*sapienter*). Les propositions sont aussi inversées: «Les méchants sont dévoyés, les menteurs divaguent dès leur naissance. Ils ont un venin pareil à du venin de serpent; ils sont comme la vipère sourde qui se bouche l'oreille, qui n'obéit pas à la voix des enchanteurs...» (trad. *TOB*).

III. *Superstition, ce que c'est*

Mais il n'est pas vray que la lettre ait dessein de persuader que *les superstitions ne peuvent nuire*. M. J. fait bien voir par là qu'il ne sçait encore ce que c'est que superstition. Une méme chose peut étre et ne pas étre superstition, selon le motif de son institution et l'usage ou l'abus qu'on en fait. Toute cérémonie qui est établie pour faire penser amoureusement et humblement à Dieu, et qui est pratiquée dans cet esprit-là, n'est pas superstition; et toute cérémonie qui est établie ou pratiquée hors de ce motif et de cet usage, est *superstition*. Or celles de l'Eglise Romaine dont j'ay parlé sont établies par ce bon principe; et j'ay fait voir que les esprits dociles et sincéres des gens de bien peuvent en faire et en font, en effet, un bon usage. Je n'ay donc pas eu dessein de justifier aucune superstition; au contraire, je les ay expressément blamées en plus d'un endroit en ‹p. 172› desaprouvant l'abus des choses saintes. M. J. reconnoit luy-méme, un peu aprés, que *l'on veut persuader* que ce qu'il appelle faussement superstition *peut servir pourvû qu'on en fasse des moyens de s'unir à Dieu;* et c'est cela qu'il met en opposition à son dessein. Qui l'auroit jamais crû, qu'un theologien, qu'un pasteur, qu'un chrétien, qu'une créature raisonnable pût faire profession d'avoir des desseins opposés à celuy d'une personne, qui enseigne que les choses dont on fait des moyens de s'unir à Dieu sont bonnes et utiles? En vérité, je suis tout épouvanté de l'énormité de ce terrible aveuglement.

IV. *Comment ma lettre est* un poison pernicieux *à M. J.*

Puis que M. J. trouve que ma lettre est si précisément opposée à ses desseins, il ne faut pas s'étonner s'il la traitte de *poison dangereux* et *d'écrit pernicieux*. Il en a encore une raison particuliere. C'est qu'il a publié un livre qu'il appelle *Preservatif* [11],

---

[11]   *Préservatif contre le changement de religion, ou idée juste et veritable de la Religion Catholique romaine, opposée aux portraits flattés que l'on en fait,*

et que quelques uns de ses antagonistes ont appellé en riant du mitridate[12] ou de l'antidote; et il se trouve que ma lettre, sans dessein particulier pourtant, établit des principes qui font évaporer toute la force de ce mitridate: et, par conséquent, elle est un poison pernicieux. La démonstration en est toute claire. Toute chose qui rend inutile la force du preservatif ou de l'antidote, est un *poison pernicieux*. Or la lettre de question fait cela au preservatif ou à l'antidote de M. J. Ergo, cette lettre est un *poison pernicieux*. Avec tout cela pourtant, il y a quantité de personnes <p. 173> qui ont de la piété et du bon sens, qui n'y trouvent rien que de trés-bon, de trés-édifiant et de trés-salutaire; et, de là, on prend sujet de regarder M. J. comme un medecin d'ames qui ne se connoit guéres en poison ni en contre-poisons et qui, là dessus, pourroit bien donner à ses malades quelques dangereux *quid pro quo*[13]. Décrier pour *poison* un écrit qui, en vérité, n'a point d'autre but que de meiner les ames à l'amour de Dieu et à l'imitation de Jesus Christ, par toutes sortes de moyens, et qui distingue si exactement les essentiels ausquels seuls il faut être attachez, d'avec les accessoires dont on ne recommande que le bon usage! Ne devroit-on pas être honteux d'un jugement si pervers, pour ne pas dire si impie, par où l'autheur ne fait qu'attirer sur sa tête la malediction que Dieu dénonce par son Proféte *à ceux qui appellent le bien mal et le mal bien, les ténébres lumiére et la lumiére ténébres, le doux amer et l'amer doux*[14]; les remédes poison et le poison des remédes et des antidotes? Si M. J. pouvoit être un moment hors de ténébres et de passion, on pourroit le défier d'oser soûtenir que quiconque pratiqueroit ce qui est mar-

---

et particuliérement à celui de Mr de Condom, La Haye, Abraham Arondeus, 1682. Cet ouvrage cherchait à apporter une répartie solide à Bossuet qui avait écrit *Exposition de la doctrine de l'Eglise Catholique,* 1671, livre qui provoquait des conversions.

[12]   Dans le Dictionnaire de Richelet, art. «mithridate»: «Antidote ou composition qui sert de remède ou de préservatif contre les poisons» (allusion à la méthode adoptée par Mithridate, roi du Pont, qui prit de petites doses de poison pour s'y habituer et éviter ainsi l'empoisonnement).

[13]   Ici en latin médiéval, c'est notre «quiproquo».

[14]   Esaïe 5, 20.

qué dans cette lettre, de la maniére et dans la disposition d'esprit
et de cœur qui y est recommandée, ne soit pas en état de salut. On
le défie de proposer une autre voie, comme nécessaire au salut,
que celle-là. On le défie encore de trouver un autre reméde pour
guérir les ames de leurs pechez contre Dieu et contre leurs <p. 174>
prochains, de leurs haines, de leur dissention et de leurs disputes
et controverses diaboliques, qui les transforment à l'image du
Demon, et pour les rameiner à l'amour divin et aus vertus chrétiennes, qu'en tolerant par charité et par douceur les sentimens et
les pratiques diférentes de ceux qui cherchent de plaire à Dieu,
ainsi qu'a fait et recommandé Jesus Christ méme. Et où est donc
le prétendu poison de cet écrit? Où est ce qui feroit mourir une
ame qui pratiqueroit les choses que j'y ay dites?

V. *Belle methode de M. J.*

N'attendons pas que M. J. nous le vienne montrer. De peur
qu'on ne voye que ce sont de trés-bonnes choses, il n'en dira mot
et se donnera de garde[15] d'attaquer mes raisons. Il ne le peut et il
n'oseroit. *Ce ne sera pas*, dit-il, *en refutant les raisons de cet autheur que nous vous defendrons contre luy.* Diriez-vous pas que
j'ay attaqué ceux à qui il écrit, puisqu'il veut leur faire croire
qu'il court à leur défense contre moy? La vérité est pourtant qu'il
n'y a rien dans mon écrit que pour leur soulagement et que c'est
plûtôt luy méme qui est l'aggresseur de la paix et de l'intégrité
de leurs consciences, aussi bien que de ma personne et d'autres
encore, qu'il va faire profession de vouloir calomnier, sans
qu'on ait pensé à luy. Car, que veut-il dire avec son: *je ne refute-
ray pas ses raisons*, mais je vay vous le *faire connoitre* d'une
maniére qui *suffise à* ce qu'on ne luy donne point de *créance*,
non plus qu'à ses principes que je ne veux pas refuter? N'est-
<p. 175> ce pas tout autant que s'il disoit: *sans me soucier d'au-
cune raison, je m'en vay essayer à vous le noircir et à le rendre
tellement ridicule que, quiconque me voudra croire, le traitera*

---

[15]   Signifie: «éviter».

*comme on traite les fous, dont on ne daigne écouter ce qu'ils
disent.* Voilà un panneau bien grossiérement tendu à ses Lecteurs! Je ne sçai s'il y en aura d'assez bétes pour y donner et pour
ajoûter foy à un homme qui fait profession de s'engager à dire du
mal de quelqu'un sans écouter ses raisons. La belle déclaration!
Le bel exorde pour disposer ses Lecteurs à croire ce qu'il va dire!
Souvenons nous en desormais; c'est en cecy seulement que M. J.
est croyable et qu'il ne manquera pas dans la suite à nous tenir
exactement parole, médisant de qui il trouvera à propos, sans se
mettre en peine ni de refuter, ni de comprendre, ni d'ouïr méme
les raisons qu'on pourroit avoir. Cela est si vray que je prie les
Lecteurs d'observer que, de toutes les choses qu'il va dire, il n'y
en a aucune qui ne soit fausse ou qu'il n'ait mal comprise, soit
qu'il se méle de parler de nos sentimens, soit qu'il s'en préne à
des personnalités. Outre les faussetés qu'il imputera à ceux qu'il
luy plaira, *il essayera* encore *de les rendre ridicules par ses
expressions burlesques. Les honétes gens n'en usent pas ainsi.
De quelque religion et party que l'on soit, quand on a de la vertu,*
(et de l'amour pour la vérité) *on la respecte par tout, méme dans
ses ennemis et dans les ennemis de sa religion.* C'est ce qu'il
disoit autresfois à M. Maimbourg[16] <p. 176> qui avoit parlé d'une
personne qu'il estime, bien moins satyriquement et moins burlesquement que Monsr. J. ne va faire de Mlle. Bourignon, dont la
vie n'a été qu'un tissu de vertus et qui, loin d'étre ennemie de la
personne de M. J. ou de sa religion, étoit amie de tous les gens de
bien et de tout ce qu'ils font pour plaire à Dieu. Pour moy,
quoique je n'aye rien qui l'oblige à sentir ou à parler avantageu-
sement de moy, je crois luy avoir donné encore moins de juste
sujet de me traiter si mal-honétement qu'il va faire, et méme si

---

[16]   C'est probablement un extrait (non repéré) de l'ouvrage anonyme de Jurieu:
*Histoire du Calvinisme et du papisme mises en parallèle. Apologie pour les
Réformateurs, pour la Réformation et pour les Réformez... contre l'Histoire
du Calvinisme par Mr. Maimbourg,* Rotterdam, 1683. Jurieu, dans une lettre
qui commence le t. 1 de cet ouvrage, accuse «le jésuite Maimbourg» d'être
un histrion et de mentir. Louis Maimbourg (1610-1686), auteur de nombreux ouvrages d'histoire religieuse, entré chez les jésuites à 16 ans, fut destitué de l'ordre en 1685.

hors de propos. Mais cela viendra *ad rem*, pour le faire connoitre luy méme et pour luy faire ouïr quelques unes de ses verités un peu clairement, sans blesser la justice et l'équité. S'il avoit seulement attaqué nos veritables sentimens, on ne s'en seroit pas choqué, on les auroit simplement défendus contre ses raisons. Mais de nous attribuer, publiquement et avec insulte, je ne sçay combien d'extravagances et méme d'impiétés punissables et toutes fausses, ce ne sera pas luy rendre la vingtiéme partie de ce qu'il mérite que de les repousser, avec quelques reflexions sur luy méme, sans pourtant luy attribuer rien à faux.

VI. *La Critique de M. J. ne touche (pas) à l'affaire dont il s'agit et ne sert qu'à le faire connoitre luy-méme*

Je viens de le dire, et c'est une de mes premiéres remarques sur son écrit, que toute sa critique qui se jette sur des personnalités, est entiérement hors du sujet, et tout-à-fait impertinente. Car, quand[17] l'autheur <p. 177> de la lettre seroit un extravaguant, un fou, un visionnaire et un amy de visionnaires, un *esprit foible, malade et gâté*, si, néanmoins, il n'a rien mélé de ses prétendues folies et visions dans sa lettre, mais seulement des choses solides et bonnes, les lecteurs en demeureront-là. Et si j'y ay dit la vérité, que leur importe-t-il que, d'ailleurs, on veüille les persuader que je sois fou ou visionnaire? Mais Mr. J. prend trés-mal ses desseins et ses mésures pour cela. Car, à qui pense-t-il persuader qu'on le doive croire, lorsqu'il fait profession de faire les portraits de ceux qu'il prend pour objets de sa passion, et dont il témoigne qu'il veut parler presentement à dessein de les décrier? Ignore-t-il que toute la terre ne sache qu'il n'y a personne à l'abry de ses médisances et a-t'il oublié combien de fois on luy a reproché publiquement d'avoir imputé cent faussetés de fait à ceux qu'il entreprend[18]? On sçait si bien ce que vaut son témoignage en ces sortes de rencontres, qu'il ne seroit pas nécessaire

---

[17]   Au sens de «quand bien même».

[18]   Signifie « s'en prendre à ».

d'en faire voir la valeur par quantité de semblables faussetés qu'il impute à Mlle. B., laquelle il va chercher et attaquer bien plus hors du sujet qu'il ne fait ma personne. Mais, parce qu'il ne sera pas mauvais pour plusieurs raisons que l'on connoisse toûjours mieux l'esprit de Mr. J.[19] qui est si empressé à faire connoitre les esprits des autres, et qu'en voici une occasion qui n'y contribuera pas peu, je suis d'avis de ne la pas laisser échapper. N'importe que le sujet en soit <p. 178> une fille, dont peut-être quelques uns croiroyent qu'il ne vaut pas la peine de s'informer. Quand ce seroit une Turque, il est certain que, si d'ailleurs elle avoit de la probité, et qu'il se trouvast quelqu'un qui l'insultast sans raison, qui l'outrageast, qui luy voulust imputer cent faussetés pour la rendre haïssable et luy faire je ne sais combien d'injustices, que c'en seroit assez pour faire connoitre de-là à tout le monde le caractére de cet aggresseur-là. Et je pense qu'en ce cas, nul ne trouveroit mauvais qu'on prist en main l'innocence de la personne insultée et qu'on tâchast de la mettre en son jour et d'en donner des preuves et des témoignages, ne fust-ce que pour connoitre de-là l'esprit d'un homme qui n'est pas tant l'aggresseur de quelques particuliers que celuy de tout le monde. Au moins est-il certain que je suis obligé à cela pour ma propre justification, ou plûtôt pour celle de la verité salutaire, laquelle M. J. a voulu décrier dans la lettre des *Avis Charitables*, par la considération d'une personne qu'il luy a plû d'entreprendre trés injurieusement et qu'il avoit, ce semble, depuis longtemps sur le cœur.

J'admire cependant sa grande prudence à choisir les occasions propres à decharger son mal-talent. S'il avoit tant d'envie de satyriser Mad[lle]. Bourignon et ses amis, ne devoit-il pas prendre un autre sujet que celuy de la lettre des *Avis charitables?* Car, aprés tout, quiconque fera la lecture de cette lettre-là avec tant soit peu de sens <p. 179> commun, jugera bien que celuy qui l'a écrite et que ceux avec qui il a conformité de sentimens, ne se mouchent pas

---

[19]   Allusion ironique à l'ouvrage de Jurieu: *L'Esprit de Mr Arnaud, tiré de sa conduite et des écrits de luy et de ses disciples, particulièrement de l'Apologie pour les catholiques,* anonyme, Deventer, 1684.

tout à fait du pied[20] et ne sont pas des esprits si visionnaires, si malades, si gâtés, si capables de tant de faussetés, d'impiété et d'extravagances, qu'il le voudroit persuader et que des ignorans ou des malins pourroient l'avoir publié et le publier encore.

VII. *Sur ce que M. J. pretend me faire connoitre*

M. J. prétend, à ce qu'il dit, de *me faire connoitre.* A la bonne heure, si cela peut contribuer à l'avancement de la Vérité et à la confusion du mensonge. Je voudrois en ce cas qu'il fust scrutateur de mon cœur et qu'avec moy il pûst le découvrir à tout le monde. On y verroit une impartialité, une candeur et un amour si droit et si sincére pour la Vérité solide, divine et salutaire, que je m'assure que les gens de bien ne pourroient m'avoir pour suspect. Car j'aime la Verité et l'ay toûjours aimée, dés ma jeunesse, autant que je l'ay connue[21]. Pour son amour, je n'ay eu égard à secte ni à party, à amis ni à ennemis, à emplois, à charges, à gages, à liaisons, à relations, à avantages, à honneur ni à deshonneur, à loüanges ni à railleries, à prospérité ni à persecutions, ni à quoi que ce soit, pourvû seulement que je pûsse trouver la divine Vérité que j'ay embrassée, lors méme qu'elle m'a été contraire, et dont je tiendray à bonheur les coups que je dois encore recevoir d'elle, avant que tout ce qui est corrompu dans moi soit redressé selon sa rectitude. Car je me suis mis <p. 180>

---

[20] Selon le Dictionnaire de Richelet: «On dit d'un homme habile, à qui il n'est pas aisé d'imposer et d'en faire accroire, qu'il *ne se mouche pas du pied.*» Il cite l'expression employée par Molière, dans Tartuffe:

«Certes, Monsieur Tartuffe, à bien prendre la chose
N'est pas un homme, non, qui se mouche du pied.»

[21] Poiret aime personnaliser la vérité. Pour lui et certains de ses amis, «l'amour de la vérité sainte» est une qualification morale et spirituelle capitale, qui suppose l'impartialité. L'ami de Poiret, Otto Homfeld, signe parfois «qui aime la vérité». Une cinquantaine d'années plus tard, les deux traducteurs successifs de *l'Œconomie divine* en allemand signeront: «quelqu'un qui aime la vérité en dehors des partis» et «quelqu'un qui cherche la vérité dans la simplicité chrétienne» (celui-ci est Johann Christian Edelmann).

sous sa discipline et j'espére qu'elle ne me rejettera et ne
m'abandonnera point, depuis qu'elle m'a fait la grace de se montrer tant soit peu à moy. Je lui ay offert en sincérité mon ame et
ma vie pour jamais; elle aura soin que le mensonge, la flatterie et
la seduction ne trouvent point de place dans ma bouche ni dans
mon cœur. Messieurs mes Lecteurs, pardonnez moy l'imprudence que je commets à parler ainsi de moy. Ne vous semble-t'il
pas qu'elle soit pardonnable, dans un cas où l'on veut fonder sur
la considération des dispositions de ma personne la rejection et
le mépris de la salutaire et édifiante Vérité qu'il y a dans ma
lettre et de celle que je pourrois encore proposer desormais?

VIII.

Et qu'a-t'on à dire de moy? *Vous sçaurez que ce n'est point un
de vos anciens pasteurs qui vous écrit ainsi.* Je ne sçay à quoi bon
cela, sinon peut-être pour persuader sourdement que c'est
quelque jeune étourdy de néophyte qui ne doit point encore avoir
de voix en chapitre. Mais il me semble pourtant qu'à quarante ans
passez, aprés sept de service[22], et ensuite onze d'employés à
rechercher plus que jamais la Verité salutaire[23], on a assez de
caractéres pour écrire une *lettre d'avis* sur les choses de la religion, quand bien on auroit *renoncé* à celuy de Pasteur, comme M.
J. dit que j'ay fait; ce qui est si peu vray que, non seulement j'ay
en bonne forme le congé d'une Eglise que le malheur des guerres
dissolvoit[24]; <p. 181> mais que des Princes, mémes les plus-pieux,

---

[22]   Consacré au ministère en 1669, Poiret en avait exercé les charges jusqu'à fin
        février 1676.

[23]   Principalement à l'école d'Antoinette Bourignon, que Poiret avait rejointe
        l'été 1676.

[24]   La paroisse huguenote française d'Annweiler, dont Poiret fut quatre ans
        ministre et le dernier en titre. A propos de ces circonstances de guerre, le
        texte latin de *Paix des Bonnes Ames, Irenicum Universale,* traduit librement
        ce passage: «à cause des calamités de la guerre j'ai dû me désister de ces
        fonctions, mais ce ne fut pas contre mon gré, je l'avoue» in *De Eruditione,*
        t. II, 1707, p. 373.

m'ont fait l'honneur de m'écrire, quelques années depuis cela et plusieurs fois, pour me faire continuer dans leur propre cour les fonctions pastorales[25], que j'ay discontinuées, sans avoir pourtant *renoncé au Caractére*, duquel si je ne me prévaus pas beaucoup, moins encore le veux-je rejetter ou mépriser; au contraire, je l'estime infiniment, et ce n'a été que la considération de mon indignité, de mon indisposition, du peu de fruit et méme de l'abus que j'ay remarqué que les auditeurs faisoient des choses saintes, qui me l'a fait discontinuer, aprés avoir déploré mon imprudence et mon aveuglement à m'engager tout foible et tout imparfait que j'étois (et que je suis encore) dans une charge si sainte et, en méme temps, si terrible et si pésante que de se rendre responsable des ames des hommes, qui à toute force veulent qu'on les flatte et qu'on leur administre les divins sacremens, quoiqu'on voye bien qu'ils *aiment le monde et les choses qui sont au monde, et que l'amour du Pere ne soit pas dans eux*[26]. Je ne pouvois resister à cela sans me les rendre ennemis et je ne pouvois y condescendre sans blesser ma conscience. Mais aprés deux ans de gémissemens sous ce grand poids, Dieu m'ayant mis en liberté ainsi que j'ay dit, je me resolus ensuite de vaquer à moy méme, et de m'approcher le plus prés qu'il me seroit possible des gens de bien et des plus saints que je pourrois trouver, fussent-ils au bout du <p. 182> monde. C'est pourquoi, quelques uns des divins (a)[27] écrits de Mad^lle. Bourignon m'étant alors tombés par hazard entre les mains[28], et mon cœur s'en trouvant de plus en plus et enflammé

---

[25] Il s'agit sans doute du duc Frédéric-Louis de Deux-Ponts, avec qui Poiret avait correspondu et qu'il avait visité, avant son départ du duché ravagé par la guerre; peut-être du prince électeur Karl-Ludwig.

[26] Cf. 1 Jean 2, 15: «N'aimez pas le monde ni ce qui est dans le monde. Si quelqu'un aime le monde, l'amour du Père n'est pas en lui.» Le verset est une exhortation, la citation l'utilise en constatation.

[27] En marge, la mention des titres suivants: «*La Lumiére née en Tenebres* et le *Tombeau de la Fausse Theologie*.» Ces deux œuvres, chacune en 4 parties (tomes), parurent l'une et l'autre entre 1669 et1672.

[28] Ce n'est pas tout à fait un hasard: ils lui ont été conseillés et envoyés par quelques amis parmi les premiers piétistes de Francfort; Poiret s'était surtout lié à Francfort avec J.J. Schütz et van de Walle.

de l'amour de la vérité divine et touché, d'une maniére que je puis dire surnaturelle[29] et qu'il n'y avoit que Dieu seul qui pûst opérer, je voulus voir si je ne trouverois pas les moyens de parler à une ame si illuminée de Dieu, laquelle étoit alors cachée depuis environ six ans que les méchans la persecutoient, à cause des calomnies diaboliques et infernales dont les scribes, docteurs et Pharisiens de ce siécle[30] l'avoient malignement noircie. J'eus le bonheur de la rencontrer[31] et de trouver dans elle ce que je n'avois point trouvé dans les grands docteurs de la terre. Et Dieu m'a fait par elle de telles graces que j'auray bien sujet de m'en réjouïr à toute éternité, sans me soucier des railleries des hommes insensés, que l'orgueil et la malignité rendent aveugles és œuvres magnifiques que le Seigneur opére, et qu'il a opéré de tout temps, par des instrumens bas, abjects, chetifs et méprisés aus yeux du monde, mais précieux devant luy, lors qu'ils sont humbles, purs de cœurs et qu'ils luy sont fidéles.

IX.

Voila ce que M. J. appelle burlesquement se *jetter entre les bras d'une femme*, phrase extrémement digne de la gravité d'un vieux théologien qui fait profession d'écrire des *Traités de dévotion*[32]. Je feray incontinent reflexion sur la qualité de *visionnaire*

---

[29] Il en parle comme de la lumière de la foudre (*Appendix* des *Cogitationes rationales*, 3ᵉ éd, p. 717).

[30] Elle avait été en butte aux attaques, d'une part, des Oratoriens et des Jansénistes, à propos du legs de l'Ile de Nordstrand qu'avait fait en sa faveur l'ancien oratorien Christian de Cort, d'autre part, de protestants: soit réformés (un certain Berckendal et le pasteur P. Yvon, devenu chef de la secte Labadiste), soit luthériens (les pasteurs W. Ouw et G.H. Burckard). Poiret tenta de répondre à toutes ces accusations.

[31] A Hambourg. Elle s'y cachait, persécutée par le clergé luthérien de la ville; elle fuira vers la Frise, avec Poiret.

[32] Pierre Jurieu avait publié *La pratique de la Dévotion, ou Traité de l'Amour divin*, Rouen, 1674. Cet ouvrage eut beaucoup de succès et connut un grand nombre d'éditions.

<p. 183> qu'il luy donne et sur toutes les autres choses qu'il en dit; achevons premiérement ce qu'il y a sur le chapitre de ma personne qui, dit-il, *s'est jetté dans ce party par foiblesse d'esprit.* Je n'ay trouvé point de *party* auprés d'elle ni de ses amis, sinon seulement le dessein de devenir et d'étre de veritables chrétiens, en pratiquant la doctrine du Sauveur chacun dans le party où il étoit, à la réserve du mal, des partialités, des divisions, animosités et des disputes diaboliques qui font mourir les hommes à l'amour de Dieu et du prochain. Je confesse que mon esprit est fort *foible* et méme *malade et gâté* si M. J. le veut; mais de la maniére qu'il voudroit le persuader, comme si je ne pouvois disposer de moy et de mes jugemens sans extravagance, ceux qui me connoissent sçavent que je n'ay jamais passé pour tel, et le livre latin que je composay environ ce temps là[33], peut temoigner si j'avois alors en ce sens l'esprit si foible et si malade.

Mais c'est peu que cela. M. J. en va bien dire d'autres. Il s'imagine que je suis, aussi bien que Mad[lle]. Bourignon et ses amis, comme une piéce de cire entre ses mains et qu'il peut nous donner telle forme et nous faire paroitre sous telle figure qu'il luy plaira. Il va me faire chef de party, me faire autheur de treize volumes, va me donner une maitresse, laquelle il qualifiera de visionnaire, de sectaire, de précheuse, d'amasseuse de monde et de Sociniens mémes. Et cette prétendue secte, il la va rendre sans <p. 184> religion, méprisant les exercices de piété, medisant du ministére public, le haïssant méme, aussi bien que les pasteurs qui l'exercent; il va en faire une troupe de gens qui ne prient point Dieu et qui méme tiennent les priéres pour contraires à la perfection du christianisme et à la reception du Saint Esprit, une troupe enfin d'extasiés et de gens à loger aus petites maisons[34], pour ne pas dire à punir par le bras de la Justice comme le méri-

---

[33] Les *Cogitationes Rationales de Deo, Anima et Malo,* écrites en 1675, déposées chez l'éditeur Elzevier à Amsterdam en 1676, furent publiées en 1677; une seconde édition, revue et très augmentée, date de 1685. Poiret y modifie ses positions antérieures par une longue introduction et des notes. Une derniére édition fut encore effectuée en 1715 par le vieux Poiret.

[34] C'est-à-dire de fous à enfermer dans des asiles.

teroient trés-bien des ennemis et des calomniateurs du pastorat et
des pasteurs et de tels impies qu'il nous dépeint publiquement,
plûtôt (je le veux croire) par l'aveuglement d'un faux zéle que
par pure malice d'esprit. Car je ne le crois pas si méchant que
d'inventer et d'imputer sciemment de telles faussetés à des personnes qui en sont innocentes; mais l'ennemy de son salut[35] luy
a aveuglé les yeux sur ce sujet, pour ne pas voir qu'il fait mal
d'imiter les Pharisiens et les docteurs d'autresfois, qui firent
tourner le Sauveur en ridicule avec une couronne d'épines et un
vieux manteau délabré[36] pour faire crier sur luy: *Crucifie*[37]. Car il
en fait de méme à sa divine vérité et à l'innocence de ceux qui la
font connoitre, la téte desquels il veut charger de ses piquantes
épines et de ses glosses[38] et conférences ridicules, pour faire crier
sur elle: *crucifie* les ignorans du peuple, qui s'imaginent que des
gens si saints que M. J. ne sçauraient faire des tours de cette
nature.

X.

C'est à faux, qu'il me fait *chef de party.* <p. 185> Il mésure mes
inclinations à l'aune des siennes. J'atteste celuy à qui rien n'est
caché que, depuis onze ans que j'ay cessé de précher, je n'ay pas
eu un seul disciple ni personne au monde qui ait eu relation avec
moy en qualité de disciple, de dépendant, d'apprentif, de
membre, de soumis, dont j'aie été ou Maitre, ou Chef, ou Directeur, ou tout ce qu'il vous plaira; et que maintenant, je suis
encore plus éloigné que jamais de ce desir et de cet état. Ce sont
des fictions de M. J., aussi bien que le nombre de treize volumes

---

[35]   C'est-à-dire le diable.

[36]   Allusion à des épisodes de la passion du Christ: Matt. 27, 28-29; Marc 15, 17
       et Jean 19,2. Mais dans les évangiles ce sont les soldats et non les pharisiens
       qui se moquent ainsi.

[37]   Ce sont les grands prêtres, les anciens, la foule: Mat. 27, 20.22; Luc 23,
       13.21; Marc 15, 11.13.

[38]   Signifie: «commentaires satyriques».

qu'il me donne pour faire foy qu'il est fort exact à dire la verité en toutes choses en petites comme en grandes. De ces treize volumes je luy renvoye les six derniers, comme étant de son crû[39], et le remercie de sa libéralité à me donner une *maitresse* dont je doive *pousser les mystéres*. Je n'ay point de maitresse que la divine Verité[40]. Celle-là est et sera à jamais l'unique et l'adorable maitresse de mon cœur. C'est elle seule que je cherche et que je considére, dans les instrumens dont il luy plait de se servir, et non pas les instrumens mémes qui hors de la Vérité ne sont rien et moins que rien. Que si elle vouloit que je poussasse ses divins mystéres plus loin que M. J. et ses semblables, il faudroit bien qu'ils le prissent en patience. En ce cas je la prierois seulement qu'elle purifiast et regist mon cœur et ma plume, afin que je n'en publiasse rien qui pust défigurer les traits de son adorable beauté. Mr. J., qui n'en a pas encore <p. 186> vû un seul rayon en sa pureté, n'auroit point de sujet de s'en moquer, comme il fait un peu plus bas de mes productions qu'il appelle, par raillerie, une *Théologie admirable*. N'est-il pas luy méme admirable de vouloir juger d'une chose qu'il n'a pas encore vûe? ou bien croit-il que, parce qu'il est grand théologien à ses propres yeux, et qu'il me regarde comme un petit compagnon, que la vérité ne se puisse trouver auprés de moy, aussitot que chez luy? Il pourroit bien s'y tromper; car Dieu ne la donne pas comme une recompense de la grandeur ou de l'estime que l'on a de soy méme, mais comme une recompense de la candeur et de l'impartialité où l'on est, qualité (au moins cette derniére) dont M. J. est l'antipode. Que s'il vouloit y revenir et, dans cette disposition, lire le *Systéme*[41] de cette *Théologie admirable,* j'ose dire franchement qu'il devroit avoüer qu'il y a peu de pages où il n'apprist quelque

---

[39] L'*Œconomie Divine,*ou *Systéme universel et démontré des œuvres et des desseins de Dieu envers les hommes où l'on explique (...) les principes et les vérités de la nature et de la Grâce (...) de la Raison et de la Foi (etc...),* publiée en 7 volumes in-8°, à Amsterdam, chez Henry Wettstein en 1687.

[40] Personnification de la Vérité de Dieu (analogue à une hypostase) qui rappelle la personnification de la «Sophia» ou Sagesse divine chez certains auteurs (comme J. Boehme, Jane Leade etc.).

[41] Poiret pense évidemment à son *Œconomie Divine.*

chose de solide, dont il ne sçavoit pas encore ou la substance ou
la maniére de la bien prouver, et qu'il verroit la solution des difficultés qu'on a tenues jusqu'icy, luy aussi bien que les autres,
pour entiérement insurmontables. Ne puis-je pas dire ce mot
hardy pour défendre la Vérité, d'une insulte qu'on luy fait si
inconsidérement et sans la connoitre?

XI. *Réponse aus insultes que M. J. fait à Mlle B(ourignon)*

M. J. trouve mauvais que j'aye de l'estime pour Madlle Bourignon quoi que j'aye moins d'attachement pour elle qu'il n'en a
pour son Calvin, ou que plusieurs de <p. 187> ses auditeurs n'en
ont pour luy, dont ils reçoivent toutes les paroles, et méme toutes
les visions, comme des oracles, sans autre discussion. Au lieu
que, pour moy, je n'ay envisagé par tout que la Sagesse et la
Vérité de Dieu; et il m'a toujours été indifférent par quel moyen
Dieu me l'ait voulu faire connoitre: si par un homme ou par une
femme, par un docte ou par un indocte, par un Catholique, par un
Calviniste, par un Lutherien, ou méme par un Juif ou par un
Payen; ce m'est tout un, pourvû qu'il ait la verité et aussi avant
qu'il l'aura, mais pas d'avantage. Si Dieu veut me la faire voir
par une femme, à la bonne heure, je le veux aussi; et je m'en
approcheray, non à cause de l'organe dont Dieu se sert, mais à
cause de la vérité qu'il communique par là. On ne s'approche pas
d'une fontaine à cause d'un canal[42] de bois ou de plomb, ou
d'autre matiére plus ou moins vile, mais à cause des eaux pures
qu'il répand; et il seroit ridicule d'insulter à une personne sensée
qui va à la fontaine, comme si elle y alloit par attachement à un
canal de bois, et là dessus la tourner en ridicule, comme faisant
son principal et sa maitresse de ce moyen matériel. C'est pourtant l'admirable procédé de M. J. à mon sujet.

---

[42] L'image d'un canal, comme de l'instrument dont Dieu se sert, était
       employée par A. Bourignon elle-même, comme elle le sera souvent plus tard
       par Madame Guyon.

Il est vray qu'il prétend que ce canal ne répand pas des eaux pures. Il n'oseroit dire, comme de mon écrit, qu'elles sont empoisonnées; cela n'a pas réüssi à quantité de calomniateurs qui ont voulu accuser <p. 188> Madlle. B. d'hétérodoxie. Pour luy, il ne l'accuse que d'avancer des *paradoxes,* des *visions* et des *songes.* Encore doit-il reconnoitre qu'en *quelques endroits elle a assez heureusement traité les vérités chrétiennes, et particuliérement celles de la morale.* M. J. n'a presque rien lû de ses écrits et il y entend encore moins, ne les regardant qu'au travers des lunettes gâtées de sa partialité. Cependant il prétend juger universellement et souverainement d'eux, de l'esprit de l'auteur et de sa conduite, qui pourtant luy sont des énigmes. Il me faudroit faire un livre plus gros que les deux tomes de *l'Esprit de Mr. Arnaud*[43] si je devois insister sur toutes les bevûes (pour ne rien dire de pis) où il est tombé, et luy faire toutes les reparties mortifiantes qu'il mérite; mais le dessein qu'on a d'étre court, luy en sauvera la plus-part.

XII. *Sur l'accusation de visionnaire*

Je ne m'étonnerois pas qu'un autre que M. J. accusast Mlle. B. de debiter *mille visions paradoxes et mille songes creux*: Il y a longtemps que S. Paul a dit, *l'homme animal et charnel ne comprend pas les choses de l'Esprit de Dieu: elles luy sont folie; il ne peut les comprendre*[44]. Mais que luy, luy qui sçait bien qu'il passe par tout pour un des plus grands visionnaires de l'Europe, ôse faire à d'autres de ces sortes de reproches, c'est comme le charbonnier qui appelloit le meusnier noir. Un temps étoit que M. J. ne vouloit pas entendre parler de revélations, d'inspirations, de visions et dans son paralele du <p. 189> Calvinisme et du

---

43 Jurieu, *L'Esprit de Monsieur Arnauld* (cf. *supra,* p. 184, n. 19). Il s'agit d'Antoine Arnauld (1612-1694).

44 1 Cor. 2, 14: «animal et charnel» est la traduction d'alors pour «psychique», opposé à «spirituel»; la *TOB* traduit: «l'homme laissé à sa pure nature».

Papisme[45], il a un chapitre entier (le 6.) où il se vante d'étre, luy et ses semblables, hors de la peine de discerner les inspirations et les visions véritables d'avec les fausses, parce que, comme un autre Alexandre, il tranche net ce nœud gordien et les rejette toutes sans examen, jusqu'à renvoyer *à la purgation, à la saignée et aus medecins* quiconque parleroit d'en avoir eues, *quelque sage et saint qu'il soit d'ailleurs*[46], jusqu'à s'écrier par dérision au sujet de quelques-uns:*Vive les inspirés!* Mais maintenant, la carte est bien changée. Depuis qu'il s'est mis en téte de donner au public deux volumes de ses visions et de ses songes sur l'Apocalypse[47], tout ce qui favorise sa partialité et sa secte luy est devenu révélation, inspiration divine, vision miraculeuse. En quoi il a cent fois fait pis que ce qu'il ose me reprocher, d'avoir suivi une femme visionnaire. Car il a donné luy-méme à corps perdu dans les visions d'une fille, dans celles d'un artisan, et de je ne sçay combien d'autres, sans rien dire d'une infinité qui sont de son propre crû. *Christina Poniatovia*[48] luy a paru inspirée, et inspirée *deux*

---

[45]   Pierre Jurieu, *Histoire du Calvinisme et du Papisme, mises en parallèle, ou Apologie pour les Réformés, divisée en quatre parties, contre un libelle intitulé* Histoire du Calvinisme, *par Mr Maimbourg*, Rotterdam, Reinier Leers,1683. Ici, Jurieu accuse le catholicisme d'être plein de «visions».

[46]   Jurieu avait écrit: «Pour nous il suffit que quelqu'un nous vienne parler de ses visions, quelque sage et saint qu'il soit d'ailleurs, nous lui conseillons de se faire purger et saigner et de consulter son médecin.» *Histoire du Calvinisme et celle du Papisme en parallèle*, t. I, ch. 6, p. 119.

[47]   Il s'agit de *L'accomplissement des prophéties ou la délivrance prochaine de l'Eglise*, Rotterdam, Abraham Archer, 1686. L'ouvrage est très récent et la volte-face de Jurieu y est en effet extraordinaire.

[48]   Jurieu dit lui-même (Avis, p. 3-4 non chif.) que c'est par l'intermédiaire de Jan Amos Comenius ou Komensky (1592-1670), le célèbre pédagogue tchèque, qu'il a entendu parler de trois des «prophètes» dont les visions sont pour lui recevables. En effet, Comenius avait traduit leurs révélations dans un ouvrage latin anonyme de 1657, *Lux in tenebris, Hoc est prophetiae donum quo Deus Ecclesiam Evangelicam (in Regno Bohemiae et incorporatis provinciis) sub tempus horrendae ejus pro Evangelio persequutionis, extremaeque dissipationis, ornare ac paterne solari dignatus est (...) per Christophorum Cotterum Silesium, Christinam Ponatoviam Bohemam et Nicolaum Drabicium Moravum, revelationis vere divinis quae nunc e vernaculo in latinum fideliter translatae in Dei gloriam...* Dans sa préface à cet

*années durant à miracles aussi grands qu'il en soit arrivé depuis
les Apôtres, et* (je cite ses propres termes) il ne *trouve rien dans* la
vie des plus grands Prophetes *de plus miraculeux que ce qui est
arrivé à cette fille*[49]. Coterus[50] luy est devenu un *Prophéte grand
et magnifique* et il tient, *que les images de ses VISIONS ont tant
de Majesté et tant de noblesse que celles des anciens Prophétes
n'en ont pas davantage*[51]. <p. 190> Les (*)[52] *visions* de Drabicius[53],
qu'il qualifie de *Prophéte,* luy paroissent *avoir aussi leur grandeur. Joseph Medde luy a paru* INSPIRE[54]. Mais tout cela est peu
au prix de luy, qui est aussi inspiré à ses propres yeux et qui nous

---

ouvrage, Comenius présente les trois personnages et leurs caractères
propres.

[49] Christine Poniatowska, fille d'un pasteur Poniatowski de bonne famille
d'origine polonaise, eut des révélations entre 1627 et 1629. Comenius
l'avait connue personnellement, l'avait considérée comme sa propre fille.
Elle serait morte à l'âge de trente-quatre ans.

[50] Le tanneur Christophe Kotter, originaire de Lusace, est l'artisan dont il vient
d'être question. Il eut des visions et prononça des prophéties, entre 1616 et
1624, au moment des grands malheurs qui frappant la Bohème marquèrent
le début de la Guerre de Trente ans. Comenius avait traduit ses écrits d'allemand en tchèque, puis en latin dans *Lux in tenebris.*

[51] Jurieu (Dans «Avis à tous les chrétiens», qui introduit *L'Acomplissement des
prophéties* t. I, p. 4 n. chif.) ajoute: « il n'a pu imaginer d'aussi grandes
choses sans le secours de Dieu.»

[52] En bas de page, la note suivante: «Je ne pretens pas juger si c'est à droit ou
à tord qu'il pense ainsi; encore moins veus-je me rendre juge de ces personnes ou de leurs visions que je laisse pour ce qu'elles valent; mais il me
suffit de faire remarquer dans M. J. beaucoup davantage que ce qu'il reprend
dans moy et que, quand il est d'humeur, il trouve un merveilleux gout aus
visions et aus inspirations.»

[53] Nicolas Drabitz, ou Drabicius, est le troisième visionnaire défendu et présenté par J.A. Comenius. Il avait été son condisciple à l'école, puis ordonné
pasteur en même temps que lui. Drabicius avait reçu des révélations entre
1638 et 1656. Jurieu trouvait chez lui des «grandeurs», mais aussi «beaucoup plus d'obscuritez et de difficultez» (que chez Christine Poniatowska et
Ch. Kotter) (p. 6 non chif. de l'Avis); Poiret ne relève pas cette réserve.

[54] En effet, les calculs de Jurieu pour fixer des dates à la réalisation des prophéties de l'Apocalypse se servent des *Paralipomènes* sur l'Apocalypse de
Joseph Medde, que Jurieu mentionne plusieurs fois (dans l'Avis, p. non
chiff. 41, 42, 44, puis dans le texte de *l'Acc. des proph.,* t. I, p. 292: «il

debite sur ce pied-là mille visions bourrues. *Il a consulté cent et cent fois la vérité eternelle et enfin elle luy a répondu; au moins il le croid*[55], dit-il. Et que luy a-t-elle inspiré? Elle luy a inspiré cette pensée burlesque, que le Pape de Rome est l'Antechrist[56], lequel il feroit beaucoup mieux de chercher dans son propre cœur et dans le cœur de tous ceux qui, se disans Chrétiens, ne sont pas conduits par l'Esprit de J. Christ, fussent-ils Papes ou non-Papes, Romains ou Reformés. Elle lui a inspiré que, quand la Chrétienté corrompue, *la Grande Ville,* se divisera *en trois,* cela signifie une transsubstantiation de deux parties de Babilone en deux Jérusalem, qui aprés leur division ne seront plus de méme nature que le tout[57]; parce que sa partialité ne luy permet pas de considérer sa secte et celle de l'autre party comme des parties de la Babylonne (*sic*) de confusion, où l'esprit de l'Antechrist domine, mais où, neanmoins, il y a encore, aussi bien que dans le premier party, des ames qui appartiennent à Dieu <p. 191> et qui sont son peuple[58].

---

    m'avoit paru autrefois inspiré pour l'interprétation des prophéties»; t. II, p. 74-78,121, 131, 140, 144, 161, 167,194, 217 379, 381). Poiret ne mentionne pas Usserius, archevêque d'Armach que Jurieu tenait aussi pour un prophète et qu'il cite (Avis, p. 36 non chiff.; et t. I, p. 292, avec Joseph Medde, puis à plusieurs reprises dans le t. II). Jurieu fait aussi mention des interprétations de More et de Cocceius.

[55]   Avis, p. 44 non chiff. Jurieu reconnaît s'être servir de Medde, mais pense arriver à plus de précision. L'Apocalypse (11, 2 et 13, 5), à la suite du prophète Daniel (7, 25 et 12, 7), parle d'un temps de persécution d'une durée de 42 mois, ou trois ans et demi, ou 1260 jours. J. Medde identifiait le règne de l'empire anti-chrétien à celui du règne papiste (1260 ans, par l'identification d'un jour à un an). Pour lui, cet empire, commencé au milieu du Ve siècle (450 ou 455) devrait donc s'effondrer vers 1710 ou 1715.

[56]   Le mot «burlesque» surprend: cette assimilation était fréquente chez les protestants depuis Luther. Elle explique l'application des prophéties de l'Apocalypse parlant du règne de l'Antéchrist.

[57]   Il s'agit des deux «partis» issus de la Réforme,qui ont donc rompu avec le papisme (Babylone de perdition): les luthériens et les réformés (*Accompl. des proph.*, t. II, p. 123-130, puis 187).

[58]   Poiret se refuse à traiter de Babylone le seul catholicisme (le «premier parti»). Dans chacun des trois, il y a des enfants de Babylone et de «bonnes âmes»: celles qui cherchent la paix et la charité.

Elle luy a inspiré que, d'icy à deux ans et demy, ou environ[59], le Roy de France deviendra inspiré, que toute la Cour deviendra inspirée, que les Parlemens deviendront inspirés, que la meilleure partie de la noblesse et du tiers état deviendront inspirés, tous à se faire calvinistes, et qu'ils envoyeront des ambassades à M. J. et à ses confréres pour faire monter le calvinisme sur le thrône[60]. Pensez que, selon luy, les autres reformés deviendront aussi inspirez et que luy, qui est le point saillant de ces inspirations, y aura sa bonne part. *Vive les inspirez!* Qu'il y aura de plaisir à aller ouïr M. J. précher à pleine téte, en inspiré, dans Nôtre Dame de Paris, ses *Préjugés légitimes* contre le *Papisme*[61]! Or ça, de bonne foy, ne faut-il pas (pour me servir de ses termes) avoir *l'esprit* bien *malade* et bien *gâté* pour en venir-là? Et son propre conseil de se faire *saigner* et *purger* et d'aller *au medecin*, ne viendroit-il pas icy le plus à propos du monde?

Aprés cela, ne faut-il pas étre bien aveuglé pour ôser traiter de visionnaires des personnes qui ne se sont jamais fondées sur aucune vision et qui n'en ont jamais recommandé aucune, quoiqu'elles ayent eu l'esprit de discernement pour distinguer les véritables d'avec les fausses; au lieu que M.J. n'en admet pour la plus-part que de bourrues, et se moque des véritables, comme de celles des saints Peres des deserts, de saint Jerome, des saintes Hildegarde, Gertrude, Brigitte, Terése[62] et d'autres trés-saintes

---

[59]   Jurieu compte trois ans et demi après la pire des persécutions, pour lui, celle qui a précédé la Révocation de l'Edit de Nantes, en 1685. C'est donc en 1689 que toute persécution devrait cesser. Mais tout en disant «je crois la chose fort prochaîne» (t. II, p. 162), il avoue pouvoir se tromper (t. II,p. 185)

[60]   P. Jurieu annonce en effet que: «la Réformation sera rétablie en France par inspiration divine», «dans peu d'années». Il précise «par autorité royale»; il annonce un «prince réformé» et la conversion du Royaume (*Accompl. des proph.*, t. II, ch. 11, p. 166, p. 191-192). Quels espoirs une telle prédiction dut-elle susciter, surtout dans le Refuge! C'est contre ces rêves dangereux que s'élève *L'Avis aux réfugiés* de Pierre Bayle.

[61]   P. Jurieu, *Préjugez contre le Papisme*, Amsterdam, H. Desbordes,1685, publiés en réponse au livre *Préjugés légitimes contre le Calvinisme* de Pierre Nicole, édité en 1671.

[62]   Dans *Histoire du Calvinisme et celle du papisme mises en parallèle*, il se moque des visions de saint Jérôme (t. I, p. 111-112) des saintes Gertrude,

<p. 192> ames, dont les visions, les revélations, la doctrine et la vie ont indubitablement les caractéres du bon Esprit de Dieu. Mais elles ne favorisent point la partialité de Mr. J. C'en est assez. Elles sont visionnaires.

Si Mad^lle Bourignon l'avoit favorisé, elle auroit été pour luy une prophétesse du plus haut étage, et *sa vie* luy auroit parû encore bien au de-là de celle de sa prophétesse Poniatovie *plus miraculeuse que* celles *des Prophétes*. Mais comme elle ne s'attache qu'à l'essentiel du Christianisme et qu'elle desaprouve tout ce qui regarde l'esprit de sectes, de disputes et de partialités; voila pour M. J. des marques de l'*esprit de reprobation*, plus qu'il n'en faut.

XIII. *Sur l'accusation de Paradoxisme*

On ne le pourroit pas moins pousser sur le *Paradoxisme* qu'il ose reprocher à Mlle. B., pendant que luy méme y est enfoncé jusqu'à un tel point qu'à peine y a-t-il un lieu de théologie sur quoi il n'ait une opinion paradoxe. De fraîche datte méme, il s'est entêté d'un plan général et d'un Systéme de théologie[63] tout paradoxe; et ce plan, il l'a emprunté du P. Malebranche, aprés l'avoir traité vingt fois de visionnaire.

Encore va bien qu'il n'a osé accuser Mlle. Bourignon que de paradoxisme. On sçait que le paradoxe demeure dans le genre des opinions problématiques, dont la diversité ne blesse pas l'orthodoxie, et sur lesquelles à peine y a-t-il deux théologiens d'accord en quoi que ce soit. Pourquoi donc nous vient-il conter que les opinions paradoxes <p. 193> de Mlle. B. sont *contraires aux vérités reçues entre les théologiens?* Hé, accordez vous premiérement entre vous sur toutes ces sortes de vérités probléma-

---

Hidegaarde, Catherine de Sienne (p. 109), de sainte Thérèse,»visionnaire«, «elle est perpétuellement dans les extases; elle en est toute brisée» (p. 112).

[63]   P. Jurieu, *Le Véritable Systéme de l'Eglise et la véritable analyse de la foy (...) pour servir principalement de réponce au livre de M. Nicole intitulé les Prétendus Réformés convaincus de schisme,* Dordrecht,1686.

tiques, pour lesquelles vous vous mordez méme, et vous entre-mangez et divisez en sectes les uns les autres: ôtez premierement ces poutres de vos yeux[64] et puis vous penserez à accuser les autres de paradoxie sur ce qu'ils ne s'accordent pas avec vous.

Les *mille paradoxes* que Mr. J. attribue à Mlle. B. reviennent à trois capitaux: 1.) sur la création du monde, qu'elle dit avoir été faite en état de gloire, ainsi qu'il sera un jour retably; 2.) sur la production de Jesus Christ, qu'elle dit avoir paru à Adam, à Moïse, et aus autres Ss. Prophétes, dans un corps qu'il avoit tiré d'Adam[65]; 3.) et sur la fin et le retablissement du monde. Il n'y a point de théologien qui n'ait sur ces trois chapitres des opinions beaucoup plus étranges que tout ce qu'on pourroit appeler paradoxe.

Pour le premier, le (a)[66] Systéme de nouvelle adoption de M. J. est pur paradoxe, pour ne pas dire pure fausseté. Pour le second, ceux qui disent que c'étoit un Ange créé, qui paroissoit et qui parloit à Moïse, n'ont pas seulement une opinion paradoxe, mais expressément contraire à l'Ecriture, qui nous repré-sente cet Ange comme disant: *Je suis l'Eternel le Dieu d'Abra-ham, d'Isaac, et de Jacob*[67]; et méme elle est pernicieuse, comme donnant prise aux Sociniens pour énerver l'Ecriture sans repar-tie. Et pour ceux qui disent ‹p. 194› que c'étoit Dieu-méme, s'ils ne reconnoissent qu'il avoit dés lors un propre corps, ils se ren-dent ridicules à vouloir expliquer la vision où Moïse le vit par derriére et fut touché de sa main, mais sans voir son visage[68], et quantité d'autres, sur quoi l'on deffie M. J. et tous les théolo-

---

[64] Matt 7, 3-5 (et par): «ôte d'abord la poutre de ton œil, avant d'ôter la paille de celui de ton frère.»

[65] Ce principe est présenté par A. Bourignon dans *La Pierre de touche*. Poiret se fait l'écho de cette idée d'une première apparition du Christ, né d'Adam dans un corps glorieux. Mais il n'insiste guère et reste très discret (*Œcono-mie Divine* III, chap. 11, § 15-18, p. 189-192).

[66] En marge, la référence suivante: «Voyez son Jugem. sur les Meth. pag: 150 etc.» Cf. *infra*, n. 264.

[67] Cf. Ex. 3, 2: «l'ange du Seigneur lui apparut» et 6: «Je suis le Dieu de ton père, le D. d'Abr.» etc.

[68] Autre apparition de Dieu à Moïse: allusion à Ex. 33, 22 et 23.

giens de dire quelque chose de sensé[69] que par les principes de Mad^{lle}. B., comme je l'ay fait fait voir plus amplement (a)[70] dans mon Systéme. Reste le dernier article capital qui regarde la fin et le renouvellement du monde, de quoi M. J. a publié un *Accomplissement des Propheties*[71] qu'il n'ignore pas étre tout plein de paradoxie depuis le commencement jusqu'à la fin.

XIV. *Caractere des sentimens particuliers de Mlle. B.*

Mais voyons un peu les vrais caracteres de ces sortes d'opinions problématiques qu'a Mad^{lle}. B., lesquels M. J. auroit mieux fait de rapporter que de leur donner la qualité des siennes, de *songes creux*. Le *premier est*: que non seulement elles sont conformes à l'Ecriture, mais qu'elles en expliquent mille et mille passages et tout le Systéme des œuvres de Dieu, d'une maniere à quoi l'on n'a pû encore atteindre. Quiconque lira et comprendra mon Systéme de l'*Œconomie Divine* en sera entierement convaincu[72]. Le *second*: que l'on ne recommande pas ces sentimens-là ni comme nécessaires ni à tous, mais comme accessoires et comme pouvant servir à quelques uns à leur faire admirer et aimer Dieu dans ses merveilles, et mépriser les bassesses de ce monde. Le <p. 195> *troisiéme*: que tous ces sentimens accessoires ne font pas la centiéme, pas méme la milliéme partie des choses que Mlle. Bourignon propose et qui sont incontestablement necessaires, solides, divines et efficaces. Le *quatriéme* est: qu'elle a dit et écrit cent fois qu'on pouvoit ne les pas

---

[69] Il semble manquer un mot de comparaison dans le texte: par ex. «mieux» ou «plus clairement».

[70] En marge, la référence suivante: « Tom. IV. p. 368 etc.» Il s'agit du volume de son *Œconomie Divine* consacré à *l'Œconomie du rétablissement de l'homme avant l'Incarnation de J. Ch.*

[71] C'est nous qui soulignons ce titre de l'œuvre récente de Jurieu, dont on vient de parler, *supra*, p. 194-198.

[72] La présomption de Poiret est, dans son esprit, tempérée par le fait qu'il y suit A. Bourignon.

croire[73], qu'on n'en seroit pour cela ni plus ni moins agréable à Dieu, que même on devoit s'abstenir de les rechercher par un esprit de curiosité, que cela n'engendroit alors que distraction, que présomption et qu'orgueil de cœur, qu'il falloit les laisser là pour étudier uniquement JESUS CHRIST crucifié, son imitation, et le renoncement à soy même, sans quoi le diable et le péché se méleroient par tout. Elle a sur, ce pied-là, refusé à plusieurs, souvent même avec colére, de s'expliquer d'avantage sur ces sortes de choses, leur disant *A quoi bon vous distraire l'esprit inutilement et laisser là le principal? Tachez de renoncer à vousmêmes et d'imiter Jesus Christ, et alors, vous sçaurez un jour ce qu'il est de ces choses; si non, vous vous en priverez et vous vous damnerez par vôtre curiosité et par votre présomption. Qu'on ne m'en parle plus et qu'on se tienne au solide, au necessaire, à l'unique chose fondamentale, à JESUS CHRIST CRUCIFIE, hors duquel S. Paul ne vouloit rien sçavoir*[74]. Qu'en dites-vous? Est-ce là penser et parler en visionnaire et en esprit malade et gâté?

XV. *Abrégé de la doctrine de Mlle Bourignon.*

M. J. a reproché cent fois à M. Maimbourg[75] d'avoir supprimé toutes les <p. 196> choses dont il pouvoit tirer quelque avantage, d'en avoir perverty cent autres et d'avoir avancé du sien je ne sçay combien de faussetés. Mais il en fait à proportion cent fois pis que luy, dans cette petite méchante pasquinade qu'il a osé publier pour diffamer ce qui (contre ses sentimens emportés) est la vérité et l'innocence même. S'il veut, comme il dit, *apprendre à ses gens quel est le caractére de ces personnes*, pourquoi ne pas dire un mot de ce en quoi ils font consister l'essentiel et même le

---

[73]   *Vie continuée,* p. 316 s. Poiret dit qu'on peut entendre seulement de «l'homme glorieux», dans l'au-delà, les réalités décrites en Adam par A. Bourignon (*Œconomie Divine,* II, 27, § 13, p. 705).

[74]   Cf. 1 Cor. 1, 23.

[75]   Dans *Histoire du Calvinisme et du papisme en parallèle,* par ex.

tout de leur doctrine? Pourquoi ne parler que de la milliéme partie de quelques sentimens accessoires? Pourquoi habiller le bien
qu'il ne peut en nier, à la burlesque? Et pourquoi y ajoûter du sien
tant de faussetés? La belle methode, s'il la suit envers tous! Il falloit dire ici que l'essentiel de la doctrine de Mad^lle. B. ou ce qui
forme, selon elle, le veritable Chrétien et qui le distingue du faux,
revient à ces quatre articles: 1.) *Renoncer à soi-méme*, 2.) *Prier
sans cesse*, 3.) *Aimer Dieu*, 4.) *Et imiter Jesus Christ avec
patience, paix et humilité*; et que c'est là l'UNIQUE CHOSE
qu'elle recommande par tout. Il falloit parler de ses opinions
accessoires, ainsi que je viens de faire, et dire que, si elle a eu
quelques apparitions qu'elle a crues divines[76], elle ne les a jamais
recommandé à personne, ni reçu qu'avec les précautions qu'on
voit dans sa Vie, et que tous les Mystiques recommandent comme
des moyens infaillibles de ne s'y méprendre pas. Si l'on vouloit
<p. 197> particulariser quelcune de ses pensées, l'on pouvoit dire
qu'elle a annoncé au monde, de la part de Dieu, que tous les
hommes ont maintenant abandonné Dieu pour ne plus s'aimer
qu'eux-mémes, leurs intérets et les choses de la terre. Qu'ils sont
attachez judaïquement, aveuglément et par amour propre à leurs
ceremonies, à leur Christianisme extérieur, à des opinions stériles
qui ne peuvent sauver personne et à des controverses et disputes
diaboliques qui rendent leurs ames diaboliques, pleines de haine,
de rages, de meurtres, pendant qu'ils ont abandonné l'Esprit et la
Vie de Jesus Christ et sont devenus veritablement Anti-Chrétiens.
Que les plus sçavans sont les plus méchans et les plus perdus de
toute la bande; que ce sont eux qui seduisent le monde et qu'ils
sont la source de toutes sortes de maux. Que, néanmoins, il y en a
encore par tout et en tous états quelques bons, lesquels Dieu veut
secourir par ses lumiéres, de peur qu'ils ne périssent dans leur
aveuglement. Que si les chrétiens d'aujourduy ne se convertis-
sent à Dieu en reprenant la vie des chrétiens de l'Eglise primitive,
Dieu va les exterminer par ses derniers jugemens, en quelque

---

[76]   Poiret s'en fait l'écho par exemple au chap. 21 de la *Vie Continuée* (p. 315);
         voir aussi dans les *Œuvres* d'A. Bourignon elle-même: *L'Etoile du matin*,
         lettre 2 et 3, et p. 315; *Le nouveau Ciel et la nouvelle terre*, p. 19-20.

secte et party qu'ils soyent; mais qu'il preservera ceux d'entre
eux qui, renonçant à eux mémes et au monde, s'abandonneront à
l'Esprit du Seigneur JESUS, pour vivre en Charité, en humilité,
en sainteté, en justice, en paix, et pour servir et adorer Dieu en
Esprit, en verité[77] et par la pratique <p. 198> de toutes sortes de vertus, en ne plus pensant et ne plus donnant leurs affections qu'aus
choses qui sont en haut et point à celles qui sont sur la terre; et
que, pendant qu'il exterminera tout le reste, ceux-cy demeureront
sur la terre et y renouvelleront le veritable Christianisme, ainsi
qu'il étoit du temps des Apôtres[78]. Voila, voila des choses utiles et
solides, et bien autres que ces niaiseries de M. J., que dans deux
ou trois ans le Roy de France ou son successeur sera inspiré à se
faire calviniste et à rétablir la secte de Calvin dans tout son
Royaume[79], et que cela sera le rétablissement de l'Eglise de Dieu
dont les prophétes ont tant parlé. Y a-t'il personne à qui ces
fadaises ne fassent mal au cœur?

XVI. *Des Livres de Mad^{lle}. Bourignon*

M. J. ne pouvant nier que les écrits de Mlle. B. ne respirent et
n'inspirent que la piété la plus pure, et ne soient capables d'en-
flammer dans l'amour de Dieu les ames les plus glacées, s'avise
de tourner ce bien en ridicule et d'appeler cela: *avoir un grand
air de devotion qui se voit dans tous les visionnaires.* Voilà comment M. J. pour satisfaire ses passions est prest, tantôt à faire
l'éloge, tantôt à inspirer du mépris pour la devotion. Lorsqu'il
s'agit de luy méme et qu'il veut faire croire au monde qu'il en a
beaucoup, il nous écrit des *Traités de Devotion*[80], où il la recommande à tous, sans que pourtant il y paroisse rien que de l'affec-

---

[77] Alusion à Jean 4, 23, la vraie adoration recommandée par Jésus.

[78] Poiret fait ici allusion au Règne de mille ans du Christ sur la terre (cf. Apoc
    20, 2-4). A la suite d'A. Bourignon, il y croyait, comme de nombreux millé-
    naristes de cette fin de siècle, y compris P. Jurieu.

[79] *Accomplissement des prophéties.* Cf. *supra,* p. 194, n. 47.

[80] P. Jurieu, *La Pratique de la Dévotion* (cf. *supra,* p. 188, n. 32).

tation étudiée et des mots choisis et examinés par les connois-
seurs; mais, quand il voit la devotion <p. 199> vivante en sa naïveté
dans les gens de bien qu'il méprise, il la fait alors passer pour un
caractere de visionnaires. Belle égalité de jugement! Au reste, les
lecteurs ne doivent pas s'effrayer du nombre des Livres de Mlle.
B. que M. J. met peut être icy à ce dessein-là. Ils ne sont pas
écrits afin que chaque personne les lise tous, mais afin que les
personnes de différentes dispositions en choisissent diversement, celuy-ci un; et celuy-là un autre, selon qu'on est plus ou
moins touché par de différentes matiéres. Ceux qui sont les plus
touchez par la lecture des choses morales et de la vertu, peuvent
lire les *Traités de la Solide Vertu*, ou les *Avis et Instructions salutaires,* ou la *Lumiére née en Ténébres*. Ceux qui sont touchés par
la considération des merveilles de Dieu, trouveront le *Nouveau
Ciel et la Nouvelle Terre, l'Etoile du Matin*. Ceux qui veulent
avoir l'idée de l'essentiel du christianisme, verront: *le Renouvellement de l'Esprit Evangelique,* les *Pierres de la Nouvelle Jerusalem.* Quiconque est sensible à la vûe du relâchement du Christianisme et de tous ses partis, aura: pour le christianisme en
general, *l'Antechrist decouvert* et *le Tombeau de la Fausse Theologie;* pour l'Eglise Romaine, *la Lumiére du Monde* et *l'Acade-
mie des Théologiens*; pour le Protestantisme, *le Temoignage de
Vérité* et *la Pierre de touche*; pour les Mennonites ou Anabaptistes, *l'Aveuglement des hommes de maintenant;* pour les Trembleurs, *l'Avertissement* contr'eux; pour le Cartesianisme, *la
Sainte* <p. 200> *Visiére*. Ce ne sont point des invectives: ce sont de
vives et charitables remonstrances[81] des maux où l'on est et la
déclaration des moiens salutaires pour en sortir. Qui se veut sentir porté à se rendre à Dieu sans considérer autruy, trouvera *l'Appel de Dieu*, et ainsi du reste. L'essentiel du christianisme est si
bien mélé dans tous ces ouvrages, qu'il y est tout en chacun, et
néanmoins toûjours d'une maniére nouvelle, et qui fait voir les
mémes choses substancielles toûjours par de nouveaux côtés[82].

---

[81]   Signifie «exhortation».

[82]   Nous avons ici un rare catalogue par rubriques des œuvres d'A. Bourignon
       (qu'a éditées Poiret).

XVII.

Je ne sçay si M. J. a crû me mortifier en me faisant connoître au public comme amy de feüe Mlle. B. et comme étant dans ses sentimens. S'il en est ainsi, il s'est bien trompé. Car, loin de cela, j'en veus prendre sujet de luy faire honte de ce qu'il se declare en elle l'énemy des persones les plus distinguées par leurs dons et par leurs vertus, et je veux me faire honneur devant tout le monde de les approuver, de les cherir et de rendre encore plus public en faveur de ceux qui cherchent tout de bon et sans partialité les moyens solides de faire leur salut, le témoignage que j'en ay déja rendu[83]: C'est que: «pour mon particulier et à mon égard, j'ay trouvé que, sans les écrits et la conversation de Mlle. Bourignon, je ne sçaurois rien solidement dans les choses divines ni méme dans les naturelles. Toutes les vérités que j'ay proposées icy et ailleurs ne sont que des conséquences des principes que j'ay tirés d'elle, ou que j'ay trouvés et aprofondis ensuite <p. 201> des ouvertures d'esprit qu'elle m'a donné pour toutes sortes de choses; et, qui plus est, sans ses divines lumiéres je serois encore dans mes ténébres et dans l'aveuglement de mon cœur, dans l'esclavage et l'idolatrie de ma raison corrompue, et tel que, si j'y fusse demeuré, il eust été bon pour moy de n'étre point né. Tout cœur humble et sincére reconnoitra sans peine que ses divins écrits nous donnent trés vivement la droite connoissance de Dieu, de sa puissance, de sa sagesse, de sa bonté, de sa justice, de sa liberté et des grands et divins mystéres de la redemption; qu'ils découvrent le fond et l'étendue de la misére de l'homme; qu'ils rendent l'esprit tranquille et assuré sur tous les doutes de religion; qu'ils font mourir toutes les controverses; qu'ils terassent toutes les heresies; qu'ils réveillent le cœur, le frapent, le percent, le mettent dans une salutaire inquiétude jusqu'à ce qu'il se donne à Dieu; qu'ils le rendent impartial, humble, pacifique, détaché des choses accessoires et attaché à

---

[83]   Poiret va citer ici, non sans quelques menues modifications, ce qu'il avait écrit dans «l'Avis sur ce volume» du t. V de son *Œc. Divine,* dans le long § 6, consacré à A. Bourignon (pages non chiffrées).

l'unique et au seul nécessaire abandon de la volonté entre les mains de Dieu; enfin qu'ils satisfont à tout ce qu'on sçauroit souhaiter en matiére de théorie et de pratique, de conduite intérieure et extérieure, avec Dieu, avec soy-méme et avec les hommes, bons et méchans, tout cela avec une naïveté et une facilité si hors d'exemple, dans les matiéres mémes les plus sublimes, que les petits enfans de bonne volonté le peuvent comprendre; avec une évidence <p. 202> et une clarté si incontestable, avec une recherche si pure du seul Amour de Dieu et de l'extermination du peché, que je ne puis comprendre comment, sans avoir un cœur méchant et scelerat devant Dieu, on pourroit les condamner ou les mépriser, aprés en avoir fait la lecture avec quelque attention, du moins celle des principaux, et aprés avoir leu l'Apologie qu'on a mise au devant de sa Vie.»[84] Je le dis avec assurance et M. J. peut bien voir que, pour parler de la sorte, il faut qu'il se soit fait quelque autre chose dans mon cœur par les écrits de Mad[lle]. BOURIGNON que par ceux de Calvin et que la conviction où je suis, qu'elle étoit enseignée et regie par l'Esprit divin, n'est pas fondée sur quelque chose d'obscur, de mort ou d'incertain dans moy. Cela est écrit par le doigt de Dieu en caractéres vivans et ineffaçables sur les tables de mon cœur. Et pourvû que mon Dieu ne m'abandonne point, M. J. et toutes les créatures du ciel, de la terre et de l'enfer seront bien habiles s'ils peuvent l'en effacer. Car l'ouvrage de Dieu est plus fort que celuy de toutes les créatures et de tous les seducteurs du monde. De là vient que, quand les plus simples qui ont le cœur sincére entendent la Vérité, Dieu opére en leurs cœurs une œuvre que toutes les sophisteries des doctes ne peuvent détruire; car ils ne sont que paille, eux et leurs fadaises, devant l'ouvrage du Seigneur. Si les simples ne savent pas soudre[85] leurs sophismes, ils <p. 203> s'en moquent, l'ouvrage de Dieu dans leurs cœurs étant plus fort et plus durable que celuy des vains sçavans, qui sçavent bien cela et qui en crévent de dépit dans la crainte de se voir abandonnés

---

[84]   Poiret est lui-même l'auteur de cette *Apologie*, placée en tête de la collection des *Œuvres*.

[85]   Signifie: «résoudre», «expliquer».

et méprisés du peuple. Et de-là vient qu'ils ont pris la malheureuse resolution de diffamer ce bien pour empécher à leur possible la communication de la pure verité et l'avancement de l'ouvrage de Dieu. Ils y ont méme souvent réussi. Car, du passé, il y
a eu cent et cent ames trés-saintes qui ont eu la lumiére de Dieu
et qui l'ont proposée aus hommes de leur temps. Mais les
méchans sçavans, ces impies organes du Demon, les ont supprimé et fait taire par leurs calomnies, par lesquelles ils ont toûjours prévenu tout le monde, et méme les bons, contre les saints.
Et ils s'imaginent si bien qu'ils pourront toûjours faire ainsi, et
particuliérement encore à present au sujet de Mlle. Bourignon,
que les Burcardus de Sleswic, les Magister Ouw de Flens-
bourg[86], les compilateurs de Leipsic[87] et d'autres persécuteurs
cruels et fils du pére de mensonge[88], ont crû l'avoir déja englou-
tie dans leurs gueules de dragons et l'avoir dépéchée à peu de
frais. Mais, tout beau, Messieurs les persécuteurs! Vous n'en étes
pas encore tout-à-fait où vous pensez. Dieu fera parler les
piéres[89] quand les docteurs de la Loy deviendront muëts ou persecuteurs de sa sainte Verité, de laquelle le temps s'approche
pour vaincre et pour percer toutes les nuées du mensonge <p. 204>
et des calomnies, et pour luire comme le soleil en son plein midy.

Voila ce qu'on gaigne à vouloir décrier la verité et l'innocence. On est cause, contre son intention, qu'elle en paroitra par
tout plus claire et plus pure. C'est comme lors qu'on jette de la
boüe sur une personne qui hait l'immondice: elle s'en lave; et par
là elle paroit encore plus nette qu'auparavant. Je ne luy rends pas
ce devoir par un attachement que j'aye pour sa personne. Je ne
regarde qu'à la vérité et au bon Esprit de Dieu qui y étoit; et

---

[86] Contre les accusations de ces personnages, J.C. Hase avait réuni les *Témoignages de vérité*.

[87] Il s'agit de V.L. von Seckendorf qui avait ironisé sur A. Bourignon dans ses
Acta eruditorum Lipsiensia de janvier 1686. La même année, Poiret publia
pour la défendre un *Monitum necessarium*, contre lequel Seckendorf riposta
(cf. *infra*, p. 261, n. 239).

[88] «Le père du mensonge» est le diable (cf. Jean 8, 44).

[89] Allusion à Luc 19, 40: «s'ils se taisent, les pierres même crieront.»

quant à l'attachement personnel, j'en suis si dégagé que si la dif-
famation universelle de Mad^{lle}. Bourignon, sans aucune justification, pouvoit servir de moyen à avancer la gloire de Dieu et le
salut des hommes, je serois joyeux qu'on la calomniast par tout
sans repartie. Mais le Diable voit et sçait bien que si les ames de
bonne volonté venoient à lire et à prendre à cœur ses divins
écrits, elles se convertiroient à Dieu et échaperoient ses griffes,
celles du monde et celles des seducteurs qui y sont. C'est pourquoi, ayant tant de pouvoir sur les méchans, sur les ames partiales et sur les zelés aveugles, il s'est avisé de s'en servir pour
diffamer par eux ces divins-moyens-là, afin d'en donner de
l'horreur aus ames sincéres et d'empêcher ainsi leur conversion
et leur salut. Mais s'il plait à Dieu de donner à qui il voudra vie,
forces et assistence, ils se trouveront plus loin de leur compte
qu'ils ne s'imaginent. <p. 205>

XVIII. *De l'accusation de faire une secte*

En voila assez touchant Mlle. B. par rapport à sa doctrine.
Voyons maintenant ce que M. J. va nous conter de sa conduite et
de sa religion, tant en general que touchant quelques prétendus
articles qu'il luy attribue, le tout à faux. Quant au général, il
débute par trois faussetés: la 1.) que Mlle. Bourignon *ait trouvé
qu'il n'y avoit pas encore assez de sectes dans le christianisme*,
la 2.) qu'elle *se soit mise dans la tête d'en faire encore une* et la
3.) qu'elle *l'ait voulu rendre recommandable par la singularité
de son origine*. S'il avoit lû ses écrits, il y auroit remarqué cent
protestations contraires, qu'une des choses qu'elle déploroit le
plus étoit la naissance et la pluralité de ces malheureux schismes
qui ont divisé le christianisme en tant de factions, et que, volontiers, elle n'auroit pas épargné jusqu'à la dernière goutte de son
sang, si elle avoit pû par-là réünir les chrétiens en un dans l'esprit de Jesus Christ. Est-ce là *trouver qu'il n'y a pas encore assez
de sectes dans le christianisme?* Elle y a protesté cent et cent fois
qu'elle n'en vouloit point établir, qu'elle ne vouloit attirer personne à soy mais renvoyer tout le monde à Jesus Christ et à la

pratique de la doctrine du saint Evangile, ne dust-elle jamais voir personne, comme elle le souhaitoit. Elle a fuï les hommes; elle s'est cachée d'eux; elle les a renvoyés, rejettés, évités; et à peine quelques uns, aprés beaucoup d'instances et de priéres, pouvoient-ils obtenir d'étre ou du nombre de ses domestiques, ou de ses amis de <p. 206> correspondence. Elle n'a étably ni nouveau culte ni nouveaux exercices ni loix ni régles qui ressentent la secte. M. J. va incontinent luy donner pour secte *de n'en point avoir.* Accordez cela, qu'à des personnes chrétiennes, ne point avoir de secte, ce soit établir une nouvelle secte. A ce compte là, le pur christianisme sera une nouvelle secte à M. J. Ne sçauroit-on mettre hors de la téte de ces ames partiales cette impertinente imagination qu'une personne qui voudroit vivre chrétiennement selon les clairs préceptes de l'Evangile, sans s'embarasser d'aucune des matiéres de controverses, ne pourroit faire cela qu'en établissant par là une nouvelle secte? Et si huit, si dix, si vingt personnes veulent le faire et s'approcher les unes des autres soit dans une méme maison, ou dans un méme voisinage et avoir entre'elles telle communication chrétienne qu'il leur plaira, sera-t'on si malin que d'appeler cela *secte,* pour les exposer ainsi à la derision et à la persecution des hommes? Les politiques, les marchans, les sçavans, les beuveurs, les joueurs, les paillards, on les laisse bien disposer de leurs allées et de leurs venues, s'approcher et demeurer ensemble, sans qu'on les accuse pour cela de faire de nouvelles sectes. Et des personnes qui ne cherchent que de vivre selon les commandemens de Jesus Christ, on les traittera de *nouvelle secte* pour ce sujet-là; et des pasteurs mémes, qui devroient étre les protecteurs <p. 207> des gens de bien, seront les premiers à les diffamer; et quelques uns à s'en déclarer les persecuteurs! *Hei mihi! quia incolatus meus prolongatus est.... cum his qui oderunt pacem*[90]!

Ce qu'il dit de la *singularité de l'origine* de la prétendue Secte de Mlle. B., est fondé sur ce qu'elle étoit indocte et qu'elle

---

[90]   « Malheur à moi, parce que ma résidence a été prolongée parmi ceux qui ont haï la paix.» Citation du Ps. 120, v. 5-7, selon la Vulgate (dans laquelle ce psaume porte le N° 119).

étoit fille; et pour luy, il prétend que dans les régles, on ne doit
point ériger de secte, qu'on n'ait une barbe au menton et des
études en la téte. *Fiat!* Laissons-le disposer des caractéres gene-
raux et singuliers de ceux qui font des sectes: ce n'est pas là nôtre
affaire. Mais s'il prétend que Dieu ne donne sa lumiére qu'à ceux
qui portent barbe et haut-de chausses et non pas à des femmes, et
qu'il ne les (*sic*) puisse communiquer par elles aus autres
hommes, il n'a qu'à ouvrir son Nouveau Testament, et il trouvera
que la premiére et la fondamentale prédication du christianisme
a été faite par une femme, nommée Madeleine, aux apôtres
mémes, qui apprirent d'elle la grande verité de la resurrection de
Jesus Christ[91], laquelle est, selon S. Paul (1 Cor. 15.), le fondement de la religion chrétienne[92]. Si Dieu veut, ne peut-il pas
encore se servir d'une femme pour communiquer par elle les
verités necessaires au renouvellement du méme christianisme?
Mais il est si peu vray que Mlle. B. ait eu dessein de se prévaloir
de cette *singularité*, qu'au contraire on trouve dans sa Vie que
cela luy étoit à contre-cœur, <p. 208> que, lors que Dieu vouloit
qu'elle communiquast quelque verité aus hommes, elle luy
disoit: *Mon Dieu, laissez moy plutôt mettre entre quatre*
murailles, afin que jamais créature n'ait connoissance de moy;
mais servez vous, mon Dieu, de quelque prélat d'authorité, en
luy faisant connoitre vôtre volonté en des choses si importantes.
Hé mon Dieu, pourquoi m'avez-vous fait fille puis que vous vou-
lez cela de moy? Pourquoi ne m'avez-vous point fait homme?
J'aurois eu de l'avantage et plus de capacité pour vous servir[93].

---

[91]   Selon le récit de Jean 20, 17 et 18.

[92]   Cf. par exemple, 1 Corinthiens 15, 14: «si Christ n'est pas ressuscité, notre
        prédication est vide et vide aussi votre foi» (trad. *TOB)* et les versets sui-
        vants.

[93]   L'expression de se «mettre entre quatre murailles» est dans l'auto-biogra-
        phie *Parole de Dieu*, p. 47 (t. I des *Œuvres* d'A.B.) mais nous n'avons pas
        pu retrouver la phrase complète, malgré nos recherches. Le thème que Dieu
        ait voulu se servir d'une femme, d'une fille (d'une «fillette») revient sou-
        vent; par ex. *Tombeau de la Fausse Théologie*, 2ᵉ part. p. 105. Et aussi dans
        plusieurs préfaces de Poiret: Avertissement à la 1e part. de *La lumière du*
        monde, et dans la *Préface apologétique*, 63, p. 21-26.

Sont-ce là des caractéres d'une personne qui *s'imagine de se rendre considérable dans le monde par la singularité* d'établir une secte étant fille? Si M. J. eut voulu sçavoir la raison de cette singularité, il n'avoit qu'à prendre garde aus paroles consolantes que Dieu luy disoit au cœur pour la raffermir, aussi bien que pour confondre les doctes superbes et altiers: *Je me veux servir de la matiére la plus vile pour confondre l'orgueil des hommes. Vous me plaisez ainsi. Mes jugemens sont bien autres que ceux des hommes. Je me sers de choses foibles pour confondre les fortes*[94]. *Ne craignez rien. Je donneray poids à vos paroles, que les bons suivront pour le rétablissement du véritable christianisme*[95]. Mais je crains de jetter les choses saintes à des créatures qui en fassent du fumier[96].

XIX. *Des associés et amis de Mlle. B.*

M. J. voulant parler en particulier de la religion de Mlle. Bourignon et de ses amis dit qu'il en va *donner quelques traits tirés du propre écrit* de question ou de la lettre des *Avis Charitables.* Nous verrons s'il <p. 209> tiendra sa parole. Au premier mot qu'il va dire, il va déja avancer une fausseté démentie par les *Avis Charitables*: *Ils reçoivent chez eux Papistes, Luthériens, Remonstrans, Reformés, Sociniens, Mennonistes, Anabaptistes, tout y est bien venu, sans qu'on les oblige à changer de sentimens ni de pratiques, si bon leur semble.* M. J. devoit ajoûter, *Pictoribus,* (ou plûtôt par rapport à luy) *Pastoribus atque Poëtis, Omnia fingendi semper fuit aequa potestas*[97]. Cela est-il *tiré de*

---

[94]   Allusion à 1 Cor. 1, 27, mais ce verset est écrit à la 3e personne.

[95]   Nous n'avons pas retrouvé d'où est tirée cette citation. Cf. dans *Le témoignage de Vérité* (2e part., p. 61) elle dit: «J'ay moi-même été en grand déplaisir de ce que Dieu m'avoit créé une femme, mais depuis qu'il m'a fait connoistre que je luy plaisois ainsi, j'en ay été contente».

[96]   Allusion probable à Matt. 7, 6: «ne jettez pas vos perles devant les pourceaux».

[97]   «Les peintres (ou plutôt en l'occurrence «les pasteurs», corrige-t-il) et les poètes eurent toujours un pouvoir égal d'imaginer toutes choses». La

mon propre écrit? Et n'y voit-on pas en ce qui regarde les Sociniens, directement le contraire, puisque j'y fais consister l'essentiel du Christianisme en ce que l'on prie le bon Esprit de Dieu de venir dans nous y détruire le mal et y produire le bien, et que j'y établis l'adoration souveraine de la divinité de Jesus Christ comme la cause de nôtre salut: ce qui renverse les deux articles fondamentaux du Socinianisme, qui sont le Pelagianisme, et celuy qui nie la divinité du Seigneur Jesus? M. J. voudroit-il favoriser les calomnies infernales dont quelques scelerats de Holstein ont diaboliquement noircy Mlle. Bourignon, l'accusant de Socinianisme pour la faire piller et massacrer par le peuple et méme par les magistrats, comme il n'a pas tenu à eux? Voudroit-il nous faire passer maintenant pour des fauteurs de Sociniens? Je luy déclare hautement, et à tout le monde, que ni Mad[lle]. B. ni ses amis, ni moy, n'avons jamais eu, et n'aurons jamais, non seulement d'union, mais pas méme de commerce avec <p. 210> aucun Socinien ni avec aucune créature qui veüille rejetter la divinité souveraine de Jesus Christ, la nécessité de la grace intérieure de Dieu et la reconnoissance de l'état damnable de l'homme naturel. Ce sont là les premiers fondemens de nôtre Christianisme. Il le pourroit voir s'il avoit lû les écrits de Mlle. B. où il verroit aussi (et on le verra vers la fin) qu'elle enseigne qu'en protégeant ou en tolerant le mal on s'en rend coûpable. Comment donc pourrions-nous reconnoitre et recevoir pour chrétiens ceux qui détruiroient les fondemens du christianisme et qui ne voudroient pas changer de sentimens ni de pratiques? Sur quelles preuves M. J. ose-t'il avancer une pareille fausseté? Les Trembleurs mémes ne seroient pas tolérés entre nous avec leurs sentimens et leurs pratiques sans y renoncer. Mais ne diriez-vous pas à entendre M. J. qu'on a dessein d'amasser des armées de monde à quelque prix que ce soit, et d'en faire un corps plus monstrueux que n'est le Christianisme d'aujourd'huy? Et pour grossir cette

---

citation exacte: «Pictoribus atque poetis / quidlibet audendi semper fuit aequa potestas» = «le juste (ou un égal) pouvoir d'oser n'importe quoi», vient de Horace, *Art poétique*, v. 9-10. Merci à M. Lagarrigue qui a identifié la référence.

armée, il fait deux corps à part des Mennonistes et des Anabaptistes[98], comme ce galant historien moderne à qui l'on a reproché d'avoir fait deux personnes de Charles-Quint, un Empereur et un Roy d'Espagne. Que ne disoit-il pûtôt qu'on recevoit à bras ouverts les Papistes et les Catholiques et ceux de l'Eglise Romaine, et les Protestans, et les Luthériens <p. 211> et les Evangeliques et ceux de la Confession d'Ausbourg[99], et les Reformés et les Calvinistes[100], et les Arminiens et les Remonstrans[101], et les Unitaires et les Sociniens et les fréres de Pologne et les Antitrinitaires[102], et je ne sçay combien d'autres? Voila une armée à faire peur aus autres partis et à les faire cantonner[103] et mettre en defense contre ce nouveau, de crainte qu'il ne les engloutisse. Cependant de combien pensez-vous, Messieurs, qu'étoit nombreuse la communauté lors de la mort de Mlle. B.? De quatre personnes, elle y comprise[104]. Et presentement, il n'y en a pas seulement deux qui vivent en communauté, ni trois qui vivent sous un méme toit, ni quatre dans une méme ville ou Province; et M. J. auroit bien à courir pour trouver ce grand *chez eux* dont il parle, si ce n'est qu'il veüille le chercher dans sa téte, où il est seulement. Nous sommes (si j'ose parler comme ayant quelques amis) un trés-petit nombre de particuliers, ayant chacun son chez-soy, ses biens et ses intérets à part, mais qui neanmoins nous aimons

---

[98] Les mennonites (du nom de Menno Simmons) font partie de la famille anabaptiste, ou baptiste.

[99] Les luthériens, ou évangéliques, se réclament de la Confesssion d'Augsbourg.

[100] Les réformés représentent la branche calviniste (et zwinglienne) de la Réforme protestante.

[101] Les deux noms sont synonymes: tenants de l'universalisme de la grâce, il s'opposèrent aux gomaristes qui défendaient le strict dogme de la prédestination (synode de Dordrecht 1618-1619).

[102] Les sociniens, appelés parfois «frères de Pologne» sont anti-trinitariens ou unitariens. A leur sujet, voir *supra*, p. 60, n. 3.

[103] Soit terme militaire: «se replier dans ses cantonnements»; soit «diviser, séparer», selon Littré.

[104] Peut-être aurait-il pu dire cinq: avec A. Bourignon, les trois héritiers (E. de Lindt, J.Tielens, V. van de Velde) que mentionne son testament et lui même.

en Jesus Christ et qui, peut étre, si nous étions plus parfaits et que
Dieu le voulust, chercherions à nous retirer ensemble quelque
part, à l'écart et hors du monde, pour nous donner tout à Dieu[105],
en observant ses commandemens et toutes les bonnes ordonnances de police du lieu où nous serions, et nous donnant de
garde comme de la mort de ne recevoir en nôtre amitié et conversation des <p. 212> personnes qui ne seroient point entiérement
mortes à toutes controverses, disputes et autres occupations ou
mondaines ou diaboliques, et resolues absolument de ne plus
s'occuper de rien que de l'étude de Jesus Christ crucifié et de la
recherche de l'éternité bien-heureuse. Je feray voir tantôt par une
lettre de Mlle. B. méme, la qualité des personnes qu'elle vouloit
recevoir *chez soy*, et elle a écrit sur ce sujet un livre entier intitulé
Les Pierres de la Nouvelle Jerusalem.

XX. *De la religion.*

A d'autres! M. J. dit: *leur religion est de n'en pratiquer
aucune extérieurement.* M. J. nous tient surement pour des
cruches, et ses lecteurs aussi, que de nous vouloir débiter des
faussetés si extravagantes, selon quoi des souches et des mulets
pourroient avoir une religion, s'il y en a une qu'on fasse consister à n'en point pratiquer extérieurement. Les bétes en font de
méme. Cela est-il aussi *tiré de mon propres écrit?* N'a-t'on pas
des yeux pour y lire que j'y fais consister la religion, non à n'en
point pratiquer extérieurement (pensée extravagante), mais *à
adorer Dieu en esprit et en verité, à imiter Jesus-Christ par la
pratique de toutes sortes de vertus chretiennes et à se servir des
cérémonies qu'on trouve établies comme de moyens qui nous
avancent à cette fin?* Il est vray, qu'on n'a *point d'assemblées*
nouvelles et différentes de celles des religions établies en la chrétienté. Les persécuteurs en ont voulu faire un crime à Mlle. B. et
à ses amis, en les accusant de faire de nouvelles assemblées,

---

[105]   C'est ce qui avait toujours été le souhait, jamais réalisé, d'Antoinette Bourignon elle-même.

<p. 213> et méme d'y prêcher. On a fait enquéte publique en Holstein sur ces sortes d'accusations et j'étois moy méme à Hambourg[106], lors que fut ordonné prise de corps contre elle sur l'accusation calomnieuse des pasteurs de ce lieu, qui luy imputoient de prêcher dans un logis, d'y debiter les hérésies diaboliques des Sociniens et d'y faire des assemblées de la nouvelle secte. Mais voicy M. J. qui maintenant veut faire un crime de ce qu'on ne fait pas ce que les autres imputoient à crime. Hé, de grace!, Messieurs, que faut-il faire pour ne vous pas déplaire? Aller à la messe? M. J. dit que c'est idolatrie. Et de plus, Mlle. B. et ses amis catholiques ont fait en cela et en autres choses toutes les ordonnances de leur Eglise si long temps que la santé ou la persécution ne les en ont pas empéché. Aller aus préches de M. J. sans doute. Bon! s'il préchoit comme un Taulére ou un Suso[107]. Mais que pourroit-on apprendre d'une personne qui appelle *poison* une doctrine telle que celle des *Avis charitables*? Y entendre ses *articles d'antiquité* et ses *articles de controverse* dont nous n'avons pas de besoin? Il devroit plûtôt luy méme venir apprendre la vérité solide dans les écrits de Mlle. B., il est obligé de le faire avant qu'il prétende en juger magistralement. Pour le reste, il sçaura, s'il luy plait, que le moindre des amis de cette Demoiselle tout simple qu'il soit, en fait plus que luy dans ce qui concerne le véritable christianisme; et ainsi, qu'on n'a guéres <p. 214> de peine à se passer de ses préches. Et à quoi bien[108] (pour me servir des termes de l'Ecriture) aller consulter les morts pour les vivans[109] ou pour ceux qui veulent vivre? Qu'il nous laisse en paix, sans nous évoquer[110] devant son tribunal d'inquisition, pour nous faire rendre compte si nous allons 10 ou 20 fois à l'Eglise ou non. Il ne nous plait pas de satisfaire à ses capricieus

---

[106] Effectivement, c'est à Hambourg que, l'été 1676, Poiret avait rejoint A. Bourignon persécutée.

[107] Le modèle de la prédication est chez les dominicains mystiques et non parmi les réformateurs.

[108] «à quoi bon».

[109] Esaïe 8,19.

[110] Signifie: «convoquer» ou «assigner».

soupçons et à ses *peut-étre cecy, peut-étre cela*. Les personnes
équitables seront assez satisfaites là dessus par ce qui a précédé
et par ce qu'on verra encore dans une des lettres suivantes.

XXI. *Des exercices publics.*

M. J.: *Ils font profession d'avoir un* SOUVERAIN MEPRIS
et une parfaite indifférence pour les exercices de piété. Autre
fausseté énorme, dont il sçait le contraire en sa conscience, s'il y
regarde; car ce qui l'a piqué contre moy, est qu'il a vû par mon
écrit que j'estimois les cérémonies, par exemple de l'Eglise
Romaine, et nomément de la messe que je tiens pour sainte et
pour divine dans l'esprit de son institution; sans mépriser les
ceremonies des protestans, que j'estime pareillement dans le bon
usage que les gens de bien en font. Et c'est l'estime que nous
avons pour ces choses, qui nous fait en mépriser l'abus, et qui
nous fait dire qu'il vaut mieux s'en abstenir que d'exposer à un
tel deshonneur des choses si saintes et si estimables en elles-
mémes. C'est ce qu'il faut aussi appliquer au *ministére* de la prédication et aus assemblées publiques. Ce <p. 215> sont, dans leur
institution, des choses si saintes que, plûtôt que d'en abuser et
que de les deshonnorer par cet abus, il vaut mieux s'en abstenir.
Certes, cela m'a plus d'une fois touché de compassion de voir les
chaires de la vérité (comme quelques-uns les appellent)[111] occupées assez souvent par des personnes qui, avec un esprit éventé
d'orateurs payens, pour ne pas dire de comédiens et de charla-
tans, n'y debitent que des spéculations stériles, des observations
de critique, des flatteries et, tout au plus, des declamations gene-
rales et en l'air contre les pechés grossiers et palpables, pendant
qu'ils entretiennent et nourrissent leurs auditeurs dans un esprit
d'amour propre, de divisions, d'animosité et de présomption
d'étre bien plus agréables à Dieu que les autres, parce qu'ils en
sont distingués par leur exterieur et par leurs diables de contro-

---

[111] Il s'agit évidemment des chaires dans les Eglises de la Réforme, où la prédication, l'explication de l'Ecriture (Parole de Dieu ou Vérité) est centrale.

versés et de disputes, oublians et ignorans méme absolument l'essentiel du christianisme, prenans l'exterieur et l'ecorse pour la moüelle: Que s'ils viennent à dire quelque chose de bon, ils vous detruisent vingt fois d'une main ce qu'ils avaient basty une fois de l'autre. Je dis qu'en ce cas, il vaut mieux s'en abstenir tout à fait[112] (lorsque cela se peut, sans donner occasion à de plus grands maux) que de deshonorer si horriblement des choses si saintes par un tel abus. Et c'est Dieu méme qui a dit et qui a fait pratiquer cela. Lorsque l'Eglise judaïque[113] étoit la véritable, et qu'il en avoit luy méme expressément reglé le culte <p. 216> et toutes les circonstances des sacrifices, des assemblées, de la Pasque et d'autres exercices et ceremonies, qu'on ne pouvoit les ômettre sinon sur peine de la vie et de sa malediction, néanmoins, lorsqu'il vit qu'on les pratiquoit dans un autre esprit que dans celuy de l'amour de Dieu et du prochain, de la paix, de l'humilité et du renoncement, au lieu de quoi l'on n'avoit qu'amour propre, propre volonté, débats, contentions, inimitiés, dureté de cœur et la pitoyable présomption d'étre agréable à Dieu, lors qu'on alloit judaïquement au Temple et aux exercices et qu'on crioit à pleine gorge: *Le Temple du Seigneur, le Temple du Seigneur! Préches, Préches! Exercices de Religion!* [114] Que fait-il? Voyez le chap. I. d'Isaïe. *Qu'ay je à faire de vos sacrifices, exercices, assemblées*[115] et le reste? Voyez aussi le 57 et le 66 du méme prophéte, et le 7e. de Jeremie[116] etc. Si M. J. avoit vécu alors, il auroit bien crié que c'étoit *là avoir un souverain mépris pour les exercices de piété*. Mais que fait Dieu? Il les renvoye à l'intérieur de leurs cœurs pour leur faire voir qu'ils étoient tous

---

[112] S'abstenir de toute participation au culte.

[113] Comme bien d'autres au XVIIe s., Poiret parle du peuple élu, de l'ancienne alliance, en employant le terme d'Eglise.

[114] Jérémie 7, 4.

[115] Esaïe 1, 13.

[116] Par exemple, Esaïe 57, 5-9: les abominables rites liés aux cultes de la fécondité. Ou Es. 66, 3: exemple d'un culte hypocrite, tandis que Dieu rétablira le vrai culte v. 20-23. Ou Jérémie 7: « confiance ilusoire à l'égard du Temple», titre la *TOB*.

pleins d'abominables idoles et que, de-là, tout leur culte extérieur et leurs prétendus *exercices de piété*, ou plûtôt *exercices
d'hypocrisie*, luy étoient en abomination; il les leur défend; il
leur rase leur Temple et vous les envoie promener en Babylone,
avec commandement d'y demeurer sans ce culte-là[117], pour leur
apprendre à le servir en esprit et en verité[118] et à lui rendre le vray
culte et le service <p. 217> intérieur qu'il demande toûjours, et dont
S. Paul dit, *Je vous conjure, mes fréres, par les compassions de
Dieu, de présenter vos corps en sacrifice saint, plaisant et
agréable à Dieu: car c'est là vôtre véritable et raisonnable* SER-
VICE *et culte divin. Ne vous conformez point au présent siécle.
Soyez changez dans l'interieur par un* RENOUVELLEMENT
D'AME *et d'esprit, afin d'éprouver par effet quelle est la bonne,
l'agréable, et la parfaitte volonté de Dieu*[119].

Messieurs les chrétiens, et les protestans entr'autres, mettez
un peu la main à la conscience et dites, en bonne foy, si l'on vous
a souvent entretenus et habitués à ce Temple, à ce pasteur, à ce
culte, à cet exercice de religion intérieure, dont on a dit un mot
dans les AVIS? Si vous n'étes pas la plus-part encore aveugles,
sourds, immobiles et tout neufs dans ce nouveau et divin Temple,
à ce nouveau pasteur, à ce nouveau culte et exercice de religion?
Si vos exercices extérieurs ne vous sont pas des bandeaus sur les
yeux, qui vous endorment et vous font vivre sans aucun progrés
dans un relâchement continuel, vous imaginant qu'il vous va
bien de suivre ce tran-tran-là, peu s'en faut comme des bétes,
sans devenir jamais spirituels? S'il n'est pas vray que vous étes
moins devots aprés vint et trente ans d'exercices et de communions que la premiére fois que vous avez communié? S'il n'est
pas vray que vous étes comme ces *femmelettes* de l'Ecriture, *toûjours chargés de quantité de convoitises mondaines, aprenants
toûjours sans jamais venir* <p. 218> *à la connoissance de la*

---

[117] Cf. par exemple, Jérémie 29, 12-14.
[118] Le vrai culte «en esprit et en vérité» (cf. Jean 4, 23 et 24), thème que Poiret
reprend souvent.
[119] Romains 12, 1-2.

vérité[120] solide, sous l'esclavage et la pedagogie extérieure des créatures qui ne vous conduisent jamais à la liberté intérieure du Saint Esprit, et qui apprehendent comme la mort de dire comme saint Jean: *Il faut qu'il croisse, et que je sois anéanty*[121]? Enfin, si Jesus Christ ne vous pourroit pas bien dire à la plus-part: «*Hypocrites que vous êtes! C'est bien de vous qu'Isaïe a profétisé en disant: Ce peuple-cy s'approche de moy de ses lévres, mais leur cœur en est bien éloigné*[122]. *O Eternel, tu es prés de leur bouche et bien loin de leurs cœurs!*[123] Pendant qu'ils font de belles mines et qu'ils disent de belles choses, non seulement leur cœur n'a pas au dedans ce qu'ils marquent par le dehors, mais même il n'en a pas un desir aussi veritable que des choses du monde. Etant devenus mondains, animaux et charnels et ne sachant plus rien de l'adoration en esprit et en verité, ni de la religion du cœur, ils se sont fait des idoles de leurs exercices extérieurs et se sont entêtés et opiniatrés là dessus, par un esprit de division, de haine et d'amertume envieillie, à faire passer les exercices des autres pour idolatrie, crime dont ils se croient fort nets, pendant qu'ils gardent et qu'ils adorent dans leurs cœurs les véritables idoles que Dieu abomine: l'amour de soy méme, l'amour du monde, l'amour de l'argent, l'amour de l'intéret propre, l'amour des plaisirs et des honneurs, la dissention, le mensonge, la colere, l'envie, la haine des bons, de la pure verité et de l'impartialité, et pendant qu'ils <p. 219> idolâtrent leurs opinions stériles et leurs folles controverses, qui ne les rendront jamais meilleurs devant Dieu. Ils s'attachent cependant à ces idoles-là plus qu'au souverain bien, avec autant d'opiniatreté que s'ils croyoient être plus infaillibles que le Pape, et avec autant d'aveuglement que d'aimer mieux qu'on se laisse tourmenter et brûler tout-vifs que démordre de ces fadaises. Que si quelcun vient à les quitter, pour prendre d'autres exercices ou menues opinions, ou pour y

---

[120] 2 Timothée 3, 6-7.

[121] C'est la déclaration de Jean-Baptiste (Jean 3, 30): «que je diminue», et non «que je sois anéanti».

[122] Marc 7, 6; Matt. 15, 7-9. Jésus cite ici Esaïe 29, 13 (version grecque).

[123] Jérémie 12, 2.

condescendre en cas de nécessité[124], ils appellent cela, *aposta-
sier, abandonner Dieu, pécher contre le S. Esprit*[125], *crucifier de
nouveau le Fils de Dieu*[126], et cent termes tragiques qu'ils ont
d'abord à la bouche; et ils disent, à l'imitation des pharisiens
d'autres-fois: Si quelqu'un fléchit le genou à la messe, ou se
recommande aus charitables priéres des saints, ou s'il croit au
purgatoire, etc. il est idolâtre. Mais si quelqu'un a le cœur plein
d'amour propre et d'amour du monde et des choses qui sont au
monde, pourvû qu'il n'aille pas aux exercices de ceux-là et qu'il
vienne à nos Eglises, il n'est pas idolâtre. Pharisiens aveugles!
Quel est donc le plus grand, fléchir le corps en un lieu où l'on
croid, sur la parole du Fils de Dieu, qu'est présente sa sacrée
humanité aussi bien que sa divinité, qu'on doit adorer par tout, là
aussi bien qu'ailleurs, et qui, en cas d'erreur touchant le lieu de
son corps, verroit qu'on ne laisse pas de l'aimer et qu'on ne se
trompe que par méprise? Ou bien, se prévaloir <p. 220> fiérement
d'étre assez indocile pour ne vouloir pas entendre raison là-dessus, assez opiniâtre pour ne vouloir pas s'y rendre, et assez cruel
que de vouloir plûtôt laisser créver les bonnes ames embarras-
sées sur cela, que de leur procurer ou de leur laisser procurer par
d'autres quelque soulagement, par des voyes qui mémes les
approchent de Dieu et de son amour, pendant qu'en méme temps
vous avez dans vos cœurs cent idoles de vices, et que vous
déchassez de vôtre intérieur l'humilité, la charité, et la paix?
Vous nettoyez le dehors de la coupe, et du plat, et de vos exercices extérieurs, pendant que le dedans est remply de toutes
sortes d'iniquités[127]. Aveugles que vous étes! Nettoyez, nettoyez
premiérement le dedans, et puis vous verrez que le dehors

---

[124] Allusion à l'abjuration et à la pratique catholique exigée des protestants
      français depuis 1685.

[125] Allusion au «blasphème contre le Saint Esprit» qui ne sera pas pardonné
      (Matt. 12, 31).

[126] Allusion à Hébreux 6,6. Ceux qui tiennent ces propos («ils») sont les polé-
      mistes protestants.

[127] Cf. l'interpellation de Jésus aux pharisiens, Luc 11, 39. Poiret ajoute: «et de
      vos exercices.»

deviendra net de soymème[128], que toutes choses sont pures à ceux qui sont purs[129], et que nulle chose extérieure qu'on fait dans l'amour de Dieu n'est souillée qu'à celuy qui la tient pour soüillée.»[130] Ces paroles et semblables, Jesus Christ ne pourroit-il pas les addresser, je ne dis pas aus bonnes ames, tant des pasteurs que des brébis, qui peuvent se trouver dans un meilleur état, mais à quantité d'ames partiales, qui sont encore dans un aveuglement et dans des incongruïtés semblables? Revenons à nôtre texte.

XXII.

   M. J. aprés avoir dit: *Ils font profession d'avoir un souverain mépris et une parfaite indifférence pour les exercices de piété,* adjoute: *les regardant comme des dehors qui ne* <p. 221> *servent qu'autant que l'intention et maniére dont on en use pour rectifier le cœur et l'esprit, les rend utiles.* Voila une maniére admirable de prouver et de raisonner! M. J. veut montrer qu'on méprise souverainement les exercices de piété et qu'on a pour eux une parfaite indifférence. La raison qu'il en allégue est qu'on les tient pour utiles, lors qu'on les pratique avec une bonne intention et pour en rectifier le cœur et l'esprit. Ne voila pas une preuve admirable d'un souverain mépris pour les exercices de piété? Si un autre que luy raisonnoit de la sorte, ne diroit-il pas qu'il a l'esprit malade ou extasié? Ce que M. J. allegue, loin de marquer qu'on ait de l'indifférence pour eux, fait voir qu'on les estime beaucoup. Car, si on les estime autant qu'[131] ils rectifient le cœur et l'esprit et qu'on estime la rectification du cœur et de l'esprit, c'est à dire l'amour et la lumiére de Dieu, aussi bien que la bonne intention, on estime donc les exercices de piété qui y conduisent.

---

[128] Même discours aux pharisiens, Matt. 23, 26.
[129] Tite 1, 15.
[130] Romains 14, 14. Bel exemple d'un assemblage de morceaux de versets bibliques.
[131] Signifie: «dans la mesure où.»

Mais, dira-t'on, cela est les regarder dans l'usage, mais en eux-mémes on les regarde comme indifférens. Réponse:
Si c'est là ce que M. J. veut reprocher, je vois bien qu'il n'entend guéres ni nôtre pensée ni la nature du culte et des exercices exterieurs. Je vay tâcher de luy en faire comprendre le systéme.

XXII. *Explication des exercices et du culte exterieur: comment ils sont* indifférens, mauvais, *ou* bons

Quand on dit qu'une chose est bonne, mauvaise ou indifférente *de soy*, ce <p. 222> *de soy* peut marquer: ou tout ce qui appartient à l'état complet de cette chose, son institution, son but, son usage, et en ce sens, le culte extérieur n'est pas indifférent de soy; ou bien ce *de soy* peut marquer sa forme et sa matiére exterieure seulement, et en ce cas, la chose est de soy indifférente. Exemples:
Supposons qu'il y ait une machine faite comme le corps de l'homme[132], laquelle sans ame divine, sans pensées ni bonnes ni mauvaises, fasse les mouvemens et les gestes, et prononce les paroles que l'on fait dans les exercices du culte extérieur. Il est certain qu'en ce cas, ces exercices-là sont *de soy indifférens,* et ne sont ni moralement bons, ni moralement mauvais. Les singes et les perroquets pourroient bien en faire autant.
Supposons qu'il survienne à cette machine une ame, qui joigne à ces mouvemens-là des pensées vuides de l'amour de Dieu et pleines d'amour propre, de propre volonté, d'orgueil, de présomption et semblables; qui ne voit qu'en ce cas, les exercices, par rapport à cette personne-là et au jugement que Dieu en fait, deviendront souillés, mauvais et rejettés de Dieu?
Supposons, en troisieme lieu, qu'il survienne à cette machine et à ses mouvemens une ame qui y joigne des desirs et des pen-

---

[132] Poiret aurait-il entendu parler de l'hypothèse de méthode de John Locke (1632-1704, de peu son aîné)? En tout cas, il ne se situe pas sur le même plan: le Britannique, rejettant les idées innées, veut montrer que la connaissance ne peut venir à l'homme que par les sens («odeur de rose»).

sées bonnes d'amour divin, de paix, d'humilité et semblables; en ce cas, comme l'on voit, les exercices de cette créature deviendront trés-bons et trés-agréables à Dieu.

Supposons encore que la méme machine <p. 223> ait une ame, qui sans aucuns de ces mouvemens et aucunes de ces paroles extérieures, ait la connoissance et l'amour de Dieu; ne voit-on pas qu'icy, sans exercices et sans cérémonies (je ne dis pas en les méprisant), l'on sera agréable à Dieu?

Faisons une cinquiéme supposition, qu'une ame jointe à une telle machine soit sans bonnes et vertueuses pensées et habitudes, mais qu'elle se trouve facilitée à en acquérir par le moyen des exercices et des ceremonies d'autres machines animées et d'un party que l'on croid bon et où Dieu méme ait enseigné par des paroles expresses l'usage de ces exercices-là. Personne ne peut douter qu'en ce cas Dieu n'approuve tout cela comme des choses trés-bonnes.

Mais si (pour sisiéme supposition) la méme machine animée se servoit pour atteindre, et atteignoit effectivement, à l'amour de Dieu et à la vertu, et s'y entretenoit par les ceremonies, les gestes et les paroles d'un party qui ne semblast pas bon aus autres; et méme qu'il fust vray que Dieu n'auroit pas étably ni enseigné ces exercices-là par des paroles expresses, mais seulement qu'ils fussent de l'invention d'un desir et d'une intention amoureuse de chercher Dieu et d'élever son cœur et son esprit à luy; que doit-on penser sur cela? Dieu dira-t'il à une telle creature: *Il est vray que tu m'aimes, mais parce que c'est avec de telles ceremonies, pour cela, je te rejette. Va-t-en au Diable?* Et dira-t-il à une autre: <p. 224> *Il est vray que tu ne m'aimes pas et que tu n'as ni l'esprit ni le cœur rectifiés, mais parce que tu as fait des exercices que j'ay verbalement enseignés, pour cela, nonobstant le manquement de la rectification de l'esprit et du cœur, je ne laisse pas de t'approuver?* Pour en venir là, ne faudroit-il pas s'imaginer que Dieu seroit devenu un sectaire aussi aveugle, aussi partial et aussi brutal que le sont la plus-part des hommes? Et ne faudroit-il pas qu'il aimast plus des mouvemens et des paroles que son divin amour, et méme qu'il haïst son amour et qu'il se haïst soy méme, en cas d'absence de certaines ceremonies exterieures?

XXIII. *L'amour donne le prix à tout*

Seroit-ce là un Dieu qui est pur Esprit et pure verité? Et quand bien certaines ceremonies ne seroient pas établies expressément de Dieu, l'intention amoureuse de s'élever à Dieu par là, ne vient-elle pas de Dieu, et ainsi Dieu n'en est-il pas toûjours la cause, soit par des paroles extérieures, soit par des mouvemens intérieurs? L'amour n'authorise-t'il pas tout? Et y a-t'il quelque chose qui vaille sans luy et qui ne vaille pas avec luy? *Ama*, disoit S. Augustin, *et fac quod vis*[133]: *Aimez, et faites ce que vous voulez*. La Loy, les Prophétes, l'Evangile, les hommes, les anges, Jesus Christ, Dieu méme, tirent leur prix et leur valeur de l'amour divin, sans lequel Dieu méme ne vaudroit rien s'il ne s'aimoit pas. Et cependant, M. J. n'est pas content qu'on donne aus exercices de pieté l'estime et <p. 225> la valeur que leur donne l'amour ou la *rectification de l'esprit et du cœur!* J'avoüe, pour moy, qu'il m'est incompréhensible sur ce chapitre-là.

Peut-on, sans donner dans le Judaïsme le plus grossier[134], demander autre chose que la pratique et les exercices de pieté autant qu'ils avancent et qu'ils entretiennent l'amour de Dieu? O divin amour, est-il possible qu'on ne soit pas content de toy et qu'on desire pour exercice de pieté quelque chose qui ne soit pas utile à ton avancement? C'est bien-là mépriser et outrager souverainement les exercices de pieté, que de vouloir les séparer de l'esprit d'amour et que de faire consister leur valeur en autre chose que dans le divin amour. C'est bien signe qu'on adhére à autre chose qu'à l'amour, qu'on adore autre chose que le Dieu de l'amour et qu'on est véritablement juif et idolatre de l'extérieur et de la pratique judaïque des ceremonies. Si on faisoit les exercices de pieté sans idolâtrie, c'est à dire par pur amour de

---

[133] Saint Augustin, *Commentaire sur la 1ère Epître de Jean*, VII, 8 (*Sources Chrétiennes* 75, p. 328-329). La formule est exactement: «Dilige et quod vis fac.» Je remercie M. P. Maraval pour son aide.

[134] Piété fondée sur des actes et sacrifices propitiatoires, pour se rendre Dieu favorable.

Dieu[135] et sans amour propre, on n'y seroit pas attaché plus avant que l'amour de Dieu et, quand les ceremonies des autres conduisent à l'amour, on ne les condamneroit pas. De méme, si on ne les faisoit pas par propre volonté, lors que la volonté divine seroit qu'on les laissast et qu'il (*sic*) en ôteroit les moyens, l'on y acquiesceroit sans trouble et avec paix, l'on tacheroit d'entretenir et de faire croitre son amour, sa paix, son humilité, sa bonté et ‹p. 226› toutes sortes de vertus, par tels moyens que l'on trouveroit à la main. Mais l'on est bien éloigné de cela. Je ne puis que je ne fasse voir le systéme de la conduite de la pluspart en fait de leurs religions et de leurs exercices.

XXIV. *Religion des hommes d'aujourdhuy qui s'aiment eux memes*[136]

Premiérement, l'amour de Dieu et de la pure et divine volonté est mort dans eux, et à peine ont-ils pour luy quelques petites et inefficaces velleïtés.

L'amour propre veut passer pour religieux

En second lieu, l'amour propre y est dominant et adoré, aussi bien que la propre volonté, l'orgueil, la présomption et la resolution que l'on a de passer dans sa téte et devant les hommes pour pieux, pour réligieux et pour zelé sur l'interest et sur la cause de Dieu.

---

[135] On commence à voir paraître l'expression de «pur amour», pour mettre l'accent sur le caractère désintéressé du véritable amour de Dieu. L'expression deviendra célèbre dans la querelle dite «quiétiste», dix ans plus tard. Poiret prendra alors parti en faveur de Fénelon.

[136] La radicale dénonciation de l'amour propre, y compris dans la religion, les ordres monastiques etc., était l'un des thèmes chers à A. Bourignon. Sa lucide vigilance dans ce domaine avait contribué à affirmer son autorité sur Poiret, bien conscient de ce péché-là en lui-même. Il y revient souvent.

L'amour propre embrasse une religion

En troisiéme lieu, comme l'amour propre, l'orgueil, la présomption et la volonté de passer pour favory de Dieu, ne sont pas incompatibles avec le culte extérieur de la religion, cet amour propre et cet orgueil spirituel s'en accommodent fort bien et méme ils s'avancent et se fortifient par là. Ah! que de plaisir a <écrit par erreur: *à* > l'amour propre de s'habiller ainsi et de passer par ce moyen chez soy et devant le monde pour divinement zelé, pour pieux, pour religieux, pour justifié, et de s'imaginer que le bon Dieu le recompensera de tout cela!

Zele, souffrances et martyre de l'amour propre

En quatriéme lieu, comme on aime ces choses extérieures à proportion de l'amour propre, qui est violent et plus fort que la mort méme[137], de là vient qu'on s'attache si <p. 227> étrangement à elles que, pour les conserver, on n'est pas seulement prest à ne pas se soucier de l'amour de Dieu et de ses divines vertus (ausquelles on est mort), mais qu'on renonceroit méme plûtôt à sa propre vie corporelle. Voyez un peu les Juifs (a)[138] du temps de Tibére et de Caligula, comment, au méme temps qu'ils sont morts à l'amour de Dieu, à la justice, à la miséricorde, à la pure vérité, et lors qu'ils impugnent[139] le vray culte de Dieu, les vertus et la vie de Jesus Christ et de ses saints, les voilà qui presentent tous leur gorge à couper à leurs gouverneurs, plûtôt que de souffrir que les images[140] des Empereurs soient ou dans le Temple ou méme dans la ville de Jerusalem. Si des personnes ainsi disposées s'étoient laissé tuër pour cela, de qui croiriez-vous qu'ils auroient été Martyrs? De l'amour propre. S'il eust

---

[137] Curieuse allusion au texte du Cantique des Cantiques: «Fort comme la mort est l'amour» (8, 6).

[138] En marge, la note suivante: «Josèphe, *Guerre des Juifs,* Liv. II ch. 14 et 17».

[139] Signifie: «combattre», «s'attaquer à».

[140] Il s'agit ici des statues et du culte impérial que les Juifs pieux refusaient évidemment.

fallu en faire autant, pour éviter le péché et ce qui est incompatible avec l'amour de Dieu et du prochain, personne au logis[141].

Ennemis et controverses de l'amour propre.

En cinquiéme lieu, comme l'amour propre, habillé ainsi de la religion extérieure, est devenu l'idole et le Dieu de l'ame, aussi tout ce qui ne s'accorde pas avec luy en ce fait-là, luy devient son diable et son ennemy. De là vient qu'on regarde ceux qui ont des ceremonies et des menues opinions opposées à celle<s> que nôtre amour propre a embrassées, comme des ennemis dangereux dont on doit se garder et que l'on doit combattre par de bonnes controverses, avec <p. 228> une sainte haine et une pieuse colére, et plûtôt créver que de se rendre! Alors croit-on soûtenir la cause de Dieu, étre un de ses héros et conduire les batailles rangées du Dieu d'Israel, pendant qu'en effet, l'on combat pour l'amour propre sous l'étendart de Satan.

L'amour propre devient calomniateur et persécuteur des bons et de la verité.

Enfin, comme l'AMOUR DE DIEU est la *véritable religion* et que la véritable religion n'a point d'ennemis que l'amour propre et ses dépendances, de là vient que, quand on va exposer à l'amour propre qu'il s'est lourdement trompé et qu'il a pris l'écorse pour le bois, et l'accessoire ou le manque de religion pour le solide, que ses disputes et controverses ne sont que des exercices du Diable, que ses travaux et souffrances sont opiniatreté et peines perdues, qu'aprés avoir (a)[142] pesé, compté et recompté[143] les gloires futures

---

[141] Exemple ici de la facilité qu'a Poiret d'utiliser des expressions populaires.

[142] En marge, la note suivante: «Voyez *La balance du Santuaire* de M. J.» Voici en effet, la suite du titre: *où sont pésées* (c'est moi qui souligne) *les afflictions présentes de l'Eglise avec les avantages qui lui en reviennent, pour la consolation de tant de personnes qui sont penétrées de douleur par la persecution presente que souffre l'Eglise*, La Haye, 1686.

[143] On a corrigé: le texte avait «conté» (*idem* à la l. suivante) et «reconté». Ces mots sont une allusion à l'inscription de condamnation d'un roi (Daniel 5, 5, et 24-27) signifiant: «Compté, compté, pesé, divisé.»

qu'il se promet pour ses souffrances, il se trouve qu'il a compté sans son hôte, et qu'il a calculé sur une fausse supposition d'étre l'amour de Dieu, au lieu qu'il est l'amour propre; lors qu'on luy fait voir que ses exercices de piété sont couvertures d'hypocrisie, qu'il doit se haïr[144] et mourir avec toute sa presomption et tout ce qu'il affectionne, afin que l'amour de Dieu, l'essentiel de la veritable religion (dont il n'est pas encore), vienne vivre en sa place, et qu'ensuite il faut se servir en paix, en humilité et sans dispute de l'extérieur, tel qu'on l'a à la main et autant qu'il meine à Dieu, voila un coup de foudre pour l'amour propre, <p. 229> qui ne peut y tenir. C'est pourquoi tous ceux qui ont résolu de laisser vivre ce propre amour, leur présomption, le bon témoignage spirituel qu'ils se rendent à eux mémes et que d'autres leur rendent, sur tout lors qu'ils sont chefs et capitaines en faction[145], ne se voyent pas plutôt découverts par la pure verité, qu'ils se trouvent déchirés de dépit, et que peu s'en faut qu'ils n'enragent tout-vifs. Et l'essentiel de la véritable religion chrétienne leur étant peu de chose à comparaison de ce qu'ils veulent soûtenir, ils traitent tout ce que l'on en dit de *poison pernicieux*, tâchent de dissimuler les matiéres, vomissent des monceaux d'injures et de calomnies sur les personnes, et feroient beaucoup pis s'ils en avoient le pouvoir, afin qu'en donnant de l'horreur pour une vérité qui les met à nud, ils puissent demeurer dans l'état où ils sont à leurs yeux et aux yeux du monde, et que nul de leur party ne fasse autrement qu'eux. Je laisse à juger s'ils n'entre pas de cet ingrédient dans les motifs qui ont porté M. J. à écrire de la maniére qu'il a fait contre les *Avis Charitables*. Voici comment il poursuit.

---

[144] La haine de soi qui n'est pas évangélique apparaît dans la mystique rhénane. Poiret l'exige; par exemple, il l'ajoute au «sommaire de la loi», dans l'*Education chrétienne des enfants*, publiée d'abord dans la *Théologie du Cœur* (mention dans la seconde édition, 1696-97, à la p.384).

[145] Ceci vise directement Jurieu, non seulement pasteur et professeur, mais porte-parole réformé.

XXV.

M.J.: Ils regardent les exercices comme des dehors qui *même nuisent beaucoup plus qu'ils ne servent, parce qu'ils tirent l'ame hors d'elle-méme.* C'est encore une autre fausseté. M. J. l'a-t'il aussi tirée de mon écrit et n'y voit-on pas le contraire, aussi bien que dans la 1e lettre suivante? Ce qu'il dit n'est pas nôtre pensée et ce n'est pas <p. 230> aussi la verité que les exercices de piété, pratiqués dans l'esprit de leur divine institution et de leur but, nuisent plus qu'ils ne profitent et tirent l'ame hors d'elle; au contraire, en cette disposition ils profitent toûjours et servent à recœuillir les ames. Mais quand on s'y attache judaïquement, quand les fonctions en sont mal-faites, comme, par exemple, lors qu'au lieu d'annoncer cette pure Parole du Seigneur qui convertit les ames à Dieu et qui les enflamme de son amour, l'on vous débite une vaine critique d'antiquité, des articles de controverses et semblables fatras, et qu'on y flatte l'amour propre, en ce cas, ils nuisent plus qu'ils ne profitent. Et lors que Dieu appelle une ame déja bien avancée hors de tous les exercices extérieurs qui ne sont pas d'obligation, et que cette ame ne voudroit pas se rendre à la volonté de Dieu, ou que l'on voudroit l'en empécher, en ce cas tirent-ils l'ame hors d'elle méme et luy sont à empéchement. Cela passe la disposition de M. J. qui en tirera quelques monstres de conséquences, si longtemps qu'il estimera plus les moyens que la fin. Peut-étre est-ce là qu'il veut nous méner, lors qu'il parle des *Quiétistes, sectateurs du Docteur Molini*[146] *qui font tant de bruit en Italie.*

XXVI. *Des Quietistes*

M. J. sçait autant ce que sont les *Quiétistes* qu'il sçait ce que nous sommes. Ses grands autheurs là dessus sont le bruit commun et les gazettes, qui en ont dit du mal et des chiméres. Il y a

---

[146] Jurieu parle de Miguel Molinos (1640-1696), théologien espagnol auteur de la *Guide spirituelle.*

dans toutes sortes <p. 230> d'états des personnes qui en portent le tiltre à faux. Si ceux qu'on appelle *Quiétistes* sont de ce nombre, si sans distinction de quiétude ils la recommandent à tous, en tout temps, en tout état, en tout lieux, hors de l'attraction divine et en mépris des exercices de devoirs exterieurs, je n'ay rien à dire pour eux. Mais s'ils sont véritablement ce que leur nom signifie, j'ay deux choses à en dire: l'une, que c'est un hors de propos de les alléguer ici, car ils font et doivent faire tous les exercices communs d'obligation entre les leurs, leur état ne regardant que le privé, qui est de liberté; à quel propos donc les alléguer icy? L'autre chose est que, ceux qui sont arrivés à cet état par attrait de Dieu et non par propre chois et par affectation, sont les ames les plus avancées et les plus pures du Christianisme. Qu'on n'attende pas que je fasse icy l'apologie de ce sublime état de *Quiétude,* qui est un des plus hauts dégrés où le Saint Esprit éléve les ames qui luy ont été long-temps fidéles dans de longues épreuves qu'il en a faites, sur tout lors que ce repos est purement passif et surnaturel. Que l'on consulte là dessus les mystiques[147], comme S. Jean Climaque[148], S. Bernard[149], Kempis[150], le divin Rusbrochius[151], Taulere[152], Jean de la Croix,

---

[147] Poiret va fournir ici une liste d'auteurs spirituels ayant attesté l'importance de la quiétude de l'âme, ce qu'il aime désigner par le mot d'«acquiescence». Dresser des familles parmi les «mystiques» sera le propos même de sa *Lettre sur les auteurs spirituels et mystiques,* in *La Théologie réelle,* 1700.

[148] Jean Climaque, mort vers 606, au monastère du Mont Sinaï, auteur de *l'Echelle* (Klimax).

[149] Saint Bernard (1091-1153) écrivit un commentaire du *Cantique des Cantiques.*

[150] On sait l'admiration de Poiret pour Thomas a Kempis, à qui il attribue *L'Imitation de Jésus Christ.* Il traduit et adapte cette œuvre pour les protestants, édition qui connaîtra une fortune considérable.

[151] Une prière de Ruysbroek (1293-1381), mystique flamand influencé par la pensée d'Eckhart, est citée par Poiret à la fin de l'*Education chrétienne des enfants* et reproduite dans toutes les éditions.

[152] Johann Tauler (1300-1361), prédicateur dominicain disciple de Maître Eckhart. Les piétistes de Francfort avaient fait lire ses sermons au jeune Poiret, alors ministre à Annweiler.

Ste. Térese et semblables[153], et entre les plus recens: le Docteur Rojas[154], Canfeld[155], M. de Berniéres[156], Malaval[157], le P. Epiphane Louïs[158], le Pere Nouët[159] et quelques autres. On en sera satisfait, pourvû que l'on soit d'une disposition <p. 232> opposée à celle de M. J., avec laquelle on y comprendroit autant que s'ils parloient chinois. Le Fils de Dieu conjure dans le Cantique[160] qu'on laisse en paix les ames qui, se reposant dans ses divins bras, peuvent dire avec vérité comme l'Epouse[161], *Je dors, mais mon cœur veille*[162]. *Filles de Jerusalem* (dit-il aus Ames coureuses et discoureuses), *je vous conjure de ne pas reveiller mon amie qu'elle ne le veüille*[163]. A plus forte raison des ames turbulentes, sophistiques, passionnées, charnelles, qui s'entendent autant à ces sublimités divines que des *chevaux* de carosse, (*)[164]

---

[153] Poiret constitue une famille de la piété du Carmel: sainte Thérèse (1515-1582), saint Jean de la Croix (1542-1591) et semblables. Il a toujours admiré sainte Thérèse.

[154] Antoine de Rojas, prêtre espagnol et docteur en Théologie (*Lumière de la nuit obscure,*1630).

[155] Benoît de Canfield, (1562-1610), né puritain devenu capucin (*La règle de perfection,* 1608).

[156] Jean de Bernières-Louvigny (1602-1659), accusé de quiétisme. P. éditera une de ses œuvres.

[157] François Malaval (1627-1719), poète marseillais aveugle, dont le recueil de *Poésies spirituelles* (1ère éd. en 1671), avait été accusé de «quiétisme»; Poiret les rééditera en 1714.

[158] Epiphane Louis, père prémontré, a écrit *Conférences mystiques sur le recueillement de l'âme,* 1676; ainsi que des *Lettres spirituelles,* qui ne furent éditées qu'après 1687.

[159] Jacques Nouet (1605-1680) est un jésuite, auteur méditatif et directeur de consciences.

[160] Dans le *Cantique des Cantiques,* Poiret – comme tant d'autres – voit dans l'époux, le Christ.

[161] L'épouse, dans cette interprétation allégorique, est l'âme qui aime Dieu.

[162] Cantique des Cant. 5, 2.

[163] Cantique des Cant. 2, 7; 3, 5; 8, 4.

[164] En bas de page, Poiret insère la note suivante: «L'Ecriture appelle tous les hommes des *bétes* en fait de choses mystiques et spirituelles si long temps qu'ils n'ont point reçu l'Esprit de Dieu ni sa lumiére pour les connoitre. Si

Bétes sauvages sans raison, Et tout bétail de la maison[165], doivent-ils (*sic*) s'abstenir de venir braire comme des asnes autour
de ce cabinet des délices du S. Esprit.

> *Divine oisiveté, si peu connue aus hommes,*
>   *Qui veulent discourir!*
> *Vuide qui nous fait voir le néant que nous sommes!*
>   *Art de toujours mourir!*
>
> *Silence trés disert, où l'on parle sans cesse*
>   *Par un hommage saint!*
<p. 233> *Bel Empire du cœur, où nul sens ne nous blesse!*
>   *Desert tranquille et plein!*
>
> *L'Esprit est éclairé, la volonté brulante,*
>   *La mémoire se tait:*
> *L'imagination n'est plus si turbulante,*
>   *et le sens se soumet.*
>
> *Ennemis conjurés de cette* QUIETUDE,
>   *Qui voulez en douter,*
> *Reglez les passions, l'intéret, ou l'étude,*
>   *Vous la pourrez gouter* [166].

---

donc quelques-uns veulent se méler d'en juger avant cela, il est à propos de
leur faire souvenir de leur incapacité, et de ce que Dieu les tient encore pour
des bétes à cet égard-là: quoi qu'à l'egard de l'esprit et de l'érudition
humaine, loin qu'on ait dessein de les appeler ainsi (ce qui seroit les outrager incivilement), on est prest à reconnoitre qu'ils sont des génies forts, puissans, penetrans et transscendants à comparaison desquels, *nos poma nata-
mus*» (M. Lagarrigue traduit: «nous comme des fruits nous nageons», sans
identifier l'origine de cette citation).

[165] En marge, la référence à ces phrases: «Ps. 32 et 148». Il s'agit en réalité du
Ps. 148,10 (ici cité sous la forme rimée qui se chantait) mais où les animaux,
sauvages et domestiques étaient appelés à la louange de Dieu. Paradoxale-
ment, P. s'en sert pour affirmer l'incapacité de nombreuses âmes à entrer
dans cette oraison de quiétude. Dans le Ps. 32, 17, est critiquée la préten-
tieuse force du cheval.

[166] En marge, l'auteur du poème est indiqué: «Malav(al)», cf. *supra*, n. 157.
Nous n'avons pas pu vérifier ces vers dans l'édition de 1671, que cite Poiret;
ils ne sont pas dans le même ordre et deux sont un peu différents dans

XXVII.

Revenons à l'action, aussi bien M. J. n'a pas envie de nous laisser en repos. *Ils médisent*, dit-il, *des pasteurs avec excés, et sous une apparence de zele il n'est rien qu'ils ne disent pour rendre odieux et méprisable et le ministere public, et ceux qui l'exercent dans l'une et l'autre religion*. M. J. seroit bien aise si, comme Hérode, il pouvoit s'accorder avec Pilate dans ce point, pour agir de concert contre la vérité et l'innocence[167]. Il tient ceux de l'autre religion pour des prétres idolatres, et cependant il leur veut faire accroire qu'il va prendre icy leur cause pour essayer s'il pourroit les attirer à s'unir avec luy contre nous. A-t-il aussi *tiré de mon écrit* ce qu'il vient d'avancer? Non. *C'est*, dit-il, *ce que l'on peut voir dans les écrits de la fondatrice, Antoinette Bourignon*. Pourroit-on croire qu'il y eust au monde quelqu'un qui eust le front de parler de la sorte contre une personne qui a écrit et publié en <p. 234> forme l'apologie des pasteurs, du ministére public et de ceux qui l'exercent? C'est ce qu'a fait Mad^{lle}. Bourignon, contre laquelle pourtant M. J. ose répandre de si cruelles médisances. Les Quackres[168] ou Trembleurs l'avoient accusée par un écrit public, *d'estimer les pasteurs, le ministére public, et de renvoyer les personnes à leurs sermons* et aus

---

l'édition de 1714. Par ex. le premier vers est «Doux et pieux loisir si peu connu des hommes». Les deux premières strophes sont tirées du L. VI, 3e section, p. 307. La 3e strophe inchangée est tirée du L. VI, 7e section, p. 314. La 4e strophe citée est extraite du L. VI, 4e section, p. 308 et le 3e vers est différent: «Réglez vos passions, vos humeurs, votre étude.» Merci à Marianne Burkard qui a pu faire ces vérifications, à la Bibliothèque de la SHPF. C'est Poiret qui met bout à bout trois éléments qui ne l'étaient pas dans le poème cité, mais ce n'est sans doute pas lui qui modifie les vers; on sait que l'édition de 1714 est révisée par l'auteur, après la condamnation de cette œuvre dans le cadre de celle des écrits suspectés de quiétisme.

[167] Allusion au procès de Jésus, mené devant l'autorité Juive, Hérode, et l'autorité romaine, Pilate.

[168] Les «Quakers», qui «tremblent» en la présence de Dieu. Leur groupe fut fondé par George Fox (1624-1691). Ils conçoivent le culte sans liturgie ni pasteurs, en méditation silencieuse dans l'attente d'un message de l'Esprit divin.

Eglises. Voyez (par parenthese) comment les ennemis de la pure
vérité s'accordent entre'eux dans leurs accusations! L'un l'accuse d'estimer, et l'autre de mépriser, le ministére et les pasteurs.
Quoiqu'il en soit, cela donna à Mlle.B. l'occasion de faire en
forme l'apologie des pasteurs et du ministére ecclesiastique,
dans un traité imprimé et intitulé *Avertissement d'A. B. contre la
Secte des Trembleurs*, où l'on peut voir en plusieurs endroits et
particuliérement à la page 151 et suivantes, qu'elle soûtient
directement le contraire de la fausseté que luy impute M. J.[169]
Mais, dira-t-il, dans ses autres ouvrages elle invective contre les
pasteurs et le ministére. Belle instance! M. J. seroit-il si novice
dans la lettre de l'Ecriture que de ne pas y avoir remarqué que
cette méme Ecriture, qui établit le fondement et la dignité du
saint ministére et des pasteurs, est la méme qui invective mille et
mille fois contr'eux? Isaïe, Jeremie, Ezechiel, Osée, Malachie,
Jesus Christ dans l'Evangile, S. Paul, S. Pierre, S. Jude, en disent
mille maux, les appellans des seducteurs, des impies, des chiens
muets, <p. 235> des hypocrites, des flatteurs, des mercenaires, des
voleurs, des loups, des ministres de Satan[170] et cent tiltres de
cette nature, et leur denonçant leur ruïne. Comment accorder
cela avec l'estime qu'en fait l'Ecriture? C'est que l'Ecriture
n'invective pas contre le ministére considéré en luy méme ni
contre les vrais pasteurs, mais contre l'abus de l'un et contre les
maux des autres et les méchans d'entr'eux; et cela subsiste trés-
bien avec l'estime du ministére en soi et de ceux qui l'exercent.
Ne faut-il pas étre bien injuste pour condamner ce procedé-là
dans Mlle. B.? Et aprés qu'elle a fait plus d'une fois des protestations expresses de cette distinction, et fait des apologies en forme
pour cette charge et pour ceux qui l'exercent, ne faut-il pas manquer de candeur pour dissimuler cela, et pour luy imputer publiquement, à dessein de la diffamer, *qu'il n'est rien qu'elle et ses
amis ne disent pour rendre odieux le ministére et ceux qui l'exer-*

---

[169]   La référence donnée par Poiret est fausse, c'est p. 251 ss. Elle juge le minis-
        tère nécessaire.
[170]   Cf. par exemple: Osée 4, 4-10; Jean 10, 10, 12; 2 Pierre 2, 1-17; Jude, v. 4-
        5, 8, 10, 12 etc.

cent? Nous avons méme, pour confondre toutes sortes de calomniateurs, reduit en systéme toutes ces choses et tout ce qui se peut
dire, soit en bien soit en mal, du ministére et des pasteurs, et cela
se trouve traité amplement dans la Préface de la II. Partie du
Temoignage de Verité, qui employe vint-cinq grandes pages uniquement à ce sujet[171]. Aprés cela, fiez vous en à la parole de M. J.

Je voudrois bien qu'il me dist s'il n'y a point de mal dans les
pasteurs et point d'abus <p. 236> dans le ministére, et, en cas qu'il
y en ait, si l'on est calomniateur du ministére et des pasteurs lorsqu'on represente ces maux pour s'en donner de garde[172]? Certain
auteur qui sçait faire des esprits a dit dans celuy *de Mr.*
Arnaud[173], par un motif beaucoup moins fructueus et sans façon,
que la plus-part des pasteurs dont les synodes sont composés
sont des *jeunes-gens indiscrets et des faux-fréres.* Mais veut-il,
pour luy faire bien au cœur, que je luy en cite un autre, un pasteur, un Genevois, un apologiste des Eglises de France, l'autheur
des *Lettres Sincéres*[174], qui se sont debitées par tout avec tant
d'approbation des Reformés? Ecoutons ce qu'il en dit en sa *II.*
Partie, lettre 2: Nôtre conduite, nos prédications, nos mœurs et
toutes choses en general sont tellement déchûes du point auquel
elles devroient étre, que je ne sçay plus que dire. J'en ay la dou-
leur au cœur et la confusion sur la face toutes les fois que j'y
pense; et nos defauts sont en si grand nombre et si exorbitans
que, si j'entreprends de vous les deduire, je ne sçauray par quel

---

[171] Poiret lui-même a «réduit en un système» les idées d'A. Bourignon sur ce
sujet, dans cette préface. Le § 3 est consacré à «l'office pastoral» qulifié de
«divin et estimable». On y trouve aussi une brève allusion au fait que dans
cet office pastoral, Dieu peut choisir des filles ou des femmes.

[172] Signifie «s'en garder».

[173] Allusion à P. Jurieu et à *L'esprit de Mr Arnaud, tiré de sa conduite...,* Deventer, 1684.

[174] Ces *Lettres sincères d'un gentilhomme François par le sieur L.E.N.L.V.N.J.,*
3 vol., Cologne, P. Marteau, 1681-1682, sont l'œuvre de Gédéon Flournoy
(1639-1684). Pasteur, aumônier de l'hôpital à Genève vers 1670, il avait été
destitué en 1680 par la Vénérable Compagnie (des ministres de Genève)
pour une amourette. Il vécut alors en Hollande où il devint homme de lettres.
Il mourut au Surinam. Merci à Elisabeth Labrousse qui a identifié cet auteur.

bout commencer. Si je regarde les sermons de la plus-part des pasteurs, j'y voids la gloire propre qui regne en eux. Nous n'afectons que de paroitre sçavans, eloquens ou philosophes. Nous avons abandonné la simplicité de l'Evangile pour les fleurs et les pointes du Siécle. Il semble que nôtre but est plûtôt d'ameiner les hommes à nous estimer que de les ameiner à Jesus Christ. S. Paul a eu beau dire qu'il n'est point venu en discours attrayans de la sapience humaine, que tout ce qu'il s'est proposé <p. 237> *de sçavoir n'est autre chose que Jesus Christ, et iceluy crucifié, que c'est ce qu'il a annoncé en evidence d'esprit et de puissance[175]; l'exemple de S. Paul ne nous a point touché et nous avons mieux aimé conformer nos voix aus voix du Siécle qu'à celle de l'Agneau[176]. Au lieu de chercher nostre éloquence et notre doctrine dans le Ciel par de saintes contemplations, nous avons voulu joindre ce qui est incompatible de soy méme, déguiser une beauté celeste et divine avec des ajustemens du monde. Pour ce qui est de nos mœurs et de notre conduite, elles sont telles que notre exemple n'est plus le miroir des ames pour la sainteté, mais plûtost une matiere de scandale pour les foibles. En effet, nostre orgueil, nostre avarice, nostre vengence, nostre haine, nos déreglemens ont tellement éclaté et sont devenus si publics que, si nous pensons les nier, non seulement les hommes, mais aussi les pierres s'éleveront contre nous[177]. Et comment est-ce que nos Eglises ne seroient pas corrompues, puisque nous sommes corrompus? Comment en chasserions-nous les vices, puisque, bien loin de les chasser de nos cœurs, nous les nourrissons dans nos cœurs? Comment pourrions-nous élever les hommes à des meditations celestes et spirituelles pendant que l'on ne remarque en nous rien que de charnel et de terrestre? Le*

---

[175] Cf. I Cor. 2, 1. 2 et 4b.

[176] Il est classique de désigner ainsi le Christ, à cause de ce titre donné par Jean-Baptiste: «voici l'agneau de Dieu qui ôte la péché du monde» (Jean 1, 29), repris dans l'Apocalypse (5, 6 ss; 6, 1 et 16; 14, 1 et 4; 19, 9; 21, 14 et 27; 22, 3).

[177] Allusion probable à la parole du Christ: «s'ils se taisent, les pierres même crieront» (Luc 19, 40).

Santuaire est soüillé; le mal est venu de nos Prophétes, qui ont voulu se conformer aus coûtumes du monde et non pas à la volonté de Jesus Christ. C'est nous qui sommes cause de la decadence de nos Eglises, et c'est par nous que la corruption s'est glissée au milieu d'elles... Je crains que Dieu ne préne une sevére <p. 238> *vengence de nous, à qui il a confié la garde de ses troupeaux et mais <sic> qui, au lieu de les garder, les avons abandonné en proye aus loups*[178]*, n'étant attentifs qu'à nostre profit, qu'à nostre ambition, et qu'à nos plaisirs.»* Aprés cela, il introduit un seculier parlant ainsi: *«N'est-ce pas une chose et odieuse et honteuse que, quand on veut parler de quelque vengence éternelle, on dira à present: vengence de ministre, haine de ministre? J'ay eu en ma vie quelques difficultez*[179]. *J'en ay eu une avec un ministre; j'en ay eu douze, et plus, avec des gens de guerre et des plus furieux. Mais il faut que je vous avoüe que celle que j'ay eue avec le ministre m'a fait plus de peines et m'a causé plus d'embarras que toutes les autres ensemble qui se sont vuidées fort doucement. Mais l'opiniatreté, la chicanne, et l'humeur cabalante*[180] *du ministre, ma partie adverse, faillirent cent fois à me faire perdre patience. Je m'en plaignois un jour à mes amis qui me dirent: Hélas!, Monsieur, ne vous imaginez pas qu'il soit le seul de cette humeur. Ils sont presque tous frappez à ce coin. Il semble que, comme la prétrise inspire des habitudes à ceux qui l'ont receüe, le ministére en general soit atteint de certaines mauvaises qualités, comme d'orgueil, d'avarice, d'opiniatreté, de haine, de vengence.»* Voila comment en parle l'un d'eux et leur apologiste. Mlle. B. ne peut avoir rien dit de plus fort en substance, je ne dis pas contre le ministére et les bons pasteurs, mais contre les mauvais et contre l'abus qu'ils en font. Maintenant, si M. J. est dans le cas de la satyre du poëte <p. 239>

---

[178] Allusion à une phrase du Christ se désignant comme le bon berger: «Le mercenaire, qui n'est pas vraiment un berger (...), voit-il venir le loup, il abandonne les brebis et prend la fuite; et le loup s'en empare» (Jean 10, 11 et 12).

[179] Différends entraînant un procès.

[180] Signifie «portée à la caballe, à la conspiration».

Ense velut stricto quoties Lucilius ardens
Infremuit, rubet auditor cui frigida mens est
Criminibus, tacita sudant praecordia culpa;
Inde irae ...[181]

je ne sçaurois qu'y faire. Mais s'il n'y est pas, pourquoi tire-t-il la chose à soy et à tous? et pourquoi veut-il étre l'avocat des méchans et des maux par lesquels ils soüillent une charge qui est trés-sainte de soy?

XXVIII. *Des Exercices particuliers*

Des *exercices* publics M. J. vient aus *particuliers de devotion*, et dit premierement, qu'*ils n'en font point dans leurs maisons:* mais sa conscience luy donnant là-dessus un coup d'aiguillon, il redresse et rectifie sa pensée, en ajoûtant *au moins qui soient visibles.* Sans mentir, ils en font plus que vous, et dans les formes que Jesus Christ a prescrites: *Lors que tu veux prier, entre dans ton cabinet, fermes en la porte sur toy et y prie ton Pére en sécret*[182]. Et s'il y avoit eu des enfans entr'eux, ceux qui en auroient eu la charge auroient été obligés à les exercer à cela visiblement. Mais n'y ayant eu que des personnes capables de prier ou de lire par elles seules, une des raisons qui les a obligé à agir ainsi, ont été les persécutions de vos semblables, des gens d'Eglise mémes, qui faisoient assiéger les murailles voisines par des personnes apostées[183], pour voir s'ils entendroient parler

---

[181]   Cette citation est tirée de Juvénal, Satire I, vers 165-168; traduite ainsi par P. de Labriolle et F. Villeneuve (coll. Budé): «Mais toutes les fois qu'ardent, l'épée haute, gronde un Lucilius, celui qui l'entend rougit, son âme se glace au souvenir de ses crimes, il sent perler la sueur d'angoisse de sa faiblesse cachée. De là les colères, les larmes...» Merci à M. Lagarrigue qui a trouvé pour nous la référence de cette citation.

[182]   Matt. 6, 6.

[183]   Dans la *Vie continuée*, Poiret donne des exemples de cette surveillance d'A. Bourignon (un temps, par un homme muni d'une lunette d'approche) entre autres celle qui avait été commandée par le clergé de Hambourg, particulièrement hostile à toute secte.

haut et sans interruption quelque espace durant et pour avoir sujet de les accuser de faire une nouvelle secte, des conventicules, <p. 240> des predications, sur lesquelles calomnies il n'a pas tenu à eux de se saisir plus d'une fois de leurs biens et de leurs personnes. On leur a fait sur ce faux prétexte tant d'avanies, que souvent l'on n'osoit parler haut au logis ni lire haut une lettre venant de la poste[184]. Aprés cela, n'y a-t-il pas de la cruauté à nous insulter, qu'on ne fait point d'assemblées comme les autres sectes, ni d'exercices communs et à haute voix dans le domestique? Nos cruels persécuteurs n'ont souvent demandé que cela pour nous perdre. Si M. J. ne le sçait pas, il est blamable de ne le pas sçavoir: car la Vie et les livres de Mlle. B. le déclarent assez.

XXIX. *Des Priéres. De la perfection du Christianisme*

Il vient aux *priéres*, surquoi il pense nous faire grace de nous accorder que du moins nous les *permettons à qui veut en faire*, comme une chose qu'on peut faire ou laisser *indifféremment*. Je ne luy tiendray guéres compte de sa liberalité et il n'en sera pas quitte pour cela. Ecoutons-le.

M. J.: *Les parfaits d'entr'eux ne s'amusent point à cela* (aus priéres). A la reserve de Mlle. Bourignon (qui étoit, à mon avis, veritablement parfaite et dont l'élément étoit la priére continuelle) nul d'entre nous ne s'est jamais tenu et n'a jamais tenu aucun de ses freres pour parfait jusqu'à ce jourdhuy; et ainsi ces *parfaits d'entre nous* sont une fiction de M. J. Mais c'en est bien une autre qu'il leur fasse rejetter les priéres. S'il avoit étudié 20 ans pour imaginer quelle pourroit étre la plus grande et la plus palpable de <p. 241> toutes les faussetés qu'on pourroit attribuer à Mlle. B. et à ses amis, il n'auroit jamais pû mieux rencontrer qu'il a fait sur le sujet de la priére. La doctrine de Mlle. B. (et par conséquent celle de ses amis et la mienne) sur la *perfection du Christianisme* est qu'elle consiste: 1.) en l'abnégation de nous mémes; 2.) en la priére continuelle, ou en l'entretien amoureux

---

[184]   Poiret parle ici (le second «on» de cette phrase) en témoin.

avec Dieu, en des desirs, des méditations affectives et des élevations continuelles du cœur à Dieu. Tous ses livres en sont pleins.
Voyez la *Lumiére du Monde*, I, *Part.* C. 16, 17, 18 etc. où elle
enseigne que l'homme a été précisément créé pour cela, que
nous n'avons rien d'autre à faire au monde, et que c'est là <et
non la> nôtre UNIQUE NECESSAIRE. Je produiray tantôt une
de ses lettres sur ce sujet. 3.) La troisiéme chose, en quoi consiste
la perfection du Christianisme, est de correspondre fidélement à
ce dont Dieu nous a donné commission et aus devoirs qu'il nous
impose par la déclaration de ses volontés.

Or, pour debrouiller tout le ténébreux article d'absurdités que
M. J. nous va objecter, il faut remarquer touchant le 2. point
(dont il nous impute faussement la negation) que les desirs, les
priéres, les meditations affectives, sont véritablement des
actions de l'ame aidée de la grace de Dieu; secondement, que,
dans ces actions-là l'ame doit brider son *activité particuliére* et
celle de sa raison, afin que la grace de Dieu puisse operer librement dans l'étendue de l'activité de <p. 242> cette ame et avec elle,
c'est à dire qu'à la vérité l'ame ne doit pas étre inagissante absolument et physiquement: ce qui est impossible et ridicule; mais
son inaction est de ne se pas determiner à des choses bornées et
particulieres. L'ame ne doit pas de son chois déterminer ses *actes*
ou desirs à cecy ni à cela de particulier; elle ne doit demander ni
cecy ni cela qui luy vienne en fantaisie, ou qui luy seroit le plus
agréable, mais seulement desirer en général, sur quoi que ce soit,
que la sainte volonté de Dieu se fasse en tout et par tout, comme
il sçait qu'il est le meilleur, sans luy rien prescrire determiné-
ment; et que, de méme, les *méditations* ne soient pas du genre
des stériles efforts de la raison, alambiquée à des spéculations
sur les idées des choses spirituelles, mais des *élevations affectives* du cœur à l'amour de Dieu.

Les Mystiques vont plus avant et ils enseignent en substance
que, quand l'activité de Dieu veut saisir fortement, sensible-
ment et surnaturellement l'activité de l'ame, alors cette activité
toute-puissance <*sic*> absorbe celle de l'ame, qui ne se sent
presque plus devant la divine, et qui semble comme *aneantie* et
toute passive: c'est ce qu'ils appellent, *assoupissement, someil,*

aneantissement, repos etc. qui sont des opérations trés-réëlles, mais de Dieu seul: car si l'homme vouloit prétendre d'en produire, il ne feroit que des folies aussi impertinentes que s'il vouloit étre Créateur et Toutpuissant. C'est durant ce repos que Dieu (à ce qu'ils disent)[185] communique <p. 243> à l'ame des sentimens, des vûes, des goûts, des tendresses, des graces, trés sublimes et trés-ineffables. Sur tout cela, ils font remarquer: 1) Que la perfection de l'ame, et encore moins celle du Christianisme ne consiste pas là dedans, mais plûtôt à vouloir en être privé. 2.) Qu'on ne doit pas souhaiter ces graces-là. 3.) Qu'il est impossible de s'y disposer, et encore moins de s'y mettre, et ainsi, que ce prétendu *assoupissement* et *anéantissement* qui viendroit des efforts de la créature, et qu'on dit faussement que les Mystiques enseignent à *se procurer* de soi-méme, (dequoi M. J. parle aussi) est une pure fadaise. 4.) Il faut aussi remarquer que la doctrine de Mad^lle. B. ne roule pas sur ces points-cy, mais uniquement sur les trois où j'ay dit incontinent qu'elle faisoit consister la perfection de l'ame et du véritable Christianisme.

Cela posé, il faut sçavoir, 1.) que M. J. s'est imaginé, que Mlle. Bourignon et ses amis fassent leur principal de cette matiere extraordinaire que je viens d'attribuer aus Mystiques, et qu'ils y fassent méme consister la perfection du Christianisme. Ce qui est faux: et à peine en parle-t'elle en passant, sans y insister. Secondement, comme M. J. n'entend rien du tout dans cette matiére des Mystiques, et qu'il l'a broüillée en un caos dont il a forgé longtemps des chiméres et des conséquences folles et absurdes *qu'il leur a attribuées*, il veut maintenant sur une fausse supposition de fait attribuer à <p. 244> Mlle. B. et à moy toutes ses fictions absurdes pour me faire l'honneur de me faire passer pour un insensé.

Toutes ces petites observations sont nécessaires pour l'explication du texte de M. J.. Venons y:

L'un des principes de M. P. (c'est moy, Messieurs, sans vanité), *c'est que les desirs, les priéres, les élévations vers Dieu,*

---

[185] Poiret tient toujours à marquer qu'il n'est pas doté lui-même des expériences des mystiques.

et les méditations, sont entiérement contraires à l'esprit du parfait Christianisme, et font opposition à la descente du Saint Esprit et à la venue de la grace. M. J. oublie toûjours à nous tenir parole et à nous montrer comment ce qu'il dit de moy est *tiré de mon propre écrit.* Ce sera sans doute du lieu où j'ay mis entre les caractéres de ceux qui sont en état de salut, celui d'ELEVER EN TOUT TEMS, EN TOUT LIEU, EN TOUTE OCCUPATION, *autant qu'il est possible,* LEURS CŒURS *à* DIEU, *de* PRIER *son bon Esprit de venir dans eux, de le* LOÜER, et lors que j'y dis que l'*essentiel de la Religion Chrétienne* consiste à ADORER *Dieu en esprit et en vérité.* Je prie ceux qui veulent savoir plus particuliérement mes sentimens sur ces choses, de vouloir lire les chapp. II. IV. et IX. du Tome VI. de mon Systéme[186]. Tout ce que je puis faire icy est de declarer que: «Je prends le Ciel et la Terre à témoin de la PROTESTATION que je fais contre ce qu'on m'attribue ici, comme contre des faussetés insignes, qui ne me sont jamais venues en la pensée, et lesquelles je déteste souverainement. Et s'il y a au monde quelqu'un <p. 245> qui me puisse prouver que j'aye jamais eu des pensées si monstrueuses, je m'abandonne à être tenu, et à être puny, comme le plus impie de tous les hommes du monde.» Ce seul article m'obligeoit indispensablement à ne pas me taire. Je viens d'ôter l'ambiguïté du mot de *méditation,* qui est le seul sur quoi on me pourroit chicanner, et je declare que je tiens et ay toûjours tenu les *desirs, les priéres, les élévations vers Dieu et les meditations* affectives, pour INDISPENSABLEMENT NECESSAIRES *à l'esprit du parfait Christianisme, à la descente* et communication *du Saint Esprit et à la venue de la grace.* Pourquoi donc m'imputer publiquement le contraire? Que diroit M. J., si je luy en imputois autant devant le monde? Cependant, j'aurois cent fois plus de

---

[186] Il s'agit, dans l'*Œconomie divine,* du traité de *L'Œconomie de la coopération de l'homme avec Dieu.* Les chapitres mentionnés ont pour titre: ch. 2, «De la coöpération de l'h. avec la grace de Dieu, qu'elle est libre, véritable, mais non prévenante etc.»; ch. 4, « De la Foy vivante et véritable, et ce qu'elle est par rapport au desir»; ch. 9, «De la regénération, et en passant, de la paix de l'ame».

couleur[187] de le faire que luy; car, par la voye des conséquences, j'aurois bientôt fait à luy prouver que par ses principes sur la Providence, sur les decrets, sur le concours[188], c'est plutôt luy qui anéantit les prieres et la piété.

M. J.: *Selon luy* (c'est encore moy), *le seul état propre à attirer le Saint Esprit est celuy qu'il appelle,* d'inaction: *par lequel dans une privation de priéres, de desirs et de mouvemens, on se laisse tomber dans le néant.* Cette *inaction,* cette *privation,* ce *néant pour attirer le Saint Esprit,* au sens qu'il l'entend et qu'il m'impute, sont des fictions et de creuses chimeres de M. J. Mon mot n'est pas celui d'*inaction* (dont je ne sache pas m'étre jamais servy 2 fois dans un livre que M. J. n'avoit pû encore <p. 246> lire), mais je me sers du mot de *vacuïté*[189], pour signifier que l'ame ne doit pas particulariser de soi son action ni ses desirs (ainsi que je viens de dire), mais qu'elle doit s'évacuer de toute propre volonté. Ce qu'il ajoûte de *l'anéantissement des facultés pour faire descendre le Saint Esprit,* et ensuite, *d'assoupir les facultés,* et de *se procurer une espéce d'extase* pour le méme effet, sont toutes des fadaises de son invention, à quoi je n'ay jamais pensé.

M. J.: *Ils ont perpetuellement à la bouche ce mot «Sileant creaturae et Dominus loquatur»: Que les créatures se taisent; et que le Seigneur parle.* Si j'avois un Royaume à perdre, je l'offrirois à quiconque peut assûrer avec vérité de m'avoir jamais ouï dire ce mot-là une seule fois. Je ne l'ay jamais ouï d'aucun de mes amis, et nul d'eux ne l'a jamais ouï de ma bouche. Je ne m'en défends pas comme d'une chose mauvaise: car c'est une trés-bonne aspiration de saint Augustin, de Kempis[190] et de plu-

---

187   Au sens de «raison», comme on dit: «sous couleur de...»

188   Il s'agit probablement ici des principes qui découlent de l'occasionalisme.

189   Cf. parmi de nombreux exemples, *Œconomie Divine,* t. VI, 2, § 18, p. 53.

190   On ne trouve pas la phrase «Sileant creaturae...» telle quelle chez Augustin, mais la même idée avec le mot «sileant» répété plusieurs fois est dans les *Confessions,* IX, 10, 25 (Bibliothèque Augustinienne 14, p. 119). Dans l'*Imitation de Jésus Christ* nous n'avons pas non plus trouvé la phrase, mais un titre contient une formule proche: «écouter les paroles de Dieu en silence»: III, 3, § 3. Il y avait aussi un cantique disant: «O que toute chair se taise...»

sieurs saints, mais afin qu'on voye comment M. J. s'est donné la
liberté de dire de nous tout ce qui luy vient dans la téte. Chacun,
au reste, a ses maniéres d'aspirations; quelques-uns en ont d'ha-
bituées et d'autres *ex tempore*[191]; quelques-uns de vocales et
quelques autres de tacites; si j'avois à en choisir une habituelle,
ce seroit plutôt: *Miserere mei Deus secundum magnam miseri-*
cordiam tuam[192], que quelqu'autre plus propre à un état moins
bas que le mien.

    Aprés ces beaux exploits de M. J., n'est-il <p. 247> pas plaisant
de nous attribuer ses propres *visions,* et de dire *qu'on en voit des*
traits dans toute ma lettre, que c'est ce que signifient ces humi-
liations, ces aneantissemens, ces actes internes d'adherence à
Dieu que j'exorte de faire. Je pense, encore un coup, que M. J.
tient ses Lecteurs pour des cruches, leur voulant faire accroire
qu'ils voyent le contraire de ce qu'ils lisent effectivement. Où
voit-on dans ma lettre la moindre ombre de toutes ces folles
visions? Et où me suis-je servi de cette phraséologie mystérieuse
d'humiliations, d'anéantissement, d'actes internes, que M. J.
devoit inventer pour avoir sujet d'y appliquer ses chiméres? Car
mes termes simples et ordinaires ne luy eussent point donné de
prise sans cela. Enfin, n'est-ce pas à M. J. la plus bourrue de
toutes les visions, de m'imputer d'avoir voulu apprendre à ceux
à qui il écrit ses *Pastorales* de *se procurer* des *anéantissemens* et
des *extases* par *mes Avis charitables?* Voila un but, une matiére
et des moyens, admirablement bien choisis! Au moins eust-il
falu que ses fables eussent un peu plus de vraysemblance.

XXX.

    Je ne scay si c'est par raillerie qu'il fait mention que *Dieu*
parle au cœur immédiatement et par luy méme. Un homme qui
prophétise que sa secte sera retablie en trois ans, par voye d'ins-

---

[191]   Signifie: «selon les moments».

[192]   «Aie pitié de moi, ô Dieu, selon ta grande miséricorde», Ps 51, 3 (selonVul-
gate, Ps 50, 3).

piration[193], s'ôte à luy méme le sujet de ne pas[194] se moquer de la parole immédiate de Dieu au cœur; et l'on est incapable d'en juger, lors qu'on fait profession de ne rien comprendre dans les choses mystiques. <p. 248> Si quelqu'un, du nombre de ceux qui seroient en cet état, étoit assez téméraire pour prétendre juger et se moquer de ces adorables opérations du Tréshaut dans les ames pures, et qu'il voulût sçavoir de quelle teneur Mlle. B. luy répondroit, le voici dans *l'Avertissement contre les Trembleurs,* pag. 85: *Il est en ténébres et n'entend rien des choses spirituelles: pour cela les veut-il blâmer et mépriser. C'est comme si un asne entroit au contoir d'un grand marchand; il fouleroit bientôt aus pieds tous ses livres et papiers qu'il trouveroit par terre, encore bien que ce seroient des obligations de grand prix; il en feroit du fumier, parce qu'ils ne luy pourroient servir à autre chose; comme aussi un pourceau, s'il entroit dans une boutique de riches étofes, il les saliroit ou déchireroit toutes, sans penser à mal-faire, comme fait un tel qui condamne toutes les choses qu'il ne connoit point, lors qu'elle ne luy peuvent servir à l'usage d'établir sa secte.* L'Ecriture se sert de pareilles comparaisons pour marquer ceux qui jugent et condamnent les choses mystiques. Ainsi M. J. feroit bien de s'en abstenir. Ce sont lettres closes pour luy. Il luy faut une Theologie d'enclume et de marteau, qui fasse bien du bruit avec de bons articles de controverses, de bonnes querelles, de bons débats, de bonnes ruades, de bonnes grosses injures, et de bons grands coups à assourdir les cœurs endurcis, qui sans cela sont déja assez sourds à la voix de Dieu. Pour la Mystique, ce n'est pas son gibier. Il s'est voulu hazarder à y faire une course à la fin de son traité de <p. 249> prophéties[195]; mais, dés l'entrée, il a pitoiablement pris Paris pour Corbeil, la Théologie Symbolique pour la

---

[193] Voir, *supra,* p. 194, n. 47.

[194] Selon le sens du raisonnement, il semble qu'il y a là une négation de trop.

[195] Effectivement, à la fin du t. II de l'*Accomplissement des prophéties,* Jurieu insère un «Essai de Théologie Mystique, où l'on verra les preuves des plus grands mystères de la Religion, tirées de la nature», p. 319-387.

Mystique[196], deçu par la ressemblance de quelques expressions Symboliques dont la Mystique se sert quelques-fois: qui est, comme si ayant promis d'expliquer la Métaphysique, j'allois traiter de la Grammaire:

> *De telles gens il est beaucoup*
> *Qui prendroient Vaugirard pour Rome.*
> *Et qui, caquetans au plus dru,*
> *Parlent de tout, et n'ont rien vû,*

dit la fable du singe[197], applicable à quiconque veut parler des choses, des sentimens, des écrits et des persones qu'il n'a ni sûs, ni compris, ni lûs, ni conus. Il devoit se souvenir de l'avû qu'il a fait autrefois de son peu d'intelligence en fait de Théologie Mystique. C'est au ch. VI de son *Paralelle du Calvinisme et du Papisme.* Il y dit: *Cette Théologie Mystique est un tissu d'expressions barbares,* ININTELLIGIBLES, *de visions ridicules, et d'une devotion folle et extravagante, capable de gâter les esprits. Tels sont les livres de Jean Schonhove*[198], *de Jean Taulerus, de Rusbrochius*[199] (notés que les ouvrages de ces trés-saintes ames-là sont des thrésors de lumiéres, et des merveilles de Dieu les plus sublimes et les plus pures) *et particuliérement* (adjoûte-t'il) *de la Mere Julienne*[200] (dont je ne puis rien dire, n'ayant rien vû d'elle). *Ce sont* (poursuit <p. 250> -il) *d'afreux galimathias où l'on* NE COMPREND RIEN, *sinon que les autheurs qui les ont composés avoient* PERDU LE

---

[196] L'expression: «prendre Paris pour Corbeil», comme «des vessies pour des lanternes». Jurieu procède par allégories ou analogies. Il est exact qu'il appelle Théologie Mystique ce qui n'en est pas.

[197] J. de La Fontaine, *Fables*, IV, fable 7: «Le singe et le dauphin» (le singe a pris le Pyrée pour un homme).

[198] Jean de Schoonhoven (1356-1432), chanoine régulier de Windesheim, il défendit Ruysbroek.

[199] Johann Tauler (1300-1361) prédicateur dominicain et Jan van Ruysbroek (1293-1381) sont de l'école de Maître Eckhart.

[200] Il s'agit de la mystique anglaise Julienne de Norwich (env. 1342-1413) qui écrivit ses visions.

SENS[201]. O mon Sauveur, source unique de ces divines lumieres! Voilà en perfection l'accomplissement de cette parole de vôtre Apôtre:*L'homme animal et charnel* NE COMPREND PAS *les choses de l'Esprit de Dieu:* ELLES LUY SONT FOLIE[202]! Dans le méme lieu, il confond avec des fanatiques et foule à ses pieds (comme dans le contoir du marchand, diroit Mlle. B.) les célestes écrits de l'admirable S^te.Térése, et de quelques autres saintes ames, aussi bien que le trés-divin livret de la *Théologie Germanique*, qu'il dit *contenir les fondemens du fanatisme et du libertinisme[203]*, au lieu qu'il a été précisément composé par une ame qui avoit le bon Esprit de Dieu contre le fanatisme et le libertinisme, et qu'il les ruïne de fond en comble. Ce petit livre a paru si admirable et si divin aux plus pieux et aus plus sçavants des trois Communions, qu'ils l'ont traduit de l'original Allemand et fait imprimer souvent en toutes sortes de langues. Les Catholiques l'ont fait imprimer à Anvers avec le Privilége du Roy d'Espagne[204]. Entre les Luthériens, le célébre Arndt[205], et le Docteur Luther méme, en

---

[201] *Histoire du Calvinisme et celle du Papisme mises en parallèle,* t. I, p.118 (dans l'index: «Théol. Mystique, ses monstrueuses expressions»). Lorsqu'en 1699, après la condamnation de Fénelon par Rome, Jurieu entreprend de se moquer de la Théologie Mystique dans son *Jugement d'un protestant sur la Théologie Mystique,* il insistera à nouveau sur le galimatias et le caractère incompréhensible de ce que disent les mystiques. Il y a ici comme un avant-goût de la longue réfutation ironique et critique de ce *Jugement* qu'écrira Poiret dans sa «Préface sur la Théologie mystique», in *La Théologie Reelle,* 1700.

[202] 1 Cor. 2, 14: «L'homme (psychique) laissé à sa seule nature n'accepte pas ce qui vient de l'Esprit de Dieu. C'est une folie pour lui, il ne peut le comprendre» (traduct. *TOB).*

[203] *Histoire du Calvinisme et du Papisme,* t. I, p. 106. Jurieu dit même: «tous les fondemens.»

[204] Dans sa préface de *La Théologie réelle* (1e part., p. 10), Poiret précise: «les catholiques ont fait imprimer cet ouvrage en latin et en français à Anvers, chez Plantin, l'an 1558, avec un privilège du roi d'Espagne, donné à Bruxelles le 6 octobre 1557.» Il s'agirait des traductions de S. Castellion (qui n'est pas catholique), sous le pseudonyme de Johannes Theophilus. Poiret mentionne aussi une édition catholique, à Paris en 1655.

[205] Johann Arndt (1555-1621) republie en effet la *Theologia Deutsch,* dès 1597; puis en 1605, avec l'*Imitation de Jésus Christ.* Il y eut plusieurs autres éditions; aussi avec un petit traité de J Staupitz.

ont fait l'éloge jusqu'à l'égaler quasi aus divines Ecritures[206], dans les éditions qu'ils en ont procuré avec des Préfaces de leur façon; et entre les Reformés, le sçavant et pieux Castalio n'en a pas moins fait dans les traductions latine et françoise qu'il en a publiées[207] <p. 251> Osé-je dire qu'en ayant fait paroitre moy-méme une traduction françoise, il y a environ onze ans, elle fut reçüe avec aprobation, quoi que pleine de fautes d'impression, et que peut-étre me pourroit-il bien prendre envie d'en procurer un de ces jours une nouvelle édition[208], d'où l'on verroit, combien peu ceux qui condamnent des vérités si substantielles et si divines, se connoissent en choses spirituelles? En voila assez pour faire voir, que ceux qui ont étudié toute autre chose que la Théologie Mystique, feroient trés-bien de la laisser là, elle, les personnes et les écrits qu'il s'imaginent en aprocher.

XXXI. *De la presence réelle par la foy*

Enfin M. J. vient à citer quelque chose de mon écrit, non pour l'impugner[209] directement; mais pour le broüiller, et pour tirer de ses brouilleries des conséquences ineptes et propres à faire rire ceux à qui il tâche de procurer quelque divertissement. Il cite ce que j'ay dit de la *presence réelle* par la *parole de Dieu* et *par la foy;* sur quoi, aprés avoir témoigné sa pitié sur la *maladie* et sur

---

[206] Poiret aime rappeler l'admiration qu'avait le jeune Luther pour cet écrit, dont il fut le premier à publier le manuscrit dès 1516; il en fournit une seconde édition en 1518.

[207] Sébastien Castellion (1515-1563) avait édité de *La Theologie germanique* une traduct. en latin (Bâle,1557, puis Anvers, 1558) et une en français (Anvers,1558). Voir *supra*, n. 204.

[208] Poiret traduisit ce texte en français, à partir d'une des éditions de Arndt. Il avait été publié sous le titre *La Théologie Germanique*, Amsterdam, 1676. Plus tard, en 1700, il fera paraître une traduction révisée dans la *Théologie Réelle*. La longue préface de cette œuvre composite contient une analyse de ce qu'est la Théologie Mystique, ainsi que la dure critique des propos de Jurieu sur ce sujet....

[209] Signifie: «attaquer».

les *songes* de mon *esprit gâté,* il s'offre de nous venir *éclaircir*
ma pensée. Sans doute M. J. est l'homme du monde le plus
propre à éclaircir nos pensées. Il s'y entend à merveilles. Mais
voyons. Premiérement, il fait trés mal sa cour et hors de saison
aus *fréres de la Confession d'Ausbourg* voulant tourner en ridicule la présence réelle, qu'il traite de *monstre* dans la préface de
ses *Prophéties*[210]. Secondement, croyant avoir attrapé <p. 252> les
principes de nôtre Systéme, il ne propose que des propres chiméres de son crû, avec quoi il se divertit en stile de Jodelet[211].
Tout y est faux. Faux, que nous croiyons *que Dieu avoit créé
l'homme maistre de toutes choses au pied de la lettre* et dans le
sens de confusion et de desordre qu'il l'entend. Faux, dans les
exemples qu'il en allegue, d'*areter le cours du soleil,* que Mlle. B.
n'a pas tenu courir, non plus que moy, et de faire *remuer la terre,*
qui, selon nous, tourne autour du soleil. Faux, *que l'instrument
par lequel il faisoit cela ou le pouvoit faire étoit* alors *sa foy.*
Faux, que *l'état de perfection où Jesus Christ nous appelle, ce
soit celuy-là*: au contraire, c'en seroit plûtôt l'abnégation, et ce
ne sera qu'aprés la resurrection que l'homme recevra la puissance qu'il avoit eüe à sa création. Faux, que, quand Jesus Christ
dit de la foy chrétienne: *tout est possible au croyant*[212], nous l'en-
tendions *sans figure et sans exception aucune.* Il est vray que
nous n'y apportons pas des glosses ni des exceptions de la nature
de celles de M. J. qui excluent la presence réelle. C'est cela qui
luy déplait. Enfin, il n'y a rien de plus plaisant que de le voir se
découvrir en son ridicule, *au coin de* son *feu* et sous *le manteau
de sa cheminee* essayant à y *renverser l'ordre du monde* et à
transsubstantier ses *chenets* et *tous les ustensils de sa maison*
par la foy chimerique de ses prétendus principes, laquelle seroit

---

[210]   «Avis à tous les chrétiens», p. 9 non chiff.: «pour ruïner les monstres de la
transsubstantiation et de la présence réelle.»

[211]   Julien Bedeau, dit Jodelèt (1590-1660), acteur comique français, il inter-
prêta Molière et aussi Corneille. Scarron écrivit une pièce comique intitulée:
«Jodelet ou le valet maître» (1645).

[212]   «Tout est possible à celui qui croit»: Marc 9, 23; cf. aussi Matt. 21, 22: «Tout
ce que vous demanderez dans la prière avec foi, vous le recevrez» (Marc 11,
24).

plûtôt une fumée d'hypocondriaque, qu'une pensée et un désir
pieux de choses salutaires, soutenû et réglé <p. 253> par l'Esprit
Saint, qui est l'esprit de l'ordre et de la Sagesse, et par la parole
de Dieu, ainsi que doit étre LA FOY véritable que Jesus Christ
ratifie dans ceux qui l'ont. Ne voilà pas un admirable *explicateur*
des pensées d'autruy? On me dira peut-étre, que je ne les
explique pas moy-méme assez amplement. Je crains d'étre trop
long. C'est pourquoi je renvoie au 2. et au 6. Tome de mon Systéme[213], où l'on trouvera suffisamment dequoi se satisfaire sur
tout cela.

XXXII. *De la purification aprés la mort*

Il essaye ensuite à rendre burlesque le peu que j'ay dit en passant *de la purification de l'ame aprés la mort*, de laquelle il se
raille, aussi bien que du Systéme de Théologie que je viens de
rendre public. Si M. J. sçavoit combien grande est devant Dieu
son ignorance touchant les choses spirituelles, il seroit honteux
de la ridicule presomption où il est d'oser ouvrir la bouche pour
en parler d'un ton de railleur, et comme s'il avoit penetré le fond
des choses dont il n'a pas seulement encore vû la superficie. Il
n'en a vû, au travers des lunettes de ses préjugés, que le peu de
l'apparence trompeuse que la jaserie de la Théologie de
l'Ecole[214] en propose, et cela luy suffit pour insulter à la verité
qu'il n'a jamais connue. Qu'il lise un peu les chapitres, 5, 6, et 7
du VI Tome de cette *Theologie admirable* dont il se raille ici, sur
le sujet de la purification, et s'il a de la candeur, il verra dequoi

---

[213]   Les titres de ces deux tomes de l'*Œconomie Divine* sont: t. II, *L'Œconomie
        de la création de l'Homme, où l'on découvre l'origine, la nature et les pro-
        priétés de ses facultés spirituelles et corporelles*; t. VI, *L'Œconomie de la
        coöpération de l'Homme avec l'opération de Dieu, où sont expliquées d'ori-
        gine les matiéres les plus essentielles de toutes à la Réligion et à la Théolo-
        gie, assavoir celles de la Grace, de la Foy et de la purification (ou santifi-
        cation), de la justification, de la régénération et de la persévérance.*

[214]   La théologie catholique en général, ou la scolastique.

s'en convaincre et dequoi rougir d'avoir impugné[215] cette verité,
sur tout avec une comparaison aussi matérielle <p. 254> et aussi
peu-sensée qu'est celle de son *sable à fourbir*. Il y a là dedans
une bassesse que tout le monde ne comprend pas. Il a pensé me
piquer; et il m'a fait rire de tout mon cœur. Il me veut insulter sur
ce que mon pere étoit homme de métier[216]. Ne voila pas un grand
sujet de confusion? et est-ce sur ces sortes de choses que M. J.
menasse de nous faire tourner la dispute à deshonneur? Pour
moy, je suis d'avis de laisser là la honte pour quelque autre sujet,
et de n'avoir honte que du seul péché, et non pas d'avoir eu un
pére qui travailloit de ses mains selon l'ordonnance de Dieu[217].
Si j'avois l'ambition d'aspirer à quelque élevation dans le
monde, il feroit tres-bien de rabaisser ma vanité par cette consi-
deration-là. Mais je n'en ay point; et j'espére que Dieu sevrera
pour jamais mon ame de ces desirs-là. Ma grande qualité est et
sera que je sois Enfant de Dieu,

> *Que son Amour soit ma richesse,*
> *Mon train, mon état, ma noblesse!* [218]

Cela bornera, moyennant sa divine grace, toute mon ambition; et
l'artisan a autant de droit d'y aspirer que l'Empereur, pour ne pas
dire avec S. Paul, que Dieu se plait à choisir les choses foibles,
basses, méprisables, et le néant méme, pour confondre les fortes,
les nobles, et celles qui sont de grand éclat[219]. M. J. sçait bien
cela. C'est un lieu commun <p. 255> par lequel ils defendent les

---

[215] Cf. *supra*, n. 209.

[216] Le père de Pierre Poiret, Jean, était fourbisseur de sabres, métier que prati-
quaient aussi presque tous les hommes de la famille de Pierre à Metz: son
frère, son oncle, ses cousins.

[217] A. Bourignon avait valorisé le travail manuel, à condition de ne pas chercher
à s'enrichir. Voir par ex. l'*Etoile du matin*, lett. 18, p. 130 s. et 137; *Aveuglement des hommes de maintenant,* p. 86 etc.

[218] Il s'agit certainement de la citation d'un cantique versifié que l'on chantait.
Nous n'avons pas trouvé de référence biblique précise, par ex. dans un
psaume...

[219] 1 Corinthiens 1, 27 et 28.

premiers pasteurs de la Reformation, qui étoient la plus-part des
gens de metier. Mais si M. J. avoit sçû que mon grand-pére pour
se rendre Reformé, de religieux de l'Eglise Romaine qu'il étoit
auparavant, avoit dû quitter tout, jusqu'à son nom, pour éviter les
persécutions des moines et de sa famille, et que, dans cette
conjoncture, il aima mieux se reduire à aprendre le métier de
fourbisseur que d'étre à charge aus autres et de vivre en fai-
néant[220], je veux croire qu'il ne m'auroit pas voulu faire honte
d'une chose qu'il auroit dû plûtôt estimer selon ses principes. Et
je gagerois que, si à présent il se trouvoit des religieux Romains
qui pour embrasser le Calvinisme sans étre à charge à personne,
voulussent en faire autant, M. J. se serviroit de leur *sable à fourbir* pour leur en fourbir un grand éloge.

XXXII. <*sic*, pour XXXIII> *Instance du veau d'or, d'etre Turc,
    et d'adorer des choux*

    M. J. se prépare à finir par quelques reflexions. La premiére
est que *c'est par une particuliére Providence de Dieu, que dans
un écrit d'ailleurs trés-propre à flatter les cœurs des Nicodémites, l'autheur se soit ouvert suffisamment pour se faire
connoitre pour ce qu'il est.* Voila une reflexion sur la Providence
admirablement bien placée! M. J. prétend-il que la Providence
ait décreté de toute éternité que j'écrirois la lettre de question
afin que l'on pûst connoitre par elle que je suis dans les sentimens extravaguans qu'il luy a plû de m'imputer? Il faut avoir à
faire à des statues pour parler de la <p. 256> sorte: car des gens rai-
sonnables ne pourront rien connoitre de l'autheur de la lettre par
sa lecture, sinon que c'est une personne qui recommande, sans
partialité et par de solides raisons, l'essentiel du Christianisme et
l'accessoire aussi, autant qu'il rameine à cet essentiel, et qu'on a
la liberté de s'en servir en l'état où l'on est; mais qu'en cas de

---

[220] Cette information sur son aïeul, prénommé Gillebert (on n'a pas retrouvé
son nom antérieur), est un des rares retours de Poiret sur sa famille et ses ori-
gines modestes.

necessité, on peut s'accommoder de l'accessoire des autres, autant qu'il rameine à Dieu, plûtôt que d'occasionner mille maux par ce refus, ou que de soüiller sa conscience en faisant une chose qu'on croiroit illicite, et qu'il donne cet Avis par une véritable charité et compassion qu'il a pour les bonne ames qu'il sçait étre dans des angoisses mortelles sur ce sujet. Mais la Providence divine a véritablement permis que M. J. ait fait ce qu'il a fait, afin d'en tirer l'occasion de faire connoitre et de justifier l'innocence et la vérité salutaire, en bien des lieux où, sans cela, elle eust demeuré ou suspecte ou entiérement inconnue.

XXXIV.

Voici une seconde refléxion de M. J. laquelle contient trois instances. *Aprés cela, mes freres, jugez quelle foy vous devez avoir pour un homme qui vous donne une idée de la piété selon laquelle les Israëlites adorérent le veau d'or sans crime, parce qu'ils le regardoient comme Dieu; selon laquelle on peut étre Turc, et adorer méme des choux, pourvû qu'on s'en serve de moyens pour s'unir à Dieu et pour exciter son amour.* J'ay déja répondu cy-dessus à l'instance du veau d'or, et fait voir <p. 257> que, selon l'idée que je donne de la piété, les Israélites ne pouvoient l'adorer qu'en l'idolatrant d'une maniére la plus brutale du monde. Mais, dit Mr. J. *Ils regardoient le veau d'or comme Dieu.* Et pourquoi l'y regardoient-ils? Etoit-ce sur la parole de Dieu? Dieu avoit-il dit du veau d'or: *Cecy est mon Corps*, comme il l'a dit de l'Eucaristie? Le Diable, la debauche, la crasse idolatrie des Egyptiens, leur avoient dit cela et non la bouche de Dieu méme, qui est si expresse sur le sujet du sacrement de son Corps. J'ajoute, en second lieu, que les Israëlites ne pouvoient sçavoir que Dieu fust joint à un corps de béte, comme les Chrétiens sçavent qu'il est uni hypostatiquement à un corps humain, lequel il a dit étre présent. Quand ces choses seront égales, alors on pourra conclure que, s'il n'y a point de péché dans l'une, il n'y en avoit point aussi dans l'autre. Mais, hors de cette égalité, et dans l'énorme et l'essentielle disproportion où elles sont, c'est se méprendre trés-palpablement que de tirer des conclusions de l'une à l'autre, et une pareille instance, si on la[221] reïtére encore, ne doit plus passer desormais que pour une pure *instance de veau*.

Mais rien ne me paroit si singulier que l'instance de se faire ou *d'étre Turc* et *d'adorer des choux*. Selon l'idée que je donne de la piété, on ne doit aimer et adorer que Dieu seul d'adoration souveraine, et adorer l'humanité de Jesus Christ comme unie personnellement avec la Divinité. M. J. <p. 258> conclut de cette idée que, de là, on peut *étre Turc ou adorer des choux*. Diriez-vous pas qu'il étoit *extasié* quand il écrivoit cela? Et n'auroit-il pas été bon pour luy d'étre alors dans *l'état d'inaction?* Merveilleuse consequence! Tels et tels pratiquent leur pieté en se servant pour s'unir à Dieu des moyens qui ne leur mettent devant les yeux que Jesus Christ, Homme-Dieu. *Ergo,* on peut *étre Turc* par ce principe-là. De plus, étre pieux, s'unir à Dieu, aimer Dieu seul, adorer Dieu seul, et Dieu-humanizé, luy donner son cœur et toutes ses affections, c'est la méme chose; et c'est la fin à quoi l'on doit tendre, et pour s'y avancer l'on peut, selon mes principes, se servir de tous les moyens qui peuvent y contribuer. *Ergo,* dit M. J., on peut donc pour cet effet *adorer* (donner son cœur et toutes ses affections, ou reconnoitre pour créature personnellement unie à la Divinité) *des choux*, c'est à dire afin d'adorer Dieu seul, on peut adorer ce qui n'est ni Dieu ni uni à luy. On peut prendre pour moyen à une fin, ce qui détruit cette fin. La belle logique!

Je vois bien ce que c'est. Il y a sur cette matiére quelque chose qui leur fait de l'embarras, faute de bien sçavoir un *principe* qu'ils n'ont jamais assez considéré. Le voicy: C'est que, pour une personne qui n'auroit pas la connoissance de Jesus Christ, fust-elle Turque ou payenne, aussi avant que[222] quelques ceremonies que ce soit de son party luy servent à s'élever ou à s'avancer <p. 259> dans l'amour du Dieu souverain, Créateur de toutes choses, aussi avant fait-elle bien de s'en servir. Et non seu-

---

[221] Le texte portait «l'a», mais cette faute est corrigée dans les errata.

[222] «aussi avant que» signifie «dans la mesure où».

lement Dieu ne l'en reprendra pas, mais méme en ce cas il luy *imputera* (pour m'exprimer par les termes de l'Apôtre) *le prépuce à circoncision*[223]. Mais pour des personnes à qui Dieu a revélé cet admirable moyen de se communiquer à nous et de nous élever à son amour, sçavoir: Jesus Christ, le throne, le canal, et le moyen vivant de la communication et de l'union de Dieu avec quiconque l'écoutera et se soûmettra par obeïssance à son Fils Jesus Christ, ce seroit une abnégation[224] et une rejection de Dieu et de sa communication que de rejetter ce sacré moyen, pour quelque autre chose et pretexte que ce soit. De là vient qu'il vaut mieux mourir que de renoncer Jesus Christ, ou que de consentir à ceux qui nous veulent porter à le renoncer. Mais en bonne foy, est-ce à l'abnégation de Jesus Christ comme Dieuhomme, comme canal de communication de Dieu à nous, comme moyen vivant de nous élever à l'amour de Dieu, que nous portent le sentiment et les ceremonies des Catholiques-Romains sur l'Eucaristie? Et y a-t'il la moindre ombre d'en tirer les consequences que le seul esprit de partialité peut s'opiniatrer à leur objecter, aprés qu'on a été suffisamment éclaircy de leur intention?

XXXV.

M. J., aprés cela, nous préscrit *de ne point donner d'avis à ses troupeaux, n'y étant point appellés.* S'il étoit mon Créateur <p. 260> et celuy de ses troupeaus, sa volonté nous devroit tenir lieu de Loy. Mais, étant si aveugle et si passionné, elle me sera quelque chose de moins que rien. Et depuis quand est-il devenu dictateur si universel que de prétendre d'empécher que je n'écrive une lettre d'avis à mes plus proches? C'est tout ce que j'ay fait, et ma lettre n'auroit jamais paru si un amy ne m'en avoit demandé copie, et n'avoit voulu de son chef la rendre publique. A quoi je n'ay pas voulu resister,

---

[223] Allusion à Rom. 2, 26: «Si donc l'incirconcis observe les prescriptions de la loi, son incirconcision ne lui sera-t-elle pas comptée comme circoncision?»

[224] «abnégation» ici au sens de «refus».

croyant que cet amy n'avoit pas besoin pour cet effet d'être *appellé* à cela par M. J., qui aura bien de la peine, un jour, de deffendre son propre appel à bien des choses, et de se mettre à couvert de cette parole de Dieu: *Ils ont prophétisé, mais non pas de par moy. Ils ont couru, et ce n'étoit pas moy qui les envoyois*[225].

XXXVI.

Tout cecy ne plaira pas à M. J. qui le déclare assez par avance en nous prescrivant, avant finir, de *nous mettre dans l'état d'inaction à son égard*, sur peine, premiérement, de passer pour des perturbateurs de son repos et pour des gens qui les *troublent*, et, en second lieu, sur peine de voir qu'il fera *prendre à la dispute un tour qui ne reviendroit pas à nôtre honneur*. M. J. est aussi équitable que véritable. Il veut qu'il luy soit permis de se declarer *gratis* nôtre aggresseur, non seulement d'une maniére la plus insultante, la plus satyrique et la plus outrageuse du monde, mais aussi en se donnant la liberté d'avancer des faussetés à douzaine <p. 261> pour deshonorer publiquement et rendre indignes de créance, et même d'audience, des personnes qui n'ont pas pensé à luy et qui, loin de troubler les consciences (comme il fait par ses méchantes controverses), tâchent de leur procurer selon Dieu des moyens d'une paix solide. Mais lors qu'on voudra lui repartir et lui faire voir que le ridicule est plûtôt du côté de l'aggresseur mordant que de ceux qu'il attaque, sans regarder où il asséne ses coups d'étourdy, qu'il s'est trompé dans ses accusations, et que tout ce qu'il a avancé sont de faux faits et des méprises palpables, il criera au feu et au *trouble!*

Quis tulerit Gracchos de seditione querentes?[226]

---

[225] Il y a sans doute là une allusion à Néhémie 6, 12, mais transcrit de façon à être dit par Dieu.

[226] «qui supporterait les Gracques instruisant un procès pour sédition?» (trad. de M. Lagarrigue; comme les Gracques eux-mêmes pouvaient être taxés de sédition, il s'agirait d'un proverbe).

A-t'on jamais rien vû de plus absurde et de plus deraisonnable? Cependant, en cas qu'il ne voye pas qu'on se soit reglé sur ce caprice plûtôt que sur le droit des gens et l'équité naturelle, il nous menasse que la *dispute pourroit prendre un tour qui ne nous reviendroit pas à honneur.* Hé bien, nous le verrons. M. J. sçaura, s'il luy plait, que je ne le crains point, ni luy, ni ses artifices, ni ses menasses, ni les esprits, ni les satyres, ni les plaisanteries en beau françois[227]. La verité toute simple est plus forte que tout cela. Avec trois feüilles de papier elle peut renverser par les fondemens certains gros volumes à faire peur aus ignorans. Vous diriez, à ouïr ses menasses, qu'il ne sait ce qu'un chrétien doit craindre. J'ay appris[228] à dire <p. 262> quelques fois à Dieu avec le pieux Kempis: *Praeserva me ab omni peccato; et non timebo mortem nec infernum*[229], qui sont des ennemis bien plus redoutables que les menasses de M. J., qui me font plûtôt rire et me réjouir que trembler; car je sçay bien qui est celuy qui a dit:*Réjouïssez vous, lors que les hommes diront en mentant toutes sortes de maux contre vous à cause de moy*[230]*:* et ce n'est qu'à cause qu'on veut meiner les hommes à J. Christ hors de toute partialité, qu'on déplaist à ce M. J., qui nous veut rendre ses ménasses redoutables. C'est luy, c'est plûtôt luy, qui a sujet de craindre celles de Dieu et le péril du péché et de la perte de son ame; car il se trame à soy méme sa propre perdition, s'il continue, comme il a fait, à répandre des faussetés pour décrier des innocens et des vérités salutaires. Il sçait trés-bien que *les médisans n'heriteront point le Royaume des Cieux*[231]. Cela le doit faire trembler et luy faire reparer ses fautes, s'il veut sauver son ame. Je ne serois pas marry que ma réponse pust luy occasionner sur cecy quelques *troubles* salutaires, qui aboutissent

---

[227] Poiret semble parfois conscient du caractère provincial et lourd de son style!

[228] Nous avons corrigé, le typographe avait écrit: «j'ay a pris».

[229] «Préserve moi de tout péché et je ne craindrai ni la mort ni l'enfer» (*Imitation*, L. III, ch. 18, § 13).

[230] Matt. 5, 11. C'est la dernière des Béatitudes.

[231] 1 Corinthiens 6, 10. Les «calomniateurs» (trad. *TOB*) apparaissent dans une liste de ceux qui «n'hériteront pas du Royaume de Dieu».

enfin à la paix de sa conscience et qui servissent à le rendre impartial, ainsi que doit étre un vray serviteur de Dieu; car, Dieu n'étant pas un Dieu de party mais le Dieu de tous ceux qui l'aiment de bon cœur, il faut aussi qu'un vray serviteur de Dieu ne soit point esclave d'un party ou d'un autre, mais qu'il soit pour procurer le bien de tous ceux qui aiment Dieu, en quelques partis qu'ils <p. 263> puissent se rencontrer. Voila tout le mal que je luy souhaitte, et aussi que Dieu ne luy impute point à péché ce qu'il a fait à nôtre sujet, mais qu'il luy éclaire les yeux et luy touche le cœur, pour l'empécher de blesser encore plus mortellement son ame, s'il venoit à exécuter, à sa propre perte et à sa confusion, la menasse qu'il nous fait icy de vouloir nous troubler et faire des choses qui nous tournent à deshonneur.

On ne craint pas ses menasses de deshonneur pour le personnel

Je ne sçay de quel biais il pourroit s'y prendre pour en venir à bout. Il paroit par cet échantillon que sa belle méthode de ne pas vouloir s'en prendre à nos *raisons* pour les *refuter,* mais à nos personnes pour les noircir, ne luy pourra étre de grand usage s'il y continue. De la maniére qu'il en a agy, il n'y a rien de plus propre pour faire croire au monde qu'une chose est blanche, que lors qu'il assurera qu'elle est noire; et quelque habile qu'il soit à faire des recherches de ceux dont il veut mal-parler, il perdra icy toutes ses peines. Mlle. B., à qui il en veut tant sans sujet, a été dés son enfance un modéle de vertu, de sainteté, de charité, à faire rougir l'impudence méme. Ses ennemis, ayant deux-fois eu la hardiesse de faire enquéte informatoire contr'elle sur toute sa vie, eurent la confusion d'en voir faire l'éloge par les juges, qui, quoi qu'animés secrétement contre'elle, la déclarérent de vie irreprochable. On luy dit méme avec larmes, sur ce qu'elle vouloit continuer à faire entendre quelques depositions <p. 264> à sa décharge, qu'il n'étoit pas nécessaire, et que peu s'en faloit qu'il n'y en eust assez pour la faire canoniser. Les piéces sont encore dans le Greffe de Lille, et l'on peut voir à la fin de la I. Partie du *Temoignage de Vérité* bien soisante attestations de personnes

dignes de foy qui l'ont connue, et de ces attestations il y en a bien
le tiers de solennellement assermentées, et autant qui sont de
gens de lettres, et de Théologiens tant Catoliques que Protestans,
qui luy rendent des témoignages d'une vie et d'une vertu sur-
humaine, et qu'elle étoit un *Véritable Temple vivant du S.
Esprit*[232], ce que je puis aussi assurer au péril de mon salut être la
vérité méme. Et je pense que tout cela peut bien contrebalancer
ce que M. J. pourroit inventer pour faire tourner *au deshonneur*
de cette fille incomparable les querelles dont il nous menasse.
Que s'il a égard aus personnes de ses amis et à la mienne, quoi
qu'infiniment inferieurs à Mlle. B., il y perdra encore ses peines.
Il n'a rien avec verité à reprocher à nos amis; car nous n'en avons
et n'en conservons que de ceux qui cherchent et qui craignent
Dieu. La bien-séance m'oblige à ne rien dire de moy; mais, de
peur qu'on ne s'imagine que M. J. auroit quelque chose à me
reprocher sur ma conduite, dont le deshonneur (de quoi il nous
menasse) pûst rejaillir sur la cause que je défens, je luy declare
que, quelque pauvre pécheur que je sois dans mon intérieur
devant Dieu pour le regard de[233] mes pensées et de mes affections, <p. 265> néanmoins de ma vie je n'ay rien fait de repro-
chable devant les hommes, Dieu m'ayant méme donné une rete-
nue pour me preserver des déréglemens de la jeunesse, aussi bien
que des compagnies du monde, que j'ay toujours fuïes, pour ne
m'associer que de ceux que j'ay crû craindre son Nom, quoi que
je les aye trouvé bien rares,

> ...*vix totidem quot
> Thebarum portae, vel divitis ostia Nili*[234].

---

[232] Interprétation probable de 1 Cor. 6, 19: «votre corps est le temple du Saint
Esprit».

[233] «pour le regard de», c'est-à-dire «pour ce qui regarde» ou «en ce qui
concerne».

[234] «A peine autant que de portes à Thèbes ou d'embouchures du Nil opulent»
(trad. M. Lagarrigue; ce dernier n'a pas trouvé l'auteur de ces vers et il précise que les portes de Thèbes d'Egypte - «ville aux 100 portes» - et ce delta
étaient célèbres et considérés comme des merveilles).

mais enfin, j'en ai trouvés, et de meilleurs que moy. Si c'est cela qu'on me veüille faire tourner à deshonneur, j'en feray ma couronne, et n'auray point de honte d'être amy des amis de Dieu, fussent-ils sur le gibet, et dûssé-je y aller avec eux. Je ne veux pas prévenir un reproche que peut-étre il pense me faire de certaine particularité, qui est la meilleure et la plus desinteressée de toutes les choses que j'aye faites et pû faire de ma vie pour l'amour de Dieu[235]. Je sçay que cela ne plaist pas à des gens du monde, qui sont aveugles dans les choses d'enhaut, mais si je voulois en faire l'apologie, on diroit que je cherche hors de propos à parler de moy et à me rendre recommandable. Il me doit suffir qu'on sçache que, soit que je parle, soit que je me taise, je ne crains point les menasses de Mr. J.

XXXVII. *On ne le craint du côté de la doctrine*

Mais peut-étre qu'il prétend changer de méthode et laisser les personnes pour s'en prendre à leur doctrine et à <p. 266> leurs raisons. Si cela est, nous aurons encore du répit: car il luy faudra premiérement aprendre quels sont nos véritables sentimens, afin de ne plus nous en attribuer de faux, comme il a fait, et, pour cela, il luy faudra du temps avant que d'avoir leu et compris les principaux ouvrages de Mlle. B. aussi bien que mon Systéme, qui les explique methodiquement et qui en ôte les difficultés. Aprés cela, s'il est bien avisé, il en demeurera là, de peur qu'entre ces gens d'*esprit malade et gâté* il ne rencontre par hazard une épée un peu mieux *fourbie* ou de meilleure trempe qu'il ne se seroit imaginé. Il croit avoir fait vaillance du passé, agissant contre des personnes qui, étant aussi partiales que luy, s'étoient, aussi bien que luy, fait une affaire de deffendre chacun le bien et le mal de son party; d'où vient que, selon qu'ils s'en prénent par hazard au bien ou au mal, tantôt ils succombent (quoi qu'ils le dissimulent), et tantot ils font un petit triomphe. Mais il ne sçait pas

---

[235] Il s'agit sans doute du fait d'avoir tout quitté pour devenir disciple d'Antoinette Bourignon.

encore ce que c'est que de s'en prendre à la verité toute pure et
hors de toute partialité. Il y est tout neuf. C'est un païs dont la
carte luy étant inconnue, il ne peut prévoir de quel costé il sera
attaqué et battu. Il feroit mieux peut-être de laisser cette avanture
à quelques autres: car il y en a assez à qui il démange de se faire
frotter. Il y a un an qu'un des Journalistes de Leipsic[236], ayant
voulu se mettre *gratis* sur les rangs d'aggresseur, fut un peu mor-
tifié par un <p. 267> petit écrit (*a*)[237] qui ne convainquit un de ses
articles de 8 pages que de plus de 40 faussetés; comme ce n'étoit
pas encore autant que M. J., qui en a avancé plus de 20 en deux
pages *in quarto*[238], il semble qu'il n'en ait pas été content. C'est
pourquoi il vient de publier fraichement en latin, sur le meme
sujet, un gros volume (*b*)[239] qui n'est qu'un tissu continuel de
vieilles et de nouvelles calomnies, de sophismes frauduleux et
d'injures, si emportées et si grossières que cela nous vaut plus de
vingt apologies en forme, n'y ayant personne entre les honnestes
gens et les personnes sensées qui puissent manquer d'avoir de
l'horreur pour des extravagances si énormes, quoique peut-être
il se puisse encore trouver des cœurs assez gâtez et des esprits
assez mal-conditionnés pour vouloir se faire de la féte sans en
étre priés. Pour moy, j'estime qu'il sera nécessaire d'en étriller
une bonne fois comme il faut un ou deux des plus mutins, pour
exemple à tous les autres, et pour rallentir les plus échauffés,
aprés qu'ils auront une fois bien compris ce qu'il y a là à gaigner
pour eux si longtemps qu'ils agiront ainsi. N'est-ce pas une
chose étrange que ces Messieurs, ne voulant pas nous laisser en
paix, veulent faire accroire au monde qu'ils nous combattent, en

---

[236] Il s'agit de Veit Ludwig von Seckendorf (1626-1692), qui, dans son pério-
dique littéraire *Acta Eruditorum Lipsiensia,* de janvier 1686, avait attaqué A.
Bourignon.

[237] En marge, la référence au petit livre écrit par Poiret pour la défendre: «*Monitum ad Acta Erudit. Lipsiensia* anni 1686.» En 1687, Seckendorf publiera
une *Defensio* contre le *Monitum* (*infra*, n. 239).

[238] Dans sa mise en garde des *Lettres Pastorales,* reproduite dans cet ouvrage.

[239] En marge, la référence de la riposte écrite par von Seckendorf contre le
Monitum de Poiret: «*Defensio Relationis Lipsiensis de Antonia Burigno-
nia.*» Elle a 160 pages, le *Monitum* en avait 16!

nous attribuant des autres sentimens que les nôtres? S'ils veulent nous attaquer, au moins qu'ils nous attribuent des sentimens qui soient à nous; autrement, ils ne font que travailler à leur propre confusion et ils se verront <p. 268> infailliblement battus par la seule découverte et négation des opinions qu'ils nous imputent en mentant, comme vient de faire encore nostre nouveau et malin calomniateur de Leipsic, dont la principale machine est la resolution opiniatrée et desesperée de nous imputer, contre nos sentimens interieurs, contre nos paroles, nos protestations, nos explications, nos sermens mémes s'il est necessaire, la negation de la Ste. Trinité, de la divinité, du merite et de la satisfaction de J. Christ, et en un mot (a)[240]: *d'avoir des herésies et des sentimens pires que les Sociniens*[241], *que Servet*[242] *et que Vaninus*[243] *méme*; parce que ce menteur et ce turbulent sophiste croit avoir asséz de méchante adresse pour y détorquer[244] par ses glosses, par ses explications et ses conséquences malignes quelques passages ou obscurs ou tronqués de nos écrits, sans vouloir écouter mille autres declarations contraires, claires et sans equivoques, que nous avons fait, faisons et ferons encore contre des calomnies si afreuses et contre une maniére si cruelle et si hors d'exemple de criminaliser des innocens.

Ce n'est pas que j'aye dessein de multiplier les repliques à l'infiny à mesure qu'il se présentera de nouveaus assaillans ou de nouvelles calomnies[245], qui peut-étre ne s'épuiseront jamais:

---

[240]   En marge, les références au texte de la riposte de von Seckendorf: «*Def. Relat. Lips.*, pag. 104, 105.»

[241]   Hérétiques qui nient la Trinité; ils tirent leurs nom des deux Socin ou Sozzini, d'origine italienne. Cf. *supra*, p. 60, n. 3.

[242]   Michel Servet (1509-1553), philosophe, médecin et théologien, brûlé vif à Genève, pour ses positions de rejet de la Trinité, que Calvin ainsi que d'autres réformateurs jugeaient blasphématoires.

[243]   L. Vanini (1585-1619), philosophe italien, condamné à mort, brûlé vif à Toulouse pour athéisme.

[244]   Signifie «détourner de son vrai sens».

[245]   La liste des répliques du défenseur d'A. Bourignon est cependant fort longue et sera encore complétée après 1687, par des réponses à Pierre Bayle et à J.W. Jaeger (*Examen Theologiae novae*).

car vous diriez que l'ennemy de la verité[246] prend singuliérement à cœur d'inciter le monde à nous calomnier de bouche et par écrit. On a déja publié dix ou <p. 269> douze libelles contre nous à ce dessein, un des Trembleurs[247], trois d'Altena, un des Labadistes, trois ou quatre de Holstein[248], deux de Leipsic, et la pasquinade de M. J., sans rien dire des coups de dents que nous donnent en passant dans des imprimés quelques menus imposteurs: Et que ne fera-t'on pas encore? Et quand aurois-je fait de répondre à tous? Le Diable, qui ne se lasse jamais de faire calomnier, me susciteroit par ce moyen-là assez de besoigne pour tout le temps de ma vie, afin de détourner mon ame de la recherche et de l'application unique que nous devons à Dieu. Certes je ne répondrois pas méme une seule fois, s'il ne s'agissoit que de la cause des créatures. Mais, étant question de celle de la vérité salutaire, dont une infinité de bonnes ames profiteroient, si elles n'en étoient détournées par les calomnies afreuses et universelles des méchans et des faus-zélés, je crois qu'il y auroit du péché à se taire tout à fait et à ne pas decouvrir une fois ou deux la source de tant d'opositions et de médisances, y oposant une declaration générale des vérités qu'on professe et des erreurs qu'on desavoüe, protestant contre tout ce qu'on nous pourroit imputer de different comme contre autant d'impudens mensonges de quelques esprits contentieus et malins. Cela fait, aboyera ensuite qui voudra, et y ajoûtera foy quiconque aura envie d'étre séduit et trompé.

---

[246] Cette périphrase désigne évidemment le Diable.

[247] Il s'agit des Quakers. Benjamin Furly avait publié un pamphlet néerlandais contre elle: *Anthoinette Bourignon ontdeckt...* Amsterdam,1671. Elle répondit par son *Avertissement contre les Trembleurs.*

[248] Les pamphlets d'Altona sont du réformé Johann Berckendal (dont *Wahre Abbildung Ant. Bourignon,* 1672), ceux des Labadistes, écrits par Pierre Yvon (dont *Kurtzer Begriff...,* 1673), ceux du Sleswig-Holstein sont du luthérien Georg Heinrich Burckard et de Wolfgang Ouw, 1673 à 1675...

Injures vagues ou outrées

Je ne m'aréteray pas beaucoup à leurs <p. 270> injures vagues.
Je m'imagine que depuis qu'on aura vû la *Préface Apologé-tique*[249], qui est mise au devant de la Vie de Mlle. B., nul homme
d'honneur ne sera si hardi que d'imiter nôtre aggresseur de Leip-
sic, non plus qu'un imposteur de Magister Burcardus, ecclesiastique de Sleesviq, qui l'avoit diaboliquement noircie dans deux
libelles qu'il a publiés contr'elle, de ces horribles calomnies, de
nier la Ste. Trinité, la divinité de Jesus Christ, ses mérites, sa
satisfaction, la redemption, la Parole de Dieu, les sacremens,
l'Eglise, l'envoy du S. Esprit aus Apostres, de haïr toutes sortes
d'états et de desirer leur ruïne, avec une infinité des plus exé-
crables abominations que l'Enfer soit capable d'inventer. Ce qui
a été cause que cette sainte et innocente créature a été si furieu-
sement persécutée le reste de sa vie, qu'aprés s'être vûe
dépoüillée de la plus-part de ses biens et reduite à fuïr comme
une pauvre beste de place en place, à peine pouvoit-elle trouver
un lieu exempt de persécutions où elle pust reposer sa téte[250].

Injures de visionnaire

Je crois, dis-je, que desormais peu de personnes seront
capables de s'abandonner à la calomnie jusqu'à tels excés; et
pour les injures vagues d'étre *visionnaire*, et semblables, on les
fera facilement disparoitre, en déclarant que Mad[lle]. B. et ses
amis ne sont pas des personnes à avancer des choses hors de
vray-semblance et à les soûtenir avec opiniatreté et sans vouloir
écouter raison, <p. 271> ce qui est le caractére d'un *visionnaire* au
sens d'aujourd huy. Mais ce sont des personnes qui avancent des
choses bien sensées et tres bien liées, quoique peu pensées jusqu'ici, et qui les démonstrent trés-bien, tant par de trés-bonnes

---

[249] Rédigée par Poiret (229 p.), elle figure dans le premier volume des *Œuvres*
d'A. Bourignon.

[250] En effet, elle était encore en fuite, lorsqu'elle mourut à Franeker en octobre
1680.

raisons que par des passages des divines Ecritures[251], qui écou-
tent les raisons contraires et qui y satisfont, ou sont prets à s'y
rendre si elles sont meilleures que les leurs. Sont-ce-là, à vostre
avis, des caractéres de visionnaires? Que l'on me propose par
maniére d'essay deux ou trois de ces sortes de sentimens qu'on
nous impute à visions (pourvû que ce soient nos véritables sentimens), je m'offre à y satisfaire de la sorte, ou à me rendre à de
meilleures informations. Que veut-on desirer d'avantage? et
n'ay-je pas donné dans mes ouvrages imprimés assez de preuves
de ma sincérité en semblables cas, ayant réjetté et desaprouvé
dans les derniers beaucoup de pensées de mes premiers[252], pour
en embrasser d'autres lors qu'elles m'ont paru meilleures?

XXXVIII. *Grande source des oppositions et des calomnies des*
malveillans. Plusieurs moyens invincibles pour les
confondre

La grande ressource des oppositions qu'on prétendra nous
faire (et peut être que M. J. y a quelque égard) sera de déchirer et
d'amasser ensuite quantité de lambeaux des écrits de Mlle. Bourignon, qui, étant détachez de leur sujet ou peut être un peu obscurs, seront susceptibles de tous les mauvais sens qu'il leur
plaira de leur donner, et dont ils tireront autant de conséquences
fausses et absurdes que leur malignité le trouvera à propos. Si
c'est-là leur <p. 272> fort (et c'est il[253], en effet), je leur feray bien-
tost voir vingt ou trente batteries[254] pour l'abymer de loin, sans

---

[251] C'est très souvent à quoi s'attache Poiret, soit en marge des ouvrages d'A.
Bourignon qu'il édite, soit dans son *Œconomie Divine*, quand il se fait le
porte parole d'idées qui feront l'objet de critiques.

[252] C'est le cas dans la seconde édition (1685) des *Cogitationes Rationales,* où
Poiret contredit parfois ce que la première édition (1677) avait affirmé, par
exemple sur la liberté, l'occasionalisme etc.

[253] «c'est il», au sens de «ce l'est» ou «c'est le cas».

[254] Batteries d'artillerie pour tirer sur leur forteresse.

qu'il soit besoin de combattre de main à main, ni d'entrer dans le détail de toute leur chicanne.

Je leur feray voir, que selon leur belle méthode il n'y a ni hérésies ni impiétés qu'on ne puisse tirer de la sorte des divines Ecritures. Ce qui devroit les couvrir de confusion éternelle.

Je leur montreray, que les Péres les plus saints et les plus anciens, un S. Clément, un S. Barnabé, un Hermas, un S. Ignace, un S. Justin, un Origene, et toute l'Antiquité, qui étoit divisée sur ses livres à s'excommunier quasi les uns les autres, que des Lactances[255], des Ss. Cypriens, Athanases, Hilaires, Jéromes, Augustins, et que ne diray-je pas, ont dit, écrit, soûtenu, des choses qui, prises à la rigueur, pour ne pas dire au mauvais sens qu'on pourroit leur donner, et considerées avec les conséquences que des esprits hargneux en pourroient tirer, ne pourroient servir qu'à transformer la plus sainte et la plus pure antiquité du Christianisme en un corps monstrueux, ridicule, paradoxe, visionnaire et fourmillant de toutes les erreurs les plus bourrues du monde.

Je leur opposeray, que les Conciles qu'ils tiennent pour les plus sacrés, ne pourront étre à couvert des reproches d'erreurs, de folie, et d'hérésies meme, si leur l'<sic> impertinente chicanne devoit avoir lieu. Et cela <p. 273> est si vray que, lors que les plus saints ont voulu essayer tant soit peu cette maniére de proceder, ils se sont (méme Conciles contre Conciles) emportés, diffamés, mordus, déchirés et anathématisés les uns les autres, sans qu'on sçust à quoi s'en tenir.

Je leur montreray que les plus grands docteurs modernes et les plus sçavans, à y procéder par lambeaux, par interprétations à la rigueur ou malignes et par conséquences, n'ont point fait d'ouvrage qui ne soit sujet à de plus atroces accusations que celles de nos calomniateurs.

Je les feray souvenir de cent et cent volumes que Catholiques, Luthériens, Calvinistes ont écrits les uns contre les autres, tant pour s'ajuster en beaux garçons, en fous, en enragés, en hérétiques, en Turcs, en athées, par cette sorte de voye, que pour

---

[255] (Sic). A cause du pluriel de généralisation, tous ces noms propres sont suivis d'un s.

se deffendre mutuellement des medisances, des calomnies, des tords que chacun disoit avoir reçu de ses antagonistes sur des doctrines et des passages de leurs autheurs mal-entendus. Et la voye que chacun a tenté de s'ouvrir pour sortir de ce labyrinthe, ce sera la défense dont nous aurons de besoin.

Je diray qu'entre les Réformés, les plus celébres de leurs docteurs, et Calvin méme, n'ont pû écrire d'une maniére assez hors d'atteinte pour empécher qu'on ne tirast de leurs écrits des passages et des conséquences qu'on a fait aller à l'athéisme, au turcisme[256], à mille blasfémes, à <p. 274> faire Dieu autheur du péché, cruel et méchant[257], à faire desespérer Jesus Christ et méme à le damner; et que leurs propres fréres Luthériens leur sont autheurs de quantité de semblables traitemens, dont on ne se peut defendre qu'en me donnant des armes pour terasser les calomniateurs de Mad[lle]. B., laquelle on n'oseroit attaquer de si haut.

Je remonstreray aus Lutheriens que leurs antagonistes ont cité, expliqué, conclu, je ne sçay combien de fois, de leurs écrits qu'ils étoient des Eutychiens[258] et des destructeurs de l'humanité de Jesus Christ, et qu'entr'eux ils se sont mordus et mangés sur l'ubiquité[259]. et sur la tolérance des Réformés, jusqu'à s'en déclarer hérétiques irreconciliables les uns des autres. Que ne pourrois-je pas dire sur le sujet du livre *de Servo arbitrio* de Luther, ou sur le sujet de la necessité des bonnes œuvres[260], contre lesquelles ils ont composé des livres tout-exprés en prose et en vers latins que j'ay vûs et lûs de mes propres yeux? Ils ont là-dessus leurs excuses, leurs exceptions, l'explication de leur but, qu'ils

---

[256] C'est-à-dire à la religion des Turcs, l'Islam.

[257] C'est l'accusation classique de ceux qui rejettent la double prédestination calviniste.

[258] Du nom d'Eutychès (env. 378-454). Il combattit Nestorius et professa l'hérésie monophysite, qui croit que le Christ n'a qu'une seule nature, la nature divine.

[259] Célèbre question posée par la foi des luthériens en la présence corporelle du Christ dans l'eucharistie: son corps est-il doté d'ubiquité?

[260] Les thèses luthériennes classiques (de la volonté esclave du péché et de la nécessité des bonnes œuvres, non pas pour le salut mais en conséquence de la justification) étaient controversées.

l'ont dit à tel et à tel égard, et en tel et tel sens. Passe tout cela.
Mais comment ose-t'on, aprés ces choses, prendre la liberté de
nous attaquer par une voye qui, si elle étoit valable, prouveroit en
forme qu'eux mémes sont des ennemis de Dieu et de sa sainteté?

Je leur produiray les Confessions de foy et les Catéchismes
de presque toutes les Eglises, <p. 275> de quoi l'on pourroit tirer
par la méme voye, des accusations les plus atroces du monde.

Si M. J. veut tenter cette voye contre nous, je n'auray pas
besoin d'autre contre-poison que de quatre volumes qu'il a écrits
contre le P. Maimbourg[261], de cinq ou six contre M. Arnaud[262] et
autant d'autres, à peu prés, que ces Messieurs ont écrit contre
luy, où ils se plaignent éternellement de la mauvaise foy, des
tronquations infidéles, des interprétations violentes, des conséquences injustes, des imputations de sentimens à faux, qu'ils se
font les uns les autres, au méme temps qu'ils préscrivent de

---

[261] *Traité de la puissance de l'Eglise,* Quévilly, 1677 (écrit à la suite de la paru-
tion du *Traité de la vraie Eglise de Jésus Christ...,* de Louis Maimbourg,
1671); *Histoire du Calvinisme et celle du Papisme mises en parallèle ou
Apologie pour les Réformateurs, pour la Reforme et pour les Réformés, divisée en quatre Parties, contre un libelle intitulé Histoire du Calvinisme par
Mr. Maimbourg...,* Rotterdam, R. Leers, 1683, en deux vol.; puis: *Histoire
véritable du Calvinisme ou Mémoires historiques touchant la Réformation,
opposés à l'Histoire du calvinisme de Mr. Maimbourg,* Amsterdam, 1683.

[262] On peut citer: *Apologie pour la morale des Réformez. Défense de leur doctrine... Pour réponse au livre de Mr. Arnaud intitulé Le renversement de la
morale de Jesus Christ par la doctrine des Calvinistes touchant la justification,* Quevilly, 1675; dans *Justification de la morale des Reformés contre les
accusations de Mr. Arnaud,* La Haye, 1685, en 2 vol., le premier volume
réédite l'*Apologie* de 1675, le second est inédit; *Le Janséniste convaincu de
vaine sophisterie ou examen des Réflexions de Mr. Arnaud sur le Préservatif contre le changement de religion* (La Haye, 1682, qui était de Jurieu
contre Bossuet); *L'esprit de Monsieur Arnaud, tiré de sa conduite et des
écrits de lui et de ses disciples, particulièrement de L'Apologie pour les
Catholiques,* Deventer, 1684, 2 vol. Poiret associe peut-être à cette liste une
œuvre écrite plutôt contre P. Nicole (qui avait publié *Préjugés légitimes
contre le Calvinisme*): *Préjugés légitimes contre le papisme,...où l'on considère l'Eglise Romaine dans tous ses dehors et où l'on fait voir... qu'elle ne
peut être la veritable Eglise à l'exclusion de toutes les autres, comme elle
prétend,* Amsterdam, H. Desbordes, 1685.

belles regles de moderation (*)[263], de ne pas interpréter les mots
à la rigueur, de donner un bon sens à une chose obscure qui est
susceptible d'un bon et d'un mauvais, et de ne point s'attribuer
les conséquences, quoique naturelles et nécessaires, lorsqu'ils
les desavoüent. Je n'auray pas besoin de la vintiéme partie de
leurs refléxions et adoucissemens pour défendre Mlle. B.

M. J. se souviendra aussi d'étre tombé d'accord, dans son
Jugement sur les Méthodes de la Providence[264], que ses sentimens et ceux des autres sont tels, qu'il est impossible à l'esprit
humain de les accorder avec la haine souveraine que Dieu a
contre le péché, et je luy prouveray par des conséquences trés-
naturelles qu'il fait Dieu amateur du péché. Je sçay qu'il a en
abomination cette conséquence, et Dieu me garde de la ⟨p. 276⟩
luy attribuer, mais je soûtiens que c'est une conséquence naturelle, nécessaire et infaillible de son systéme. S'il me trouve une
telle épine dans tous les ouvrages de Mlle. B. ou dans les miens,
erit mihi magnus Apollo[265] Cependant quand il en trouveroit, sur
tout dans des choses problématiques, encore devroit-il avoir
l'équité de ne nous les pas imputer et d'attendre ou de recevoir
sur cela nos adoucissemens ou nos éclaircissemens.

J'en pourrois faire de méme à nôtre aggresseur de Leipsic
qui, ayant écrit, à ce qu'on dit, contre *l'Histoire du Luthéranisme*
du P. Maimbourg[266], auroit le divertissement de se voir

---

263 En marge, l'indication: «Voyez aussi les 3. ou 4. derniers ch. du *Jugem. sur
les Meth. de M. J.*» Le titre de l'œuvre à laquelle Poiret fait référence est cité
à la note suivante: n. 264.

264 Pierre Jurieu, *Jugement sur les méthodes rigides et relachées d'expliquer la
Providence et la Grace, pour trouver un moyen de reconciliation entre les
Protestans qui suivent la Confession d'Ausbourg et les Reformés*, Rotter-
dam, 1686.

265 «je le tiendrai pour un grand Apollon».

266 Ce on-dit n'est pas exact, au moins dans la revue *Acta eruditorum* que rédi-
geait le philosophe Veit Ludwig von Seckendorf. En mars, septembre et
novembre 1683, ce dernier y insère des articles consacrés à l'*Histoire du
Calvinisme* de Louis Maimbourg et il déclare (art. de mars, p. 90, dans la
seconde éd.) qu'il n'a pas commenté l'*Histoire du Luthéranisme* qui avait
paru en 1680, et 2e éd. en1681, c'est-à-dire avant la publication des premiers
numéros des *Acta Eruditorum* (1682). C'est plus tard que von Seckendorf

confondre par les propres armes dont il s'est servy contre ce Pére.

Je les rappelleray à l'équité de l'Inquisition méme, qui a étably pour régle que, quand un autheur parle obscurément dans un lieu et clairement dans un autre, il faut donner au passage obscur le sens de celuy qui est clair.

Je leur représenteray que tous gens de bien et d'esprit tombent d'accord qu'il faut lire les ouvrages des personnes sans étude avec beaucoup d'indulgence et de tolérance, comme ayant à faire à des personnes qui ignorent et les régles et les termes des escrivains sçavans, et les difficultés qu'ils font sur certaines matiéres[267] de parler qui, quoi que capables de bon sens, ont néanmoins été condamnées à cause des abus et des grandes erreurs que d'autres ont voulu <p. 277> cacher sous elles; ce qui, étant ignoré par ceux qui n'ont pas étudié, il peut arriver qu'ils se servent de quelques locutions suspectes ou condamnées, pour exprimer les meilleurs sentimens du monde, et avec une intention toute innocente et toute droite.

Je leur demanderay s'ils veulent prétendre qu'une fille, qui n'a jamais étudié, qui ne sçait rien de la méthode ni de la précisité[268] des termes des Ecoles, qui a écrit, non pour faire raisonner ni discourir les sçavans, mais pour faire aimer Dieu aus personnes simples et indoctes, ait dû écrire d'une maniére qui soit hors d'atteinte aus chicanneurs qui voudront déchirer ses écrits en lambeaux pour en tirer de mauvais sens et de mauvaises conséquences; pendant que nuls sçavans, nuls saints, nul homme vivant n'a jamais peu éviter cela, ni empécher qu'on ne pûst tirer du mal de ses écrits les plus exactement limés?

Je leur feray voir que, s'il y a des passages dans ses écrits qui soient susceptibles d'un mauvais sens, les mémes passages sont

---

écrivit:*Commentarius historicus et apologticus de Lutheranismo... in quo ex Ludovici Maimburgi... Historia Lutheranismi... latine versa exhibetur, corrigitur et suppletur...*, Francfort et Leipzig, 1688.

[267]   Ne faudrait-il pas plutôt lire «manières»?

[268]   Ce mot (invention ou erreur de Poiret?) ne se trouve dans aucun des dictionnaires du XVIIe siècle, nous avons vérifié dans Furetière, Richelet et Cotgrave.

aussi susceptibles d'un trés-bon sens, et qu'il n'y a que la malignité qui fasse choisir ou inventer le mauvais, au lieu que la charité veut qu'on choisisse le bon.

Je leur montreray dans les mémes écrits, pour un passage obscur ou ambigu, vingt, trente, cent passages clairs et directement opposés au mauvais sens que la malignité veut donner, et qui marquent indisputablement le bon.<p. 278>

Je leur représenteray que tout ou presque tout ce dont il s'agira, ne seront que des choses problématiques, qu'on ne recommande nullement comme nécessaires, qu'on peut laisser-là, et sur quoi on peut avoir de bonne foy vint opinions différentes, sans péril pour la gloire de Dieu et pour le salut de l'ame.

XXXIX. PROTESTATION *contre les calomniateurs*

Que si tout cela n'est pas encore assez, je feray et fais dés à present cette PROTESTATION devant Dieu et devant tous les hommes, assavoir:

«Que Mad^{lle}. BOURIGNON, ses amis et moy, n'avons jamais eu, n'avons encore, et n'aurons desormais, moyennant la grace de Dieu, d'autres sentimens ni d'autres desseins que de croire et de vivre en véritables chrétiens, faisant profession de bouche et par effet de tout ce qui est fondamental au véritable Christianisme et qui est compris dans le Symboles des Apôtres.

«Que nous reconnoissons pour divines et pour infaillibles les Stes. Ecritures du Vieil et du Nouveau Testament, et rejettons tout ce qui leur est contraire.

«Que nous croyons et adorons l'adorable et l'incompréhensible Trinité, le Pére, le Verbe ou le Fils et le S. Esprit, Dieu Trin-et un, bény éternellement, duquel les distinctions intérieures (de quelques noms qu'on les appelle: réelles, relatives, hypostatiques, personnelles, substantielles, etc.) sont aussi véritables que véritablement incompréhensibles à l'esprit humain.<p. 279>

«Que nous tenons Jesus Christ pour vray Dieu éternel et pour vray Homme, pour Sauveur et Redempteur du monde, pour Mediateur entre Dieu et les hommes, lequel par ses mérites, par sa satisfaction, par sa justice, par sa vie et par sa mort, est autheur du salut à tous ceux qui l'imitent ou, pour parler avec l'Apôtre, à tous ceux qui luy obeïssent.

«Que nous attribuons la gloire de tout le bien à la pure grace de Dieu et tout le mal à la pure faute de l'homme et du Diable.

«Que nous faisons consister l'essentiel et la perfection du vray Christianisme dans le renoncement à soy, dans la priére continuelle, dans l'amour de Dieu et du prochain, et dans l'imitation du Sauveur.

«Que toutes les autres spéculations, nous les considérons comme accessoires; sur quoi il est bon de ne condamner personne, mais de laisser à chacun la liberté de les prendre ou de les laisser, selon qu'elles leur peuvent servir pour l'avancement de l'essentiel.

«Que la véritable clef pour parvenir à la connoissance des choses divines, est l'humilité et la priére, et non pas les spéculations de la Raison humaine.

«Que tous les états, l'Ecclesiastique, le Politique, l'Œconomique, sont établis de Dieu, et qu'on leur doit à chacun respectivement l'honneur et la soumission qui leur sont proportionnés et réglés par la parole de Dieu.<p. 280>

«Que, quand on réprend le mal, cela ne touche ni les états directement ni les gens de bien qui s'en trouvent exempts, mais les seuls abus et la mauvaise conduite des méchans.

«Que, si dans les écrits de Mlle. B. ou de ses amis il y a quelque chose d'obscur, ou qui paroisse contraire à ce qu'on vient de dire, on s'offre à l'éclaircir et à l'y faire revenir, ou à le détester, en cas qu'on puisse montrer que cela ne se puisse expliquer en bien, et que ce ne soit pas une méprise de mots.

«L'on proteste contre tout ce qu'on pourroit nous citer de ses écrits, ou objecter par maniére de conséquence contre ce que je viens de dire, comme contre autant de détroncations honteuses, d'interprétations malignes, de frauduleuses calomnies, de conséquences injurieuses, dont Dieu nous fera justice si les hommes ne nous sont pas équitables.

«Je proteste encore contre tous ceux qui veulent se méler de juger en mal de ce qui concerne Madlle. Bourignon, ses amis, ou moy, sans que néanmoins ils ayent leu les principaux de ses écrits ou mon Systéme[269], comme contre des juges iniques et des insensés, à tout le moins comme contre des personnes trés-inconsidérées et trés indignes de foy. Enfin, je crois que j'ay droit d'exiger du public, que des personnes qu'on aura convaincu de nous imputer cent faussetés, et d'autres qui les auront crû sans façon, ne soient plus admis les uns à la qualité <p. 281> d'accusateurs, et les autres à celle de juges, mais recusés, les uns comme des imposteurs notoires, et les autres comme de francs étourdis.»

XL.

Peut-on souhaitter quelque chose de plus? Si Dieu donne le temps à quelques-uns, l'on fera une *Table* ou un *Indice general* sur tous les ouvrages de Mlle. Bourignon, d'où il paroitra en un clin d'œil: 1.) quels sont ses véritables sentimens sur toutes sortes de matieres; 2.) quels sont les lieux obscurs là dessus; 3.) quelles sont les objections qu'on luy a faites; 4.) et comment elle s'en est justifiée de son vivant dans ses écrits. Aprés cela, fasse tempéter le Diable qui il luy plaira, je n'y sache plus de remede que de le laisser faire en souffrant et en se taisant; aussi bien, faut-il que le Fils de Dieu soit encore une fois accusé, calomnié, condamné, moqué et crucifié spirituellement, en sa vérité et en ses membres, par les Pharisiens et par les docteurs dans la Sodome et l'Egypte[270] de ce monde méchant.

N'est-ce pas (pour m'addresser non à M. J. mais à nos persé-cuteurs et à nos calomniateurs habituels et endurcis[271] qui, non-

---

[269] Poiret s'irrite toujours contre ceux qui jugent sans avoir lu (cf.visite de Gott-lieb Stolle chez lui en 1703, récit rapporté dans Max Wieser, *Peter Poiret, der Vater der romanischen Mystik*, Munich, 1932).

[270] On est surpris que ces lieux-là soient évoqués, car Poiret se référait à la Pas-sion du Christ.

[271] Ici, Poiret pense probablement surtout au clergé luthérien d'Allemagne du Nord, mais sans que nous sachions à quelles accusations récentes il fait allu-sion, peut-être celles deV. L. von Seckendorf.

obstant toutes sortes de remonstrances, continuent toûjours leur
vieu <sic> train), n'est-ce pas une chose cruelle et à faire frémir,
qu'une poignée de gens de bien ne puissent vivre en repos sur la
terre sans y étre persécutés et calomniés par ceux-là mémes qui
devroient les protéger, par des pasteurs et des gens qui font profession de <p. 282> spiritualité et de piété, qui nous persécutent
depuis dix à quinze ans, d'une maniére qui feroit mourir de honte
les gens du monde, s'ils en faisoient autant entre'eux? En effet,
dans le monde, des hommes de cœur creveroient de confusion de
s'attaquer à une femme, et encore plus de la vouloir battre en
traitres, par supercheries et sans sujet. Et nos gens de lettres,
d'Eglise, et d'apparence, non seulement sont assez lâches pour
attaquer une fille, méme aprés sa mort, mais, n'osant envisager
son idée ni ses armes, ils se mettent à les falsifier, à en substituer
de fausses, à luy attribuer des sentimens diaboliques qui ne sont
pas les siens; et puis, vous vont combattre cette chimére sous le
nom de cette fille, et vont publier par tout qu'elle est vaincue, et
qu'ils ont gaigné la victoire. Hommes sans cœurs, lâches persécuteurs des vivans et des morts, imposteurs ignorans et malins!
Allez, cachez vous et mourez de honte de vos infames pagnote-
ries[272] et lâchetez; et que jamais n'ayiez vous la hardiesse d'ouvrir la bouche aprés des bassesses de cette nature.

   (a)[273] Et *Toy, Seigneur, delivre nous; car les saints ont pris
fin, et les véritables ont cessé de vivre entre les fils des hommes!
L'un dit des mensonges à l'autre; leurs cœurs sont faux et leurs
langues trompeuses. Le Seigneur va retrancher les langues
trompeuses et fausses, les levres qui font grand bruit, qui disent:
Nous aurons le dessus par nos langues; qui l'emportera par dessus nous? Le Seigneur dit: A* <p. 283> *cause qu'on desole les affligés, et qu'on fait gemir les oppressés, je vay me lever et je vay*

---

[272] Signifie: «actes cachés et hypocrites»; un soldat «pagnote» est lâche, sans
       courage.
[273] En marge la référence au Ps. 12. Poiret le cite en effet en entier, en y ajoutant
       à trois ou quatre reprises, pour insister par une sorte de répétition, des quali-
       ficatifs, qu'il transcrit non pas en italiques mais en caractères romains. Il
       aime conclure ses écrits par une citation biblique.

mettre en lieu d'assurance et de salut celuy à qui l'on tend des piéges. *Les paroles et promesses du Seigneur sont des paroles pures* et veritables. *C'est un argent purifié sept fois dans le creuset. Ouy, Seigneur, tu délivreras les tiens et tu les garderas pour jamais de cette race* perverse. *Les méchans trotteront çà et là; et cependant ceux qui étoient les plus vils* et les plus méprisés *devant les hommes, seront exaltés du Seigneur.*

SECTION VI

Justification des véritables sentimens et pratiques de Mad^{lle}. Bourignon, par quelques-unes de ses propres lettres, contre les principales accusations de Mr. J.: sur la *tolérance* qu'il luy attribue *de toutes sortes de sentimens* et de *pratiques*, méme des *Sociniens*; sur la *perfection* du Christianisme, sur le *culte extérieur* et les *exercices* de piété; sur la *priére* et les *élevations* de cœur; et sur ce qu'il luy impute de vouloir établir *une Secte où tout soit bien-venu*.

<p. 284>

LETTRE I

De la TOLERANCE: *qu'elle ne doit jamais aller jusqu'à communiquer directement ou indirectement au péché. De l'essentiel et de la perfection du Christianisme, des* Religions, cultes et ceremonies, *et de leur usage.*

Cette lettre a été écrite à l'un de ses intimes, M. van de Velde[1], *et c'est la 2. de la* Lumiére née en tenebres, Part. III[2].

---

[1] Volckert van de Velde, caissier de la Maison des Indes à Amsterdam, fait partie en avril 1671 d'un groupe de quatre hommes qui signèrent un pacte se déclarant enfants spirituels d'A. Bourignon. Il lui resta fidèle: il écrivit l'un des témoignages en sa faveur, dans *Le Témoignage de vérité*; il est aussi du nombre des trois héritiers figurant sur le testament qu'elle écrivit en octobre 1679, un an avant sa mort. Voir Marthe van der Does, *Antoinette Bourignon. Sa vie (1616-1680), son œuvre*, Groningue, 1974.

[2] *La Lumiere née en tenebres* fut publiée entre 1669 et 1672, chacune des 4 parties constituant un volume in-8°. La 3e partie est de 1671. Il y eut une seconde édition (celle de Poiret) en 1684.

MONSIEUR,

1. JE sçay que vous cherchez la perfection de vôtre ame, et
que vous aspirez aprés Dieu: je sçay aussi qu'il vous a départi de
ses graces, et particulierement enseigné ses volontez en aucunes
choses[3]: mais je sçay aussi que vous n'avez pas encore reçu le[4]
Esprit qui nous doit enseigner toutes veritez[5]; vû que vous ne dis-
cernez point assez le mal d'avec le bien, et que vous aimez tout
indifféremment par une bonté naturelle, comme fit Adam, lequel
connoissoit tres-bien la consolation et le repos qu'une ame
trouve à s'entretenir avec Dieu, mais ne sçavoit point ce que
c'étoit du mal, pour ne l'avoir jamais goûté. Il étoit créé en plaisirs et delices, et conversoit en paix avec son Dieu[6], sans appre-
hender le mal qui luy pouvoit survenir en l'abandonnant pour se
plaire avec les creatures. C'est pourquoi il est si facilement
tombé en peché avant que d'avoir aperçu les <p. 285> malheurs et
miséres qu'il luy causeroit.

2. Il vous en est presque arrivé de méme, mon cher frere; car,
pendant que vous jouïssiez d'un doux entretien avec Dieu, vous
estes demeuré dans les sensualitez de la nature corrompuë, par
lesquelles vous avez insensiblement perdu l'entretien avec Dieu;
parce qu'aussitôt qu'il voit l'homme se plaire en autre chose
qu'en luy, il se retire peu à peu, et laisse l'ame vivre à elle méme,
qui se precipite souvent en plusieurs maux; parce que nôtre
propre volonté engendre la mort, depuis qu'elle a esté corrompuë par le peché.

---

3   «aucunes choses», au sens du XVIe siècle: «certaines choses».

4   Peut-être manque-t-il ici le mot «Saint», ou l'abréviation courante «S.».

5   Allusion à Jean 16, 13: «lorsque viendra l'Esprit de vérité, il vous fera accé-
     der à la vérité tout entière, car il ne parlera pas de son propre chef...»

6   Les deux premiers chapitres de la Genèse, avant la chute, ne font pas men-
     tion de conversation entre l'homme et Dieu. Dieu parle. L'homme donne des
     noms aux animaux, puis reconnaît sa femme.

3. Vous avés aimé le bien, et l'aimez encore; mais vous n'avez point assez haï le mal, pour ne l'avoir point assez connu, vous persuadant que vous faisiez assez de le supporter és autres, sans apercevoir, que nous pouvons pecher en autruy en neuf maniéres: La premiére, en y *consentant*, 2) en le *conseillant*, 3) en le *tolerant*, 4) en *l'aidant*, 5) en *defendant* le mal, 6) en le *commandant*, 7) en y *participant*, 8) en *ne l'empechant*, quand il est à nôtre pouvoir, 9) ou en le *celant* à celuy qui l'empécheroit.

4. Toutes ces choses ne sont point assez considérées, et fort facilement l'on y tombe sans l'apercevoir. Encore bien qu'on desire de plaire à Dieu, le Diable nous surprend souvent par des péchez hors de nous, lorsqu'il voit qu'il ne les peut faire commettre en nous; parce qu'il a autant de pouvoir sur nos ames par les pechez que nous commettons <p. 285> en autruy, comme par ceux que nous commettons en nous-mémes, puis qu'ils nous seront également imputez; et si je ne vous en avertissois point, vous pourriez y tomber facilement sans l'apercevoir.

Par exemple, vous conversez avec des personnes avares, superbes, ou entachées d'aucuns autres pechez; elles vous sont soûmises ou inférieures, comme sont vos femmes, vos enfans, vos valets ou servantes, ou quelques mercénaires qui vous servent, ou sur qui que ce soit où vous avez du pouvoir; cependant, crainte de leur déplaire ou de perdre leur amitié, vous consentez que des pechez s'y commettent, n'y osant ou n'y voulant contredire. Tous ces pechez qui se commettent par vôtre *consentement*, vous seront asseurement imputez comme si vous les aviez commis vous-méme; pour *conseiller* à mal-faire, cela ne vous arrivera point aussi-long-temps que vous craindrez Dieu; mais pour le *tolerer* en autruy, je doute que ne le fassiés aucunes fois[7], pour n'avoir assez de haine du peché, comme lors que vous voyez qu'une personne vous trompe en vendant ou en travaillant pour vous, et que cependant vous continuez à l'employer ou à acheter de luy, c'est *tolerer* assurément *le mal* qu'il fait.

---

[7]   Au sens de «quelquefois», voir note 3. La langue d'A. Bourignon est souvent archaïque.

5. Il vaudroit mieux demeurer en necessité en ne point achetant ou employant ceux qui vendent ou travaillent par avarice,
fraude, ou tromperies: car l'ame est plus précieuse que le corps,
lequel doit plûtôt souffrir <p. 287> ses necessitez, que de les prendre
au préjudice de son ame, qui se soüille assurément en tolérant le
peché d'autruy, et encore plus en *aidant* ou defendant le mal;
comme, celuy qui donneroit des biens à un avare, superbe, ou
glouton, paresseux ou yvrogne, il l'aideroit à poursuivre en ces
pechez, et à en perpetrer davantage avec les dons ou assistances
qu'on luy feroit; et si on veut *deffendre* ou excuser le mal d'autruy, on se rend aussi coulpable du méme, lequel on ne doit jamais
excuser ou soûtenir, craignant que cette defence ne soûtienne le
malfaiteur en ses pechez, pour lesquels commettre[8] nôtre nature
corrompuë n'a besoin de soûtien ou de defense; et celuy qui le
fait, se rend participant du mal d'autruy, encore bien qu'on die[9]
communément, *qu'il faut excuser les pechez d'autruy et assister
les pecheurs*; c'est une fausse théologie, bien prejudiciable aux
justes, qui sont souvent trompez du mal, faute de le connoître.

6. Pour *commander* de mal-faire, vous n'estes point aussi
dans ce peril aussi-long-temps que vous craindrez Dieu; non plus
que vous ne voudrez jamais *participer* au peché manifeste,
comme au larcin; car Dieu vous a delivré de l'avarice, par sa
grace. Il faut pourtant bien prendre garde d'*empécher le mal*,
lorsqu'il est en vôtre pouvoir, autrement cette omission vous
feroit participer au peché de ceux qui le commettent; de méme,
lors que vous ne le *declareriez* à ceux qui l'empécheroient. Tous
ces pechez, ou partie <p. 288> d'eux se peuvent commettre par des
gens de bien qui aspirent à la PERFECTION, signamment[10] lors
qu'ils sont de bonne nature, ils prennent tout en bien.

J'ay tombé quelquefois dans aucune de ces fautes, par trop
de bonté ou égard humain; mais Dieu m'a depuis fait connoître
clairement ces pechés qu'on peut commettre en autruy: c'est de

---

[8]   Ici, on notera une tournure du Nord, avec proposition infinitive.

[9]   «die» signifie «dise».

[10]   Signifie: «notamment», «particulièrement».

quoy je vous ay fait part, pour aymer autant vôtre perfection que la mienne par une vraye charité Chrétienne, voyant qu'aspirez à sa *perfection,* laquelle je veux aussi montrer en quoy elle consiste. Car les ténébres de ce monde sont maintenant si grandes, que les ames bien intentionnées ne sçavent point où elles marchent au regard de leur perfection, prénant souvent le faux pour le vray, et l'imparfait pour le parfait; c'est à cause qu'on a maintenant enseigné tant de divers moyens pour arriver à la *perfection*, qu'on ne sçait lequel de tous prendre pour le plus assuré.

7. *Des Religions et exercices pieux et exterieurs.*
L'un dit qu'il faut souvent aller à l'Eglise ou frequenter les sacremens; l'autre met la perfection chrétienne à s'engager dans quelque Confrairie ou Communauté de Religion[11]; les autres la mettent dans des jûnes ou macerations de corps. Toutes ces choses peuvent estre bonnes, si on en usoit bien; mais ce n'est point *la fin,* ny où consiste *la perfection;* car elles se pourroient bien faire par ceux qui n'obtiendront jamais leur salut: à cause que nulles choses extérieures ne perfectionnent l'ame, et ne la <p. 289> peuvent aussi soüiller. Ce sont seulement des moyens avec lexquels on arrive plus facilement à la vertu, ou bien on tombe plus aisément au peché.

8. Chaque ame en particulier doit prendre les moyens exterieurs qui l'incitent davantage à la vertu chrétienne, et doit aussi éviter tous les moyens exterieurs qui incitent à pecher: car il est écrit, *qui aime le peril, perira en iceluy* [12]. En sorte que celuy qui se sent si foible en la[13] chasteté qu'il n'a la force de regarder une femme sans la convoiter, n'en doit jamais regarder; et celuy qui s'enyvre en beuvant le vin, s'en doit aussi abstenir: et ainsi de toutes les autres choses; bien que d'elles-mémes elles ne soient

---

[11] - Par le terme «Religions», on veut désigner les diverses dénominations, mais surtout les ordres religieux. A. Bourignon avait décidé pour sa part de n'entrer dans aucun, y discernant un orgueil caché.
[12]   Siracide 3, 26.
[13]   Nous avons corrigé: au lieu de «en la», le typographe avait écrit «la en».

mauvaises, elles occasionnent le mal par nôtre foiblesse, comme
d'autres occasionnent le bien et la vertu à nos ames, lorsque ces
moyens de perfection engendrent en nous la perfection.

[14]Par exemple: Si vous trouvez par une experience veritable
que vous estes plus recueilli en Dieu en allant à l'Eglise, ou que
vous estes plus uny à luy en frequentant les sacremens, vous
estes obligé de prendre ces moyens et de vous en servir le plus
qu'il vous sera possible: car un chacun doit toûjours chercher sa
plus grande perfection. Mais si ces moyens n'opérent rien en
vôtre ame, il ne s'en faut pas servir; et si vous sentés plus de
recueillement en Dieu en demeurant enfermé en vôtre cham-
brette, vous estes obligé d'y demeurer et ne vous <p. 290> point
distraire pour aller à l'Eglise; et si vôtre ame se sent plus unie à
Dieu dans la solitude qu'en cherchant cette union par la frequen-
tation des sacremens, il vous faut tenir solitaire, et là, banqueter
intérieurement avec vôtre Dieu; *car la bonne conscience est un
convive continuel*[15], où l'ame se repose et se recrée avec son
Dieu. C'est pourquoy, elle n'a pas toûjours besoin d'user des
moyens exterieurs pour émouvoir son ame à cette union.

10. Car Dieu la prévient souvent d'une joye et d'un conten-
tement spirituel, sans savoir d'où il a pris son origine; parce que
Dieu est esprit, nullement attaché aux choses materielles, ni à
lieus, places, ou moyens quelconques; estant esprit, et l'ame
esprit, ils se communiquent en esprit: et celuy qui a besoin de
chercher Dieu dans les Communautez ou Religions différentes,
n'est point fort avant en la connoissance de Dieu, et ne sçait où
est le lieu auquel il prend repas à midy, ni où il repose la nuit.
Car, s'il savoit cela, il ne courroit point d'une religion à l'autre
pour trouver Dieu, ains[16] demeureroit arresté en soy-méme;
parce que LE CENTRE DE NOS CŒURS sont <*sic*> les Palais
d'honneur où Dieu se repose et y prend ses delices. Toutes les
Confrairies et religions du monde ne peuvent donner cette

---

[14]   Il est probable que ce paragraphe était introduit par le chiffre 9.

[15]   Nous n'avons pas trouvé la référence de ce qui semble un proverbe.

[16]   Signifie: «mais»; c'est un terme du XVIe siècle.

UNION AVEC DIEU; il faut que nous la trouvions en nous mémes; et encore que les plus parfaites Communautez se puissent bien servir de moyens pour nous acheminer <p. 291> à la perfection chrétienne, si ne peuvent-elles donner le salut sans les vertus interieures.

11. L'un se vante d'estre *Catholique*, l'autre d'estre *Reformé*; l'un se picque d'estre spirituel pour estre dans quelque Ordre ou de la Reforme de *Menno*[17], comme sont icy les *Anabaptistes*; et quelques autres croyent d'avoir la lumiere du Saint Esprit pour estre en la Communauté des *Trembleurs*[18]. Certes, mon cher frére, toutes ces choses ne sont point Dieu, et ne peuvent donner aux ames nulles perfections. C'est se tromper d'apuyer son salut sur quelques religions; puisque nulles ne nous peuvent sauver, sans avoir en nos ames la vraye perfection chrétienne.

12. Si les Régles ou statuts de quelques Religions nous servent de *moyens* par lesquels nous experimentions qu'ils nous *unissent à Dieu*, nous sommes obligez à les embrasser et suivre; car il faut estimer les *moyens,* comme l'on estimeroit le foureau d'une épée de grand prix, mais ne jamais tenir le foureau si precieux que l'épée qui est dedans, puis qu'iceluy ne peut servir à combattre nos ennemis, ny à les faire retirer de nous. Le *Diable*, le *Monde* et la *chair,* sont nos trois *ennemis* jurez qui attaquent continuellement nos ames, lesquels il nous faut combattre avec l'*épée* de la foy et le *bouclier* de la charité[19]; car si nous pensons les vaincre avec le foureau exterieur de nos Religions, le Diable se moqueroit de nous comme on <p. 292> se moqueroit d'un soldat qui voudroit combattre son ennemi avec le foureau de son épée; encore est-il plus ridicule de voir les chrétiens pretendre d'emporter le Royaume des Cieux

---

[17] Menno Simmons (1495 ou 96-1561), anabaptiste qui a donné son nom aux Mennonites.

[18] Voir *supra*, Section V, p. 233, n. 168.

[19] Il y a ici une allusion à la panoplie du chrétien, telle que la décrit Ephésiens 6, 13-17; mais A. Bourignon intervertit les différentes armes: il s'agissait du bouclier de la foi et de l'épée de la Parole.

par leurs Religions, lesquelles ne les peuvent sauver sans l'AMOUR DE DIEU et la CHARITE *au prochain.*

13. *Vraye Catholicité et son culte.*

Ce ne sont que des amusemens de s'appuyer sur un tel Ordre ou une telle Religion, ou bien croire qu'on sera sauvé pour s'étre enrollé dans le plus parfait Ordre ou Religion du monde. Si vous pensez étre sauvé pour étre en la *Religion Catholique* sans la foy vivante, l'esperance en Dieu, et la charité au prochain, vous étes trompé; parce que personne n'est veritablement *Catholique* que celuy qui est en communion des Saints; puisqu'*étre Catholique* n'est autre chose qu'étre UNI *de cœur et de volonté à* TOUTES *les ames qui sont* UNIES *à l'Esprit de* JESUS CHRIST. Voila ce qui fait la communion des saints et l'assemblée des Catholiques. Mais si vous voyez et sentez que les reglemens des Catholiques vous conduisent à Dieu, il vous les faut observer fidélement, et plûtôt mourir qu'en décheoir. Car, comme il est certain que *celuy qui aime le peril, perira*[20]; aussi est-il tres-certain que celuy qui embrasse fidelement les moyens de sa perfection se perfectionnera; à cause de la foiblesse de nôtre nature, il la faut toûjours aider et soûtenir par les moyens qui la peuvent renforcer.

14. Mais si nos ames étoient arrivées à <p. 293> l'UNION avec Dieu, elles n'auroient plus besoin de se servir d'aucuns moyens; parce que l'AMOUR est alors loy à soy méme; et cette union surmonte tous les mouvemens de la nature corrompuë, à laquelle on n'a plus lors besoin de resister par des jeûnes ou autres macerations de corps; lesquels moyens sont bons pour ceux qui ont lâché la bride à leurs sensualitez et excez en boire, manger, ou qui ont donné à leurs corps autres plaisirs de la chair, l'habitude desquels ne se surmonte ordinairement qu'en faisant toutes choses contraires; parce que nôtre nature est comme un cheval fougueux qui n'est pas menagé[21], insolent et revéche, lequel on

---

[20]   Cf. *supra*, p. 281, n. 12.
[21]   au sens de «dresser».

ne sçauroit dompter aprés luy avoir laissé suivre sa liberté, sinon avec la bride et l'esperon des mortifications de la chair.

15. Voila, mon cher frére, comment vous pourrez apprendre à bien régir vôtre ame, et discerner en quoy consiste la vraye PERFECTION, afin que ne preniez la vertu apparente au lieu de la réelle; car nôtre temps est le dangereux dont Jesus Christ a prophetisé, et dit: *qu'il se faut bien donner de garde, et que plusieurs faux Christs et faux prophetes se leveront, et feront grands signes et miracles*[22]. Je sçay bien que vous étes tombé dans le mal insensiblement, et que peu à peu vous avez perdu l'entretien avec Dieu par ignorance, et pour n'avoir assez haï le mal, ni connu les pechez que vous pouviez commettre en autrui; mais il faut reprendre cœur et commencer de nouveau, épluchant <p. 294> de plus prés en quoy consiste la *perfection Chrétienne;* afin que, comme Adam n'est plus jamais tombé en peché depuis qu'il a connu le mal qu'il luy avoit apporté[23], ainsi vous ne tombiés plus dans les sensualités de la nature; ains suiviez la conduite des mouvemens du Saint Esprit, comme Adam a fait au temps qu'il les a connus; car toute sa vie n'a été qu'une continuelle penitence et regret d'avoir delaissé *l'entretien avec Dieu*[24].

16. Si vous avez ce parfait regret, il vous sera impossible de retomber dans les sensualitez de la nature, en voyant qu'elles vous ont suspendu de l'entretien avec Dieu. Ce regret purgera vôtre ame et la disposera à retrouver cette union, pendant que je tâcheray par mes suivantes[25] à vous montrer ce que c'est que la vraye vertu, et de qui il la faut apprendre, afin que vous ne soyiez trompé de personne, et que vous fassiez un veritable discernement de la vraye perfection d'avec la fausse; en quoy plusieurs

---

[22]   Matthieu 24, 24.

[23]   La Genèse ne dit rien de tel.

[24]   De cette pénitence d'Adam la Genèse ne dit rien non plus. Par contre, pour A. Bourignon, «l'entretien avec Dieu», prière continuelle qu'elle pratique, est le sommet de la piété.

[25]   Les lettres qu'elle compte envoyer plus tard à ce correspondant.

personnes bien intentionnées se trompent en elles-mémes et és autres; et vous-méme n'avez point encore reçu cette lumiere du veritable discernement pour connoître les choses ainsi qu'elles sont devant Dieu, les regardant seulement comme elles paroissent au jugement des hommes, qui souvent trompent; car il est écrit, que *tous hommes sont menteurs*[26], voire nous nous mentons plusieurs fois à nous mémes, en nous persuadant que nous sçavons et entendons les choses mystiques, lorsque nous en sommes du tout[27] ignorans. <p. 295>

17. J'ay conversé avec plusieurs personnes qui se disoient spirituelles, et n'en ay point encore trouvé une seule qui connût veritablement le peché et la vertu comme elle est devant Dieu. Plusieurs en parlent assez bien et en ont de hautes speculations, mais, dans la pratique de leurs vies, rien n'est conforme à la verité de Dieu; voire méme ils se scandalizent de la veritable vertu, parce qu'ils ne la connoissent point. Vous pourrez bien voir cela en plusieurs lettres que j'ay écrites à diverses personnes, sur ce qu'aucunes disoient que je m'estime, les autres que j'étois avare, d'autres que j'étois fâcheuse, ne pouvant étre servie de personne; ainsi de plusieurs autres fautes, desquelles plusieurs personnes spirituelles m'ont accusée, faute d'avoir reçu de Dieu la lumiere de discerner le vray bien et le vray mal; et par ainsi, j'ay esté obligée de demeurer *seule jusques à present*, pour n'avoir encore trouvé personne qui m'entende, ou discerne la voye par laquelle Dieu me conduit. Chacun, abondant en son propre sens, pense avoit trouvé la lumiére de verité, lors qu'il chemine encore au milieu des tenebres, d'où vous n'estes point aussi sorty; mais j'espére que Dieu vous en delivrera par le moyen des veritez que je vous découvrirai. Cependant je demeure,

Vôtre toute en Dieu.

d'Amst(erdam) 3 May, 1670.

A. B.

---

[26]   Allusion probable à Romains 3, 4: «Que Dieu soit reconnu vrai et tout homme menteur».

[27]   Signifie: «complètement».

LETTRE II

De la priére, en quoi elle consiste. Des priéres reglées et d'exercice, leur utilité. De la PRIERE CONTINUELLE, *sa nature, sa necessité absolue pour vaincre nos ennemis interieurs et exterieurs, pour obtenir la* grace *de Dieu, pour atteindre à la* perfection, *et pour s'y conserver, sans jamais sortir de cette priére continuelle.* Cette lettre est la 7ᵉ du *Tombeau de la Fausse Theologie,* Partie IV[28].

Mon cher amy,

Puis que vous avez resolu de renoncer à vous-méme et de ne plus suivre vos sensualités, vous avez besoin de la *Priére continuelle*, afin d'avoir la force d'exécuter vôtre bon propos. Car lors que le Diable a une fois eu la puissance sur une personne, et luy a fait aimer et suivre ses sensualitez, il ne s'en déporte point legérement, ne voulant quitter la forteresse de laquelle il a été une fois gouverneur, mais il la maintient par force et contre le gré de la personne qui l'en veut déchasser, si bien qu'il le faut combattre par force. C'est de semblables diables que J. Christ disoit, qu'ils *ne sortent point sinon par le moyen du jeusne et de l'Oraison*[29]. Ce n'est pas que Jesus Christ et ses Apôtres n'eussent la grace de Dieu assez forte pour déchasser toutes sortes de diables; <p. 297> mais c'est que, lors qu'ils ont une fois acquis du pouvoir sur la volonté de l'homme, et qu'il a consenty à toutes les suggestions du Démon, il n'en veut sortir que par force de *jeusnes* et *d'oraisons*, veu qu'il a gaigné son ame par des *sensualités* et des *négligences à la priére.*

---

[28] *Le Tombeau de la fausse Theologie*, en 4 parties, 4 tomes, de 1669-1672. La 2ᵉ édition (celle de Poiret) est de 1679, pour les 3.premières parties, et de 1680, pour la 4ᵉ. On ne sait qui est le destinataire de cette lettre.

[29] Matthieu 17, 21.

2. Il faut de nécessité qu'il soit déchassé par des moyens directement contraires à ceux desquels il s'est servi pour avoir entrée dans les ames. Lors qu'elles ont obéï au Diable en suivant les *sensualités* de la nature corrompue, il faut par aprés qu'elles renoncent aus mémes sensualités par *jeusnes* et *abstinence*; à moins dequoi, elles ne déchasseront jamais cette sorte de diables. Et si elles ont *écouté les tentations* du Diable au lieu des inspirations du S. Esprit, il faut de nécessité une *Priére continuelle* pour déchasser cette sorte de Diable; vû qu'il a continuellement entretenu l'esprit de *pensées vaines,* il faut que le méme esprit s'*entretienne continuellement* avec Dieu; ou autrement il ne pourra faire sortir cette sorte de Diables.

3. Et partant, je vous exhorte à la PRIERE CONTINUELLE, afin de maitriser cet ennemy de vôtre ame, et le déchasser par le moyen de l'Oraison, qui est une arme puissante contre toutes les furies de l'enfer.

4. Il faut pourtant que je vous déclare ce que c'est que l'ORAISON, avant que vous la sachiez bien faire, parce qu'on prent souvent pour Oraison quelques beaus mots qu'on a lûs, ou entendus de quelqu'un, comme <p. 298> l'on a coûtume en ces quartiers de lire ou chanter les Pseaumes lorsqu'on veut prier ou faire oraison[30]; et ailleurs l'on dit quelque quantité de Pater-noster, Ave-Maria, ou autres Oraisons écrites en quelques livres[31], où l'on apprend ces mots pour les reciter lors qu'on veut prier.

5. Tout cela ne se doit point appeller Oraison, puisque ces mots et ces Pseaumes se peuvent bien dire sans faire aucune priere à Dieu. Et pour prier en disant des Pseaumes, il faudroit avoir les mémes DESIRS qu'ont eus ceux qui les ont faits, et dire les mémes mots avec le méme désir qu'ils avoient en les disant; ou autrement, ce ne peut étre PRIERE, mais plutôt des paroles

---

[30] A. Bourignon découvre à Amsterdam ces traits caractéristiques de la piété réformée.

[31] Les caractéristiques de la piété catholique de son enfance à Lille.

oiseuses, qui ne profitent de rien; voire, bien souvent l'on dit par ces paroles des injures à Dieu, ou l'on prononce des mensonges ou railleries. Car celui qui dit le Pseaume de David, lorsqu'il étoit penitent, qu'il jeunoit et qu'il prioit en lavant sa couche de ses larmes[32], au lieu que ceux qui chantent ces choses sont bien souvent remplis de vins et de friandises, passant les nuits en péchez et en luxure, n'est-ce pas là se moquer de Dieu et mentir en sa présence? Comme sont aussi ceux qui disent le Paster-noster, ou autres prieres, sans avoir le *desir* des paroles qu'ils prononcent.

6.   Ils diront que Dieu est *leur Pére*[33], sans luy vouloir obéir comme enfans. *Que son Nom soit beni*, lorsqu'ils le deshonorent et méprisent en effet, aimant plus leur propre volonté <p. 299> et honneur que ceux de Dieu. Ils disent *que son Royaume leur advienne*, lors qu'ils ne souhaittent que de regner en ce monde, où ils voudroient toûjours vivre si Dieu leur donnoit prosperité. Et disent de parole *que sa volonté soit faite en la terre comme au ciel*, pendant qu'ils ne se veulent referer en rien à la volonté de Dieu, tâchant d'accomplir la leur autant qu'il leur est possible. Et en priant pour avoir *le pain quotidien*, ils travaillent et s'étudient[34] pour avoir l'abondance, et veulent malgré Dieu avoir plus que le pain quotidien pour lequel ils prient. Ils prient aussi *qu'il leur pardonne leurs pechez*, pendant qu'ils les aiment et veulent perseverer à en commettre tous les jours davantage. Et *qu'il les delivre du mal,* pendant qu'ils cherchent et font le mal du quel ils disent vouloir étre delivrez. Et en priant Dieu qu'il les *delivre de la tentation*, ils luy donnent aliment, la suivent, et luy obeïssent.

7.   Voila comment on se moque de Dieu par de semblables priéres, et qu'on ment en sa presence. C'est pourquoi, je ne souhaite point que vous fassiez de semblables priéres, puis qu'elles

---

[32]   Allusion à divers textes de psaumes: Ps. 62, 7; 41, 4 et 9; 30, 11; 87, 2 etc.
[33]   Le texte du «Notre Père» se trouve dans Matthieu 6, 9-13; version plus courte dans Luc 11, 2-4.
[34]   Signifie: «font effort», «s'appliquent».

ne valent rien et que vous ne pouvez jamais obtenir la grace de
Dieu par elles, mais plûtôt une plus grande condamnation: parce
que Dieu ne veut pas étre moqué et il ne prend point plaisir és
vains discours. Il *sonde* seulement *les reins* et examine les
consciences, étant *scrutateur des cœurs*[35] et point auditeur de nos
paroles feintes. <p. 300> Aussi, dit l'Evangile qu'*il ne faut point
prier comme les* Pharisiens *lesquels pensent étre exaucés en
beaucoup parlant*[36] et donne le conseil de *fermer nôtre huis lors
qu'on veut prier nôtre Pére en secret*, assurant que nôtre *Pére
sçait dequoi nous avons besoin, sans beaucoup parler*[37].

8. Si bien que ce n'est pas à ces sortes de priéres que je vous
exorte, mon enfant, mais à la PRIERE CONTINUELLE, qui doit
SORTIR DU CŒUR. Vous avez à tout moment besoin des forces
et de l'assistance de Dieu pour combattre le Diable, le monde, et
la chair. Et encore, bien que vous ayez entrepris de les surmonter, si ne le faites vous point en effet, mais vous étes encore sou-
ventes fois surmonté par eux. C'est pourquoi, il vous faut une
force surnaturelle, laquelle vous ne pouvez obtenir que par la
priére et l'oraison, laquelle, si vous la connaissiez bien, vous
seroit facile et vous deviendroit habituelle. Et comme vous avez
continuellement besoin de[38] l'assistance de Dieu, ainsi aussi avez
vous besoin de la priére *continuelle*.

9. C'est pourquoi il vous la faut embrasser et NE LA
JAMAIS PLUS QUITTER, si vous voulez étre maître de vos
ennemis; ou autrement, vous ne les pouvez jamais surmonter,
contre vostre gré et vostre propre volonté. Je veux bien croire
que vous avez quelquefois prié Dieu pour étre delivré de vos

---

[35] «Dieu qui sonde les reins et les cœurs», expression vétéro-testamentaire, qui
se trouve par ex. dans le Psaume 7, 10; Jérémie 17, 10 et Jér. 20, 12. On la
retrouve dans l'Apocalypse 2, 23.
[36] Dans Matth. 6, 7, verset auquel A. B. pense, il est question des païens et non
des pharisiens.
[37] Matth. 6, 6 et 8.
[38] Nous avons rajouté ce «de» qui manque dans le texte.

ennemis. Mais ces *priéres passagéres* ne sont point suffisantes pour combattre un ennemy si commun (ou continuel) comme est le Diable, qui à tous momens reprend <p. 301> de nouvelles forces et ne se lasse jamais de nous tenter et surprendre, vû que cet ennemy ne repose jamais et ne cesse de mal faire. Il nous laissera bien en repos quelquesfois le temps de nôtre Oraison; mais sitôt qu'elle est achevée, il retourne et souvent avec plus de forces que devant, et par ainsi, regaigne ce qu'il avoit perdu durant la priére.

C'est pourquoi, il ne s'epouvante point des prieres que nous faisons le *matin,* le *soir, avant* ou *aprés le repas,* ou en autre temps précis que nous prenons pour prier, quoi que ces priéres se feroient avec attention. Le Diable se retire bien pour ce peu de temps; mais, comme lors qu'un amy s'absente pour un temps de son amy, il retourne de son voyage avec une plus grande amitié auprés de luy que celle qu'il avoit eüe avant son départ, et fait souvent quelque nouvelle alliance; le méme en fait souvent le Diable avec l'homme[39] qui par routine s'adonne à la priére; car il croit d'avoir satisfait à Dieu aprés avoir dit les *priéres ordinaires,* et laisse hors d'elles agir son esprit és solicitudes des biens de la terre, ou à prendre ses plaisirs et recréations, sans se ressouvenir de Dieu.

11. Ce n'est point que je veüille blamer les priéres du soir et du matin, celles de la table, ou d'autre temps précis qu'on prend pour faire ses priéres: parce que cela est loüable pour les personnes du monde, lesquelles étant si distraites et diverties dans <p. 302> leurs affaires et negoces, si elles ne prénoient pas certain temps pour faire leurs priéres, il est à craindre qu'elles ne trouveroient jamais le temps pour penser à Dieu. C'est pourquoi elles font trés-bien de mettre une régle et d'ordonner un temps précis pour faire leurs priéres, afin de penser quelques-fois à Dieu et ne se point oublier dans les affaires du monde.

---

[39] Allusion probable au récit raconté par Jésus en Matt. 12, 43-45, ou Luc 11, 24-26.

12. Mais pour les enfans de Dieu et ceux qui tendent à la perfection chrétienne, ils doivent *continuellement prier et ne jamais cesser*[40], parce que le Diable ne cesse jamais de les tenter: Et plus ils ont desir de la perfection, tant plus ils sont véxés de tentations, et plus aussi ont-ils sujet de la *priére continuelle*, tantôt pour demander secours du Ciel, tantôt pour remercier Dieu de ses graces, autresfois pour le benir et honorer. Si bien que jamais ne passe un moment du jour sans avoir quelque sujet de prier Dieu, pour celuy qui prend garde de bien-prés aus dispositions de son ame. Il trouvera TOUJOURS NECESSAIRE DE FAIRE SA PRIERE CONTINUELLE, pour en avoir matiére continuelle par les occasions qui nous arrivent, tant intérieures qu'extérieures.

13. Car si nous conversons avec les hommes, quelques fois ils nous loüeront pour nous donner sujet de vaine gloire; autrefois ils nous mépriseront pour nous faire tomber en colére, ou chagrin, les mépriser ou les haïr. Et lors qu'on a quelque chose à deméler avec eux, l'avarice s'y fourre, ‹p. 303› ou la recherche de soy-méme. Une prosperité nous fera rejouïr ou élever; une adversité nous fera tristes et affligés; et ainsi mille autres accidens, qui nous arrivent à l'exterieur, donnent continuellement sujet de recourir à Dieu par oraison pour luy demander sa grace et la force de nous bien maintenir, sans tomber en pechez parmi tant de rencontres diverses, qui arrivent à l'exterieur, et encore davantage à l'interieur. Car si on considéroit bien les agitations et divers mouvemens des passions de nos ames, l'on y trouveroit des maux infinis auxquels il faut resister. C'est un métier toutfait que de refréner nos inclinations vicieuses, pour celuy qui s'applique à la perfection de son ame, et il trouvera TOUJOURS MATIERE DE PRIER DIEU et requerir son secours et assistance, sans laquelle on ne peut combattre tant d'ennemis visibles et invisibles. Il faut s'addonner à la *priére continuelle*, ou vivre et mourir leur esclave, et estre à tousjours miserable.

---

[40]   Allusion à l'exhortation de I Thessaloniciens 1, 3: «priez sans cesse»; cf. aussi Hébreux 13, 15.

14. Je ne desire pas que vous ayiez continuellement vostre esprit bandé à la priére à vostre ordinaire, car cela vous blesseroit la teste et forgeroit mille imaginations peu necessaires et encore moins utiles. Mais je voudrois bien que vous reclamassiez Dieu toutes les fois qu'en avez besoin, et que vous le benissiez toutes les fois que vous recevez de luy quelques graces et assistances; puis que c'est une ingratitude de ne le pas remercier de chaque don en particulier qu'il nous <p. 304> fait, veu que la reconnoissance d'un bienfait obtient toûjours de Dieu nouvelles faveurs, et qu'il desire que nous l'invoquions en nos besoins, en promettant de nous secourir et ayder. Si Dieu veut bien estre prié, pourquoy ne le voudrions-nous point faire? Il dit: *cherchez, et vous trouverez; demandez, et vous obtiendrez; heurtez à la porte de misericorde, et elle vous sera ouverte*[41]

15. A quoy tient-il donc, mon Enfant, que vous ne sçachiez surmonter vos ennemis, puis que Dieu de sa part vous fait tant de promesses, lesquelles seront toûjours infaillibles de son costé? Il faut de necessité dire qu'il y a manquement de vostre part; et je ne sçay voir quel il pourroit estre, sinon celuy de la *priere continuelle* que ne connoissez point assez, et pensez de surmonter vos ennemis avec vos propres forces: ce que vous ne ferez jamais. Vous leur avez bien donné puissance de vous nuire par vostre propre volonté: mais elle n'est point assez forte pour dechasser vos ennemis. Il faut maintenant une GRACE TOUTE PARTI-CULIERE DE DIEU, LAQUELLE NE VOUS SERA POINT DONNEE QUE PAR LA PRIERE, et icelle CONTINUELLE.

16. Je vous veux apprendre ce que c'est de la PRIERE, afin que vous la connoissiez, craignant qu'elle ne vous semblast trop difficile pour l'embrasser, quoy qu'il n'y ait rien de plus dous et agréable. Mais les imaginations des hommes la font sembler difficile, voire impossible à quelques-uns, parce <p. 305> qu'ils n'ont jamais bien découvert ce que c'est de la *priere*. Les uns l'ont

---

[41]   Matth. 7, 7. C'est A. Bourignon qui ajoute: «de miséricorde», ce n'est pas dans le texte.

attribuée à beaucoup de *paroles vocales*; les autres à des spéculations (ou méditations) de l'esprit, lesquelles ils ont appelées
oraisons mentales. Mais croyez moy que ce ne sont ny les
paroles ny la spéculation, qui fait <*sic*> l'Oraison. Ains[42] la
VRAYE ORAISON consiste en l'entretien d'esprit que l'homme
a avec son Dieu, lors que son cœur luy parle et demande les
choses qu'il a de besoin, ou le remercie de ses graces, ou loüe sa
grandeur, bonté, charité, et autres qualitez que l'homme
remarque en son Dieu. Cette *élevation d'esprit*, ou entretien qu'il
a avec Dieu, compose la vraye priere, hors de laquelle il n'y peut
avoir de vraye Oraison, quoy qu'on appelle de ce nom beaucoup
de choses diverses, lesquelles il seroit impossible que l'homme
peust faire continuellement, comme Jesus Christ a dit: *qu'il faut
tousjours prier et ne jamais cesser*[43].

17. Il ne pouvoit jamais ordonner à l'homme des choses
impossibles, comme seroit la priere continuelle en la façon
qu'on le veut entendre. Car s'il falloit estre toûjours és églises
pour prier, toutes les autres choses necessaires à l'entretien de la
vie periroient, et l'homme mourroit faute d'elles. Et s'il faloit
estre toûjours à genous pour prier, le corps ne pourroit souffrir
cette fatigue continuelle. Et s'il faloit tousjours <p. 306> *mediter* en
son esprit de *belles spéculations,* l'on se romproit la teste; ou
parler continuellement de prieres, on ne pourroit dormir, ni boire
ou manger. Si bien qu'il ne faut point croire que Dieu demande
de l'homme autre priére continuelle que celle de *l'entretien de
son esprit avec Dieu*; ce qui se peut faire continuellement, en
travaillant, en beuvant, mangeant, écrivant, voire mesme en dormant; puis que celuy qui a entretenu le long du jour son esprit
avec Dieu, il repose asseurément avec luy en dormant, parce que
l'esprit s'estant promené en veillant avec son Dieu, il se repose
aussi avec luy en dormant. Et pour l'ordinaire les esprits vitaux
sont remplis de ce qu'on aime, et ce qu'on a veu et entendu en la
journée, se représente à l'esprit en dormant. Si bien que celuy qui

---

[42]   Mot vieilli au XVIIe siècle, signifie: «mais».
[43]   Cf. *supra*, n. 40: ce n'est pas Jésus Christ qui l'a dit.

s'entretient avec *l'esprit élevé en Dieu* de jour, pert fort peu du méme entretien durant la nuict; mesme quelquefois Dieu se communique à luy par songes.

18. Par où se voit qu'il est bien possible de *prier continuellement*, comme Jesus Christ nous l'a enseigné; voire, il n'y a rien de plus facile et agréable. Pour moy, je ne sçaurois vivre sans cette priére continuelle, et la mort me seroit plus douce que d'en estre une heure dehors, parce que toutes sortes de plaisirs hors de cet entretien me sont des ennuis et de mortelles afflictions. C'est pourquoy je m'y tiens toûjours, et ne pense point que vous m'ayez vû sortir de <p. 307> cet entretien pour me delecter en autre chose. Par où vous pouvez voir qu'il est bien possible de *toûjours prier et jamais ne cesser*, et qu'il est méme bon et plaisant, veu que celuy qui est en cette continuelle priere, n'est jamais melancolique: ce que vous pouvez aussi avoir remarqué en moy[44], parmy tant d'événemens divers et de sujets d'afflictions.

19. Partant, adonnez vous à cette priere continuelle, et vous vaincrez par elle vos ennemis intérieurs et exterieurs. Vous aurez de la joye et du repos en vous méme, et vous apprendrez tout ce que vous avez besoin de faire et de laisser. Ne vous appliquez point à speculer les grandes merveilles de Dieu ou les conduites qu'il a sur les hommes, ny autres mystéres divins ou de religion, ains *pratiquez cette priére continuelle* selon vostre besoin, *parlant à Dieu continuellement*. Si vous estes en tentation, demandez son assistance. Si vous estes dans l'ignorance, demandez luy la sagesse pour accomplir sa volonté. Si vous estes foible, la force; et si vous recevez ses graces, benissez-le et remerciez-le de cette faveur faite à vous pécheur. Et par ainsi, vous aurez matiére continuelle d'avoir vostre *esprit élevé à Dieu*, en quoy consiste la VRAYE ORAISON. Avec cela, vous vous habituerez peu à peu à parler à Dieu et à vous entretenir d'esprit avec luy, et

---

[44]   Poiret le note aussi; dans ses *Posthuma*, voir *Vindiciarum* (contre Jaeger), L. IV, ch. 11, p. 686.

à la fin il vous parlera, et serez icy uni à luy, en attendant l'unité parfaite dans <p. 308>[45] l'éternité. Ce que vous souhaite celle qui demeure

Vostre bien affectionnée en Jesus Christ.

A. B.

Du lieu de ma retraite, le 7 d'avril 1671[46].

LETTRE III

Comment, loin de vouloir attirer le monde ou de dire à tous les bien-venus, méme aus Sociniens, sans les obliger à changer de sentimens ni de pratiques (comme le dit M. J.), Mlle. B. ne desire que de vivre en solitude pour la seule recherche de l'Eternité, en renonçant et declarant la guerre aux choses, aux affections, aux sentimens, aux pratiques, aus complaisances humaines et temporelles, à parents et à amis mémes, aimant mieux étre toûjours seule et persécutée que d'étre accompagnée de personnes d'autres dispositions que celles qui butent à la seule Eternité. Vanité des choses du Monde.

Cette lettre est écrite au méme amy que la premiére, et c'est la 12. de la Lumiére née en Tenebres, Part. IV.

MON CHER FRERE,

1. Je say bien que vous avez de la peine à m'entendre dire que *je suis toute seule dans le monde*[47], puis que vous desirez de

---

[45]   Par erreur cette page est paginée 310.

[46]   D'après M. van der Does, c'est justement le jour où fut signé le pacte avec quatre hommes, qui se soumettaient à elle comme à une Mère, en tant que ses fils spirituels. Elle était alors à Haarlem et partit avec eux vers le Sles-wig-Holstein, dans l'espoir de pouvoir établir une communauté en Noord-strand.

[47]   C'est ce qu'Antoinette Bourignon déclarait souvent.

m'accompagner et me suivre. Vôtre desir est bon en cela; mais ma proposition est veritable, que je suis toute seule dans le chemin où Dieu me conduit. Il <p. 309> ne vous faut point troubler d'entendre la verité, mais plûtôt découvrir ce qu'il faudroit faire pour m'accompagner.

JE VOYAGE VERS L'ETERNITE; et voy tout le monde voyager vers la terre de bannissement, qui est ce miserable monde, apres lequel chacun aspire. Car je n'ay point encore trouvé une seule personne qui ne cherche que les biens éternels seulement.

2. Tous les hommes de bon jugement disent *qu'ils aspirent aux biens éternels,* pendant qu'ils pensent, travaillent et estudient pour ce qui regarde la terre et le temps. Est-il bien possible d'avoir un semblable aveuglement d'esprit que de croire desirer les biens éternels, lors qu'on les méprise? Car celuy qui cherche les biens de ce monde, donne un témoignage asseuré qu'il méprise l'Eternité, puisqu'elle donne une pleine satiété à l'homme qui la desire et il ne sçauroit plus desirer autre chose. Parce que tout ce qui est temporel et transitoire luy semble fumier et ordure, de quoy il se sert *le moins qu'il peut,* et voudroit voler en l'air vers l'Eternité, sans aucunement toucher à la terre, si son corps n'étoit de matiére si pésante et obligé à prendre de si grossiers aliments pour sa subsistance. Mais les personnes qui cheminent vers le monde desirent encore de l'or et de l'argent, afin que par leur moyen ils se fassent servir et honorer, prénent leurs delices en boire, manger, se promener, se vétir commodément et orner leurs maisons <p. 310> de beaux meubles et de riches ornements, pour contenter leurs cinq sens naturels, de voir, ouïr, flairer, goûter, et toucher.

3. En sorte que ce n'est point de merveille, qu'une personne qui voyage vers l'Eternité se trouve seule au chemin, puisque tous les hommes qu'on voit maintenant pretendent et desirent toutes ces choses, estudiant et travaillant pour les obtenir à leur possible, sans les vouloir mépriser ou quitter pour toutes les raisons qu'on leur sçauroit dire. Ils veulent bien avoir l'Eternité

sans vouloir abandonner le temps; encore bien que Jesus Christ die: *qu'on ne peut servir à deux Maistres sans estre infidelle à l'un ou à l'autre*[48]. Ils tordent ce passage selon la sensualité de leurs inclinations, et veulent les suivre et avoir aussy la vie éternelle: ce qui est impossible. C'est pourquoy, je n'entends point les hommes de maintenant, et eux ne m'entendent point aussi; pour cela nous ne pouvons demeurer par ensemble.

4. Il me faut bien passer parmi les hommes par necessité; mais je les quitteray aussitôt qu'il me sera possible pour suivre la voye que Dieu me montre et les laisser suivre celles qu'ils veulent aimer à leur damnation. Je ne veux point dire, mon cher Frére, que vous cheminiez en cette voye de damnation, puis que vous avez un desir efficace de vous sauver, voire de me suivre. Mais vous estes encore cheminant vers le monde, lequel <p. 311> n'est point encore crucifié en vous: vous ne sçavez méme encore comment on doit mourir à luy en toute chose. C'est pourquoy je vous fais de la peine à VOULOIR MARCHER SEULE; et vous m'en faites encore davantage à m'obliger à vous suivre en cheminant vers la terre et le temps, où je ne vous sçaurois accompagner sans combats et contestes continuelles. Car il n'y auroit point une parole ou une action temporelle qui ne soit reprehensible dans ce chemin ou cette voye eternelle, parce que, sitôt que je vous entendrois parler des choses qui ne regardent que la terre, je vous reprendrois comme de paroles oiseuses et inutiles pour l'Eternité. Et si, par actions, vous travailliez pour les choses de la terre, je plaindrois vôtre employ et estimerois vôtre labeur vain.

5. Voilà comment je vous serois à charge et vous me seriez insupportable. Et partant nôtre chemin seroit triste et facheux, aussi bien pour vous que pour moy, et pire que celuy de deux personnes qui ne s'entendent l'une l'autre ni par signes ni par paroles. Ce n'est pas pourtant que vôtre compagnie me déplaise: car je l'aime, à cause des bons desirs que vous avez. Je ne vous

---

[48]   Matth. 6, 24.

reprendray aussi par maniere de correction ou de reprimende, mais par bonne inclination à vôtre perfection, laquelle j'aime comme la mienne. Mais vôtre nature en ressentira des peines, lesquelles vous seroient peut-estre insupportables, ou blesseroient vôtre santé.

6. Car JE NE CEDE RIEN A LA NATURE, <p. 312> sçachant bien qu'elle est corrompue et engendre toutes sortes de pechez, qui donnent la mort à l'ame et qui font perdre l'Eternité bienheureuse. Il faut de necessité la contredire et luy deniër toutes ses volontez, ou autrement, elle nous menera à toutes sortes de malheurs éternels. Ce que peu de personnes comprénent. Car on voit chacun suivre sa propre volonté, sans penser mal faire, ne voyant assez que nôtre PROPRE VOLONTÉ ENGENDRE LA MORT ETERNELLE, comme elle fait vrayement: ce que je vois par les yeux de la foy. Et Jesus Christ nous l'a aussi enseigné, lorsqu'il dit: *que celuy qui ne renonce à soy-méme, ne peut estre son disciple*[49]. Je ne sçaurois trouver des termes plus precis pour faire entendre à l'homme qu'il ne doit point suivre sa propre volonté, ains luy denier tout ce qu'elle demande absolument. Cependant, l'on voit que les mieux-intentionnez d'aujourd'huy s'estiment heureux de pouvoir suivre leur propre volonté, qui s'incline toûjours à la terre et au temps, et jamais à l'Eternité, qui luy (sic) est invisible et incompréhensible.

7[50]. C'est pourquoy, je ne peux nullement accompagner une personne qui chemine vers le monde et suit sa propre volonté. Il me faudra toûjours *marcher seule*, si long temps que je n'en trouveray point d'autres, estant comme *une Veuve desolée*, qui n'a ny compagnie, ni consolation en ce monde: ce qui est bien triste à la nature <p. 313> méme, à cause qu'elle est toûjours sociable, et se plait en la compagnie de son semblable, lequel je n'ay encore

---

[49]   Matt. 16, 24 (et parall. Marc 8, 34; Luc 9, 23). Jésus dit: «Si quelqu'un veut venir à ma suite, qu'il renonce à lui-même et prenne sa croix, et qu'il me suive.» A. Bourignon le dit de façon plus radicale.

[50]   Nous avons corrigé: ici, et au § suivant, il y avait par erreur: «6» et «7»

rencontré en ce monde, ayant toûjours esté obligée de cheminer seule, pour n'avoir trouvé personne à qui je me pourrois unir, bien que je les aye toûjours cherché, et me sois informée où elles pourroient être, ces AMES QUI VOYAGENT VERS L'ETER-NITE, sans les avoir découvertes jusqu'à présent.

8. J'ai conversé avec[51] les religieux et personnes devotes de nôtre quartier, et les ay tous trouvé cherchant les choses de la terre: car s'ils étudient et préchent, c'est pour se rendre recommandables aux hommes, ou pour avoir à manger. Et les personnes seculiérès, qui sont entremises à la pratique de la medecine ou à la marchandise, tout cela ne se fait que pour gaigner de l'argent, ou pour acquérir honneur et plaisir en ce monde. De sorte que nuls de ceux-là ne me peuvent accompagner au chemin de l'Eternité, et partant il me faut marcher seule, ou retourner en arriere vers la voye de ce monde: ce que je ne veux point faire, aimant mieux mourir seule au chemin de salut, que de suivre à grande compagnie le chemin de perdition; puis que le grand nombre des damnés ne soulageroit point ma peine, mais l'augmenteroit davantage par l'augmentation du nombre des ames damnées.

C'est pourquoy, je veux demeurer au chemin de l'Eternité, quoy que je devrois y <p. 314> cheminer SEULE jusqu'à la mort, aimant mieux estre seule avec Jesus Christ, que d'estre à grande compagnie avec le monde et l'enfer. Je sçay bien, mon cher frere, que vous n'avez pas le desir de suivre le monde ou l'enfer; mais par effet, vous les suivez toûjours, si long-temps que vous cherchez encore autre chose que l'Eternité. Il ne vous semble point que vous vouliez chercher autre chose, depuis que vous avez résolu de quitter le monde. Mais croyez moy qu'aussi long-temps que vous cherchez encore de *plaire aux hommes*, et que vous avez encore crainte de *leur déplaire*, vous estes encore au chemin du monde. Et si long-temps que vous prenez icy de plaisir en *l'honneur* ou *avantage* du monde, vous ne pourrez goûter

---

[51]   Ce mot manquait. A. Bourignon utilise-t-elle le verbe converser comme transitif?

les delices ou le repos de l'Eternité. Et si vous estimez encore les *richesses,* c'est asseurément que vous n'estes point parvenu à la connoissance des biens éternels: parce que ceux-là font toûjours mépriser les biens terrestres, en les voyant vains et indignes de nôtre affection.

9. Par où, vous pouvez assurément discerner si vous estes au chemin de l'Eternité, ou bien en celuy de la terre et du temps, lors que vos visées et prétensions tendent à l'un ou à l'autre. Cela est une régle generale pour TOUS les hommes du monde, avec laquelle ils peuvent mesurer s'ils sont au chemin de L'ETER-NITE BIEN-HEUREUSE, ou en celuy qui méne à l'ETERNITE MALHEUREUSE, <p. 315> en examinant si leurs soins, desirs et affections sont aus choses de la terre, ou bien aus choses éter-nelles.

10. Ce n'est point qu'il faille vivre oiseus[52] en ce monde, parce qu'il y faut continuellement *travailler*, pour accomplir la penitence[53] que Dieu nous a enjointe. Mais il faut que nôtre tra-vail regarde l'éternité, la gloire de Dieu, le salut de nôtre ame ou celuy de nôtre prochain. Et tout ce qui est hors de là, est mauvais. Car si on travaille pour ce monde, on y reçoit la récompense de son travail; et partant, plus rien à pretendre pour l'éternité. Car autrement, Dieu ne seroit pas juste; vû que celuy qui a travaillé pour gaigner de l'argent, l'ayant gaigné, a reçu le salaire de son travail, et n'a aucun droit de prétendre autre chose, pour n'avoir rien desiré d'autre. Si vous travaillez pour avoir un office, et que vous l'obteniés, vos travaux sont bien payez par l'obtention de cet office. Si vous travaillez en trafique et negoce pour gaigner de l'argent, et que cela succéde selon vos desirs[54], il ne faut point attendre autre recompense sinon l'argent que vous avez gaigné.

---

[52] Signifie ici «oisif» ou «inactif».

[53] Il est probable qu'il y a ici une allusion à là punition d'Adam après la faute: Genèse 3, 17-19.

[54] C'est ce qu'avait fait le père d'A. Bourignon, qui était un assez riche pro-priétaire immobilier à Lille.

Si vous étudiez pour vous perfectionner devant les hommes, vous estes recompensé par les loüanges et par l'estime qu'ils font de vous[55]. Voilà tout ce que peut pretendre une personne qui travaille pour la terre et le temps. Dieu ne peut avec justice luy donner l'Eternité bien-heureuse, lors que ses travaux n'ont butté qu'à la terre, vers laquelle ils cheminent tous les jours de leur vie; comme on voit <p. 316> que tous les hommes sont maintenant et s'estiment sages et heureux, lors qu'ils cherchent bien leurs avantages en ce monde; car celuy qui ne le fait point, en est méprisé et tenu pour un idiot.

11.   Voila le chemin où marchent tous les hommes, auquel il me seroit impossible de les suivre ou imiter, parce que je regarde toutes ces choses pour des folies et des amusemens de Satan. Car que peut-il profiter à l'homme s'il parvient à quelque office ou benefice, ou s'il amasse de l'argent pour prendre ses delices en ce monde? Tout cela prend fin à la mort; et les loüanges des hommes, qu'on a acquises en se perfectionnant, ne sont qu'une boufée de vent qui fait envoler les cendres de nôtre corruption par l'oubli hors de leurs memoires. Et la pauvre ame se trouve dépoüillée de la gloire éternelle, qu'elle ne pourra plus jamais recouvrer aprés cette vie passagere, qui est le seul chemin de l'Eternité heureuse ou malheureuse. En sorte que celuy qui marche ici dans les affections de la terre et du temps ne peut arriver à l'Eternité bien-heureuse. C'est folie et tromperie de l'espérer. Il faut qu'il se contente de la terre, laquelle il a aimé, et des hommes, ausquels il a voulu plaire.

12.   Voyez, mon cher Frere, quelle recompense leur pourra donner la terre et les hommes pour tous les services qu'on leur aura rendus! Rien que des peines et regrets de les abandonner par force, et des remors de conscience d'avoir suivi la terre, et cheminé vers le monde trompeur et transitoire. <p. 317> Pour moy, je vois toutes ces choses si clair que le soleil: c'est pourquoy, je les

---

[55]   Voilà l'une des assertions qui dut toucher au cœur le jeune Poiret, quand il lut cet ouvrage.

veux mépriser et oublier pour me souvenir des biens permanens, qui ne finiront jamais. Si vous voulez m'accompagner, vous le pourrez faire, car Dieu vous a créé libre, *vous mettant entre le feu et l'eau pour choisir lequel vous plaira le mieux.* Le feu vous échauffera le desir d'avoir des richesses, honneurs et plaisirs en ce monde. Et l'eau vous fera embrasser la penitence, pour combattre le diable, le monde et la chair qui sont les trois ennemis de la Beatitude éternelle. Vous avez ja[56] pris la resolution de cheminer vers l'Eternité et de quitter la voye du monde, ce que par effet vous ne faites pas encore parfaitement. C'est pourquoy, vous ne me pouvez accompagner, jusqu'à ce que serez tout-libre des biens de la terre, et qu'aurez quitté le desir de plaire aux hommes: Parce que ces choses vous achoperoient toûjours en nôtre voyage.

13. Car il faut quelquesfois perdre ou prodiguer les biens de la terre pour des sujets éternels. Ce qui vous seroit penible, si longtemps qu'il vous reste encore quelque affection ausdits biens. Et dans le chemin de l'Eternité il faut souvent déplaire aux hommes. C'est pourquoy Jesus Christ dit: *que celuy qui veut plaire aux hommes n'est point son disciple*[57]. Et ailleurs, il dit: *de n'étre point venu pour apporter la paix en terre, ains la guerre entre le pere et l'enfant, le frere contre* <p. 318> *le frere; le mary contre la femme, etc*[58], pour montrer que celuy qui veut cheminer vers l'Eternité doit guerroyer contre tous ceux qui cheminent vers le monde, bien que ce soit contre ses plus proches parens et amis.

Car si on veut tarder pour leur plaire, on n'arrivera jamais à l'Eternité, pour ce qu'ils nous tiendront toûjours en chemin, sans parvenir à la fin. Car nos plus proches parens sont les plus puis-

---

[56]   Vieux terme pour «déjà»

[57]   Nous n'avons pas trouvé ce verset dans l'évangile. Paul dit à plusieurs reprises le danger de vouloir «plaire aux hommes» (Gal. 1, 10; Eph. 6, 6; 1 Thessal. 2, 4); ou «plaire à sa femme» (1 Cor. 7, 33).

[58]   Matth. 10, 34-36 et Luc 13, 51-53.

sants ennemis que nous trouvions en cheminant vers l'Eternité, lors qu'ils ne nous veulent point accompagner[59]. C'est pourquoy il faut quitter le desir de leur plaire, pour cela a dit Jesus Christ: *que celuy qui ne quitte pere, mere, sœurs, freres et toute chose pour son nom, qu'il n'est pas digne de luy*[60]. Par où il enseigne, quel fondement de vertu doivent avoir ceux qui veulent cheminer vers l'Eternité.

14. Ils doivent, tout *premier,* offrir à Dieu tous les biens qu'ils possedent[61], pour étre employez à sa gloire seulement, et non plus selon nos desirs ou pour suivre nos sensualitez. *Secondement*, il nous faut quitter le desir de plaire aux hommes, puis qu'en leur plaisant il faut de nécessité déplaire à Dieu; à cause que leurs desirs sont autres que ceux de Dieu, et regardent leurs propres interests seulement; et partant, ils ne pourront aprouver que nous abandonnions le monde et ses richesses et plaisirs, ausquels ils participent si long temps que nous les possédons pour leur satisfaire. Voyla pourquoy il faut perdre leur amitié si nous voulons trouver celle de Dieu, et <p. 319> entreprendre cette guerre que Jesus Christ nous est venu apporter contre la chair et les parens sanguins.

15. L'on pense que ce soit bien fait de conserver la paix entre'eux; ce que j'avoüe, pour si long temps qu'ils veulent marcher avec nous au chemin de l'Eternité. Il n'y a rien de plus desirable en ce monde que la paix et la concorde entre les amis et prochains. Mais, lors qu'ils nous retiennent ou nous empéchent de cheminer vers l'Eternité, il faut rompre cette paix qui ne prédit que la colére de Dieu. Car c'est un des signes de ses derniers

---

[59]   C'est la principale raison qui provoquait la séparation des couples de ceux qui devenaient disciples d'A. Bourignon. Elle leur demandait une chasteté totale. Poiret se sépara de sa femme.

[60]   Matth. 10, 37 et Luc 14, 26.

[61]   ₁Allusion à Matth. 19, 21; Luc 12, 33 et 18, 22. Mais dans tous ces textes le Christ exige la vente de ses biens, à donner en aumône, tandis qu'Antoinette craignait de donner à de mauvais pauvres.

fleaux: *Lors que les hommes se diront paix et asseurance, alors*
(dit le S. Esprit) *est arrivé le temps de la ruïne totale*[62]. Ainsi
arrive-t-il à une personne qui entreprend le voyage de l'Eternité,
et veut conserver la paix avec ceux qui cheminent encore vers le
monde. Il leur faut PUBLIER LA GUERRE, s'ils nous retardent
ou empéchent d'avancer vers l'Eternité, parce que leur amitié
n'est pas tant considerable comme est nôtre Salut eternel, qu'ils
ne nous peuvent donner, mais bien servir de moyen à nostre
damnation. Car ces deux points: *d'affections aux richesses, et de
vouloir plaire aux hommes*, ont été cause que grand nombre de
personnes se sont perdues éternellement, mêmes de celles qui
étoient bien intentionnées.

16. Car, si long-temps que nous avons encore de l'affection
pour quelque chose de la terre, nous ne pouvons cheminer vers
l'Eternité. Il faut étre tous libres et aspirer <p. 320> seulement
aprés nôtre Patrie bien-heureuse, prenant par necessité le moins
qu'il est possible des choses de la terre pour achever le voyage:
le moins d'honneur, le moins de charges, le moins d'argent, le
moins d'habits, le moins de viandes et de boissons qu'il nous
sera possible[63]; et avec cela, nous cheminerons bien PAR
ENSEMBLE vers l'Eternité, et ferons legérement le voyage. Car
encore que nous trouverions en chemin des travaux, des soins,
des souffrances, des persecutions, des mépris, des injures, des
prisons, ou la mort; tout cela nous semblera leger en l'esperance
de cette Beatitude éternelle. Car, si celuy qui chemine vers le
monde s'estime heureux de gaigner de l'argent par ses peines,
soins ou travaux, combien le doit estre davantage celuy qui
attend la retribution Eternelle en cheminant vers l'Eternité? Il
n'aura garde de s'arrester pour recueillir le sablon[64] de l'or et de
l'argent, qui luy seroit fort pesant pour voyager vers l'Eternité.

---

[62]   1 Thess. 5, 3.
[63]   Cf. les recommandations du Christ aux apôtres, quand il les envoie en mis-
        sion (Marc 6, 7-8).
[64]   Signifie « le sable».

C'est pourquoy je vous conseille de le jetter loin de vous, et alors, je vous tiendray par la main pour mieux achever nôtre voyage. Ce qu'attendant, je demeure,

Vôtre fidelle Amie en Dieu.

A. B.

A Amsterdam, le 23 Octobre 1670[65].

<p. 321>

L'Imprimeur ayant demandé de quoi remplir les pages qui restent, on a cru ne pouvoir le faire mieux que par une lettre de la méme Demoiselle; où l'on verra le noyau et le but de tous ses écrits, aussi bien que la substance de tout le Christianisme.

Elle l'a écrite à un Pasteur de Malines, et c'est la 15. de la <u>Lumière née en Tenebres,</u> Part. 1.

Monsieur,

1. *Dieu seul* aimable. *Motifs de son* amour, *tirés*
   1. De ce que Dieu est *source et accomplissement de tout bien*

Je ne say comment un bon jugement peut aimer autre chose que Dieu, vû qu'il n'y a rien de créé qui soit digne de nôtre amour comme lui, étant la source de tout le bien, la Sagesse, le donneur de toute sagesse, la Beauté qui crée toute beauté, la Justice des justes, la Bonté de toute bonté, l'accomplissement de toutes les perfections, enfin le seul objet digne de nostre amour, hors duquel rien n'est aimable ni au ciel ni en la terre. Rien hors de luy ne peut rassasier nôtre ame, rien ne la peut contenter, rien ne lui peut donner de parfait plaisir, rien ne la peut bien-heurer[66],

---

[65] Cette lettre est antérieure aux deux autres, c'est sans doute pourquoi Antoinette se montre dissuasive à l'égard de Volckert van de Velde.

[66] Signifie: «rendre bienheureuse».

ni au présent ni à l'avenir. C'est lui qui nous a créés; c'est lui qui nous maintient; c'est lui qui nous jugera.

Si le *bien* de sa nature est toujours aimable, comment donc l'ame n'emploie-t'elle toutes ses puissances à aimer l'origine, la perfection et la consommation de tout bien, qui est Dieu?

2. *De sa* ressemblance *avec l'ame*

Si la *ressemblance* engendre l'amour, comment vôtre *âme,* qui a esté *faite à la semblance* <p. 322> *de Dieu* [67], peut-elle vivre sans l'aimer? Quel autre objet peut-elle trouver aimable hors de son Dieu, son unique ressemblance? Quel parangon de toutes choses périssables auprés de cette ame divine et immortelle, qui ne peut trouver son semblable qu'en Dieu-méme?

3. *Des* biens *faits* par lui *à l'ame et au corps,* créés *à l'image de la* STE. TRINITE

Si les *bienfaits* obligent la Nature méme à aimer ses bienfaiteurs, combien l'ame doit-elle aimer son Dieu, qui luy a donné tout ce qu'elle posséde, et promis des biens infinis et éternels qui sont sans pareils en la vie future? Il a donné l'ame, laquelle il a créée de rien. Il ne l'a pas seulement faite à la ressemblance des anges des cieux, ains *à la ressemblance de la Deité* mesme, en sorte que toutes les ames sont par la création faites de petits Dieux[68]. Pouvoit-il, ce Dieu d'amour, donner à l'homme de plus grands biens et dons, pour se faire aimer de lui, que cette création divine de son ame immortelle comme luy? *Le corps,* qu'il a formé pour custode[69] et renfermiere de cette ame, pouvoit-il avoir plus de perfec-

---

[67] Genèse 1, 26-27.

[68] Poiret reprend cette assertion dans son *Œconomie Divine,* dans la préface générale (p. 4 n. chif.): «un petit Dieu de la même nature que le Grand-Dieu». Cf. aussi *Œc. Div.,* t. I, ch. 10, § 2, § 7 et § 14.

[69] Ce mot est encore employé pour signifier un instrument à parois de verres où l'on entrepose, garde et présente l'hostie consacrée.

tions? Y a-t-il chose en la nature plus admirable que le corps humain, animé de toutes les puissances de l'ame: d'un entendement pour comprendre, d'une mémoire pour se ressouvenir, d'une volonté pour agir; en sorte que le corps mesme est une image ou *ressemblance* en certaine façon de la SAINTE TRINITE[70]?

4. *Des* Biens *pour* entretenir *l'ame et <le> corps*

Dieu pouvoit-il donner davantage à l'homme et de plus grands dons qu'il n'a fait, pour l'obliger à l'aimer? Car aprés luy avoir <p. 323> donné l'être et la vie, il le soûtient et maintient, avec toutes les choses nécessaires qu'il a encore créées pour l'entretien de cet homme, auquel il a asservi tant d'autres créatures sous sa puissance, l'ayant fait supérieur de tous les animaux, et authorisé comme le chef-d'œuvre des œuvres de Dieu, la Terre pour son marche-pied, le Ciel pour l'illuminer, l'air pour respirer, le feu pour l'échaufer, l'eau pour le desaltérer, les fruits pour l'alimenter, les fleurs pour le recréer, enfin tout ce qué Dieu a créé de visible et de materiel n'a esté que pour le corps de l'homme. Que doit-il reserver pour son ame, qui est sans nulles comparaisons plus estimable, comme estant divine, créée à la semblance de Dieu, s'il a fait tant de choses admirables pour l'entretien du corps, qui doit mourir et si peu rester sur la terre? Tous ces dons, tous ces bienfaits n'obligent-ils pas l'homme à aimer un tel bienfaiteur? Puis qu'il n'a reçu et ne peut jamais recevoir aucuns vrais biens hors de ce donneur de tous biens?

5. *De sa* Misericorde *à étre Sauveur de l'homme*

Comment peut-il estre sans l'aimer en considérant son amour, qui ne s'est encore voulu contenter de nous avoir départi

---

[70]   A. Bourignon a dû entendre parler de l'explication augustinienne de la Trinité par les trois grandes fonctions de l'âme humaine: entendement, mémoire et volonté.

gratuitement tant de dons; ains, aprés que cet homme ingrat eut
abusé de tant de faveurs, se détournant de son Créateur pour se
joindre à la créature, estimant plus le don que le donneur, présu-
mant de meriter encore davantage, il se rend rebelle à ses ordonnances, veut par ambition d'esprit savoir <p. 324> plus qu'il ne
plaisoit à son Créateur, enfraind son commandement afin de
s'égaler à luy[71]! Cet amoureux Dieu, qui pouvoit en un instant
condamner toutes ces ingratitudes, par une damnation éternelle
où il avoit (*)[72] destiné les anges rebelles, a plus aimé l'homme
que l'ange, et en prenant plus d'égard à l'amour qu'il luy portoit
qu'à sa desobéissance, il luy *pardonne* son peché et lui remet sa
faute, moyennant une pénitence temporelle.

6. *De son* Incarnation

Ce temoignage d'affection d'un Dieu vers sa créature ne
mérite-t-il pas qu'elle l'aime? Il l'oblige encore par des moyens
plus puissans. Car, pour lui faire voir que ses *delices sont d'estre
avec les enfans des hommes*[73], il *se fait Homme* visible et sensible comme eux, ne se contentant d'avoir fait l'homme à son
image et semblance, mais fait DIEU à l'image et semblance de
l'homme, voire s'est fait vraiement homme pour les enseigner à
l'aimer de paroles et d'effets corporels et materiels, conformé-
ment à leurs capacitez humaines.

7. *De son* anéantissement

Dieu pouvoit-il témoigner davantage d'amour pour l'homme
que de s'abaisser, voire s'anéantir (pour parler selon nôtre lan-

---

[71] Cf. le récit de la chute: goûter au fruit de l'arbre de la connaissance du bien
et du mal (Genèse 3, en particulier l'insinuation du Serpent: Gen. 3, 5).

[72] En marge, une explication de Poiret: «*c.à d.* relégué». Poiret veut adoucir le
mot «destiné»; en effet, il rejette radicalement la prédestination calviniste.

[73] Proverbes 8, 31. Cf. par exemple, Jérémie 31, 20: «Ephraïm est-il un enfant
qui fait mes délices?»

gage) et de se revétir de la nature humaine[74]? Quel jugement pourroit concevoir de plus grands témoignages de son amour? Ou quels moyens pourroient se trouver pour plus fortement obliger l'homme à l'aimer que de se faire semblable à luy en nature, se rendre égal en condition, en ne se préférant <p. 325> au plus petit des hommes; converse et se familiarise avec eux comme frére ou compagnon; voire se soûmet et obéit à l'homme pour gaigner son amitié, le sert méme, jusques à luy laver les pieds[75]; et, quoique l'homme l'offense, il le prévient toûjours d'amitié, se laisse baiser à Judas qui machine sa mort; et à l'heure qu'il le vient livrer à ses ennemis, il l'appella encore son ami[76].

8. *De la charge de* Docteur et *Prophéte*

Et pour preuve qu'il tient l'homme pour ami, il luy declare ses *sécrets,* et tout ce qu'il a appris de son Pere; tout cela, pour tirer des hommes leur *amour* reciproque. Il boit et mange avec eux, les attrait avec sa douce conversation, leur enseigne familiérement tous les moyens nécessaires pour l'aimer, leur donne une *Loy toute d'amour*, qui ne contient autre chose que *l'amour de Dieu et du prochain.* Tout son Evangile ne contient que les vrais moyens pour accomplir cette loy amoureuse. Il presse tellement cet amour, qu'il menace de damnation éternelle si l'on ne *l'aime de tout son*[77] *cœur, de toute son ame, et de toutes ses forces*[78] Sauroit-il plus fortement exprimer le desir qu'il a que l'homme l'aime, en le tirant méme par force à son amour?

---

[74]   Allusion à Philippiens 2, 7.

[75]   Allusion à Jean 13, 1 à 11.

[76]   Matth. 26, 49-50; les deux autres évangiles synoptiques (Marc 14, 44-45; Luc 22, 47-48) font mention du baiser, mais ne rapportent pas le mot de «mon ami», adressé à Judas.

[77]   Nous avons corrigé une faute typographique, il y avait: «tout de son».

[78]   C'est «le premier et le grand commandement» (Matth. 22, 37 et 38 et parallèles).

9. *De celle de* Sacrificateur

Et pour rendre cette force toute amoureuse, il se charge du fardeau de ses pechez, voulant pour l'amour qu'il lui porte soufrir en son propre corps les peines dûës pour eux. Il soufre faim, soif, lassitude, cheminant en tant d'endroits pour <p. 326> chercher l'homme et le soulager de sa pénitence, afin qu'il n'ait plus d'autre soin que de l'aimer. Seroit-il possible que l'homme ne reconnût un tel amour? Serait-il si dénaturé que de ne point aimer un tel bienfaiteur, qui l'oblige par tant de preuves si pénibles de son amour qu'il semble exceder les limites de la raison?

10. *De ce que c'est* pour ses ennemis *mémes qu'il donne sa vie*

Qui vit jamais amour arriver à de semblables excez de bienveillance pour le sujet aimé? S'avilir, s'assujettir et soufrir, un DIEU pour sa créature! Ce que personne ne feroit pour son semblable, et seroit bien un grand amour de donner sa vie pour son ami[79], ce que JESUS CHRIST a donné pour l'homme qui lui estoit ennemi, ayant vaincu sa malice par l'excez de son amour; et plus l'homme se porte à le mal-traitter, plus il se porte à l'aimer, donnant volontiers sa vie pour l'obliger davantage par les considérations d'un tel AMOUR, *qui ravit tout entendement*, qu'un DIEU se porte à aimer un vermisseau de terre, duquel il n'a aucun besoin, et mesme qui se porte à l'outrager et à l'offenser au lieu de se porter à l'aimer!

11. *Des* avantages *de l'amour divin*

Ingrate créature! Que ne vous rendez-vous à cet AMOUR? Cruelle à vous-méme! Ennemie de vôtre bien! Que ne ployez-vous sous ce joug qui est si doux[80] et aimable? Sa captivité est

---

[79]   Allusion à Jean 15, 13; cf. Jn 10, 11,15, Jésus est le berger qui donne sa vie pour ses brebis.

[80]   Allusion à Matt. 11, 29-30.

une liberté; sa servitude est un regne; ses peines sont des délices; ses travaux sont des repos; ses douleurs des contentements. Cet AMOUR rassasie l'ame, la remplit de tout bonheur, la console <p. 327> et l'embellit, la tient toûjours en liesse auprez de son Bien-aimé[81]; rien ne la peut offenser. Quel bonheur, quelle joye, quelle paix, quelles delices à l'ame qui posséde cet AMOUR! Elle ne craint rien, elle n'espére rien, ne cherche rien, ne trouve rien d'aimable hors de cet AMOUR.

12. *De la vanité de l'amour terrestre,*

des richesses

Combien aveugle et ignorant est celuy qui aime les biens, les honneurs et les plaisirs de ce monde! Il n'est jamais content ni rassasié: car *les richesses* portent en croupe mille soucis et inquiétudes avec une alteration insatiable, qui attache l'ame à la terre et aux métaux, et la divertit de la Divinité.

Des honneurs

Les honneurs sont encore plus vains que les richesses; d'autant qu'ils ne sont que fantastiques et imaginaires, qui ne mettent rien dans l'ame qui les aime sinon une bouffée de vent d'orgueil, qui leur fait créver le cœur au moindre revers de fortune, qui les gesne et les bourelle[82] continuellement de crainte et de souci de les perdre. Et, quoy qu'on les possederoit legitimement et avec assurance, si ne sont-ils jamais qu'une fumée de vanité, puisque nous ne sommes rien et que tous ceux qui nous honorent sont semblablement des riens. Quelle folie d'attendre de la gloire de tous ces NEANTS et d'aimer des honneurs si vains et de si peu de durée!

---

[81]   Allusion au Cantique des Cantiques.

[82]   Signifie: «fait subir la torture» (même radical que «bourreau»).

Des plaisirs

Les plaisirs, tels qu'ils puissent étre, donnent fort peu de satisfactions à l'homme en general, parce qu'ils sont de si courte <p. 328> durée, en particulier qu'ils sont vils et terrestres, indignes de la noblesse de nôtre ame qui est divine et spirituelle; car prendre plaisir à manger et à boire, c'est s'égaler en ce point aux bestes et souvent blesser son ame et son corps; puisque ces plaisirs engendrent quelquefois des excez nuisibles à la santé, indisposans le corps et l'esprit, lesquels payent bien cher les plaisirs qu'ils ont prétendu avoir en beuvant et mangeant. Tous les autres plaisirs du corps sont toûjours insatiables à celuy qui veut contenter ses cinq sens: jamais l'œil ne sera las de voir, l'oreille d'entendre, et ainsi du reste. Si la raison ne regle le tout, ils nous seront importuns, voire insolents et sans satisfaction: aimer les jeux, c'est perte de temps; aimer la chasse, c'est lassitude; aimer le monde, c'est inquiétude. Jamais il n'est rassasié: plus nous le voulons obliger, plus il sera mécontent. Et qu'aurions-nous aprés avoir satisfait à tous nos sens et donné à nôtre corps tous les plaisirs qu'il souhaite? Autre chose que des lassitudes et des remors de conscience qui bourelleront nostre ame, principalement à la mort. Nous pouvons bien legitimement user de toutes ces choses[83], mais non pas les aimer; parce qu'elles ne sont aucunement dignes de nostre amour.

13. Rien *aimable que* DIEU

Il n'y a que DIEU SEUL qui est AIMABLE et peut rassasier nostre ame; aussi n'a-t-elle esté créée pour autre *fin que* pour *aimer son Dieu et adhérer à lui seul.* Tous les <p. 329> autres biens sont faux et trompeurs. Puisque nous ne pouvons vivre sans AMOUR, pourquoy point aimer ce DIEU, qui est SEUL AIMABLE? De tant plus qu'il le desire, et qu'il nous y a obligez

---

[83] Allusion possible à 1 Corinthiens 7, 31: «que ceux qui usent des biens de ce monde, (fassent) comme s'ils n'en usaient pas.»

par tant de dons et qu'il les continuë à tout moment et continuera jusques à nostre mort?

Hors duquel tout est folie, malheur et abomination à une ame qui est EPOUSE de DIEU.

De qui attendons-nous tout nostre *bonheur* sinon de Dieu, qui nous jugera? Si nous avons servi le monde, il nous payera d'ingratitude; si nous mesmes, nous n'avons que l'impuissance et les miseres. Je ne sçay voir d'autre *bonheur* que d'AIMER DIEU. Tout le reste est vain et perissable: les richesses, la sagesse, les plaisirs, les honneurs ne sont que fumée, s'ils butent à autre fin qu'à cet AMOUR. Tout le reste n'est que fadése, saleté et inconstance, indigne d'étre aimé d'une ame tant noble et divine, la legitime EPOUSE de Dieu et cohéritiére de JESUS CHRIST. N'est-il pas triste, voire abominable, qu'elle aille se joindre ou adulterer avec les viletez de la terre, quittant son fidéle EPOUX, qui l'aime si parfaitement et qui a fait tant de choses admirables pour l'obliger à son amour, voire au seul consentement de se laisser aimer par luy selon qu'il le desire? Mais qu'elle s'arrache de luy pour s'attacher ou s'affectionner à la terre, aux vents, aux metaux, à la chair et au sang, quel jugement depravé! Qui me fait souvent gemir, voyant cette ingratitude des créatures à l'endroit de leur Createur, lequel je prie qu'il leur ouvre les yeux <p. 330> de l'ame, pour voir les veritables moyens de leur salut. Cependant je demeure,

Monsieur,

Votre trés-humble servante

A.B.

De Gand, le 15. de Mars,1667.

FIN.

ERRATA[84].

Page	ligne	fautes	corrigez.
4	*derniére*	je j'avanceray	*effacez* je
11	6	à quel	auquel
153	31	bons	bon:
196	14	partie de	partie, de
200	13	crû ne	crû me
248	3	si moquer	se moquer
257	25	l'a	la
271	19	assez preuves	assez de preuves
273	29	celebre	celebres

à la pag. 116. lig. 30.31. *Il faut mettre en italique ces paroles,* mettre au pain, Christ est au pain.

Les Traités de l'ŒCONOMIE DIVINE, dont on a vû icy des extraits, se trouvent à *Amsterdam,* chez *Henry Wetstein*[85], Libraire dans le Calverstraat, et aussi toutes les œuvres de Mad[lle]. Bourignon, separément ou conjointement, en françois[86], flaman et alleman et quelques-unes en latin[87].

---

[84] Nous avons directement corrigé ces fautes dans le texte.

[85] Henri Wettstein, ami de Poiret depuis le temps des études à Bâle et frère de Jean-Luc (l'un de ceux qui deviendront les compagnons et héritiers de Poiret), fut le principal de ses éditeurs. On sait qu'il joua l'anonymat en éditant un bon nombre de volumes sous l'adresse fictive de Jean de la Pierre à Cologne. Mais il signe l'édition des 6 Traités de l'*Œconomie divine* publiés, en 1687, en 7 petits tomes in-8°.

[86] Poiret avait obtenu de H. Wettstein que la collection de ces œuvres, en français sous le titre général *Toutes les œuvres* d'Antoinette Bourignon, en 19 volumes in-8°, fût regroupée sous le patronage de sa librairie, alors qu'ils étaient en général sortis des presses de P. Arrentz.

[87] Grâce à plusieurs amis qui assurèrent les traductions, presque toutes les œuvres d'A. Bourignon furent publiées à peu près simultanément dans les deux autres langues du champ de l'activité de la prophétesse. Certaines, comme le *Témoignage de Vérité* par exemple, furent même éditées d'abord

en allemand, pour les besoins de sa défense. Un très petit nombre de titres furent traduits en latin par les soins de Justus Schrader et de Poiret lui-même (pour *La Pierre de touche)*. Plus tard, certaines œuvres furent traduites en anglais par G. Garden. Une anthologie de lettres, traduites en latin, sous le titre *Virtutum Christianarum Insinuatio,* connut encore deux éditions, en 1705 et 1711. Cette diffusion européenne montre l'absolue conviction de ses disciples que, les écrits d'A. Bourignon ayant une importance décisive pour le salut, il fallait permettre au plus grand nombre de les lire.

Pour le détail de cette bibliographie, voir Marthe van der Does, *Antoinette Bourignon (1616-1680). Sa vie, son œuvre,* Groningue, 1974 et la bibliographie que j'ai établie dans le cadre de celle de Poiret (dans le tome V de la *Bibliotheca Dissidentium,* 1985, chez Koerner à Baden-Baden, p. 125-156).

TABLE

Ici, la fin de l'ouvrage *La Paix des Bonnes Ames.*

INDEX BIBLIQUE

Les livres bibliques sont cités selon l'ordre retenu par la *Traduction Œcuménique de la Bible*.

INDEX DES NOMS

Cet index ne comportera pas les noms de Poiret, d'Antoinette Bourignon ou de Pierre Jurieu (pour leurs œuvres, voir *index des notions*). On ne trouvera pas non plus les noms de Dieu, Jesus Christ, le Saint Esprit. Pour le Pape, le Diable, ou Satan, voir *index des notions*.

Les noms des auteurs modernes ou des collègues remerciés ne sont pas répertoriés.

INDEX DES NOTIONS

TABLE GÉNÉRALE DES MATIÈRES

Mise en pages:
Atelier de photocomposition Perrin
CH-2014 Bôle

Impression:
Imprimerie de Prado
CH-1217 Meyrin

Janvier 1998